1 dia d'octubre i 2 poemes

Quan l'esperança
venç la por

1 dia d'octubre i 2 poemes

Quan l'esperança venç la por

Josep Rull

Pròleg de **Vicenç Villatoro**

símboleditors

Disseny de la coberta: Enric Boix (www.enricboix.com)

Primera edició: març de 2020

@simbol_editors
www.simboleditors.cat

ISBN: 978-84-15315-78-0
Dipòsit legal: B 2052-2020

Imprès a Catalunya

Al pare, de qui vaig aprendre que la tenacitat és una de les eines més poderoses per canviar el món.

A la mare —la "marona"—, que m'ha ensenyat que la força de l'amor és invencible, fins i tot en les circumstàncies més dures.

A la Meritxell, amb qui ho comparteixo tot: somnis, lluites i —el més important— un projecte de vida en comú.

Als nostres fills, el Bernat i el Roger. Ells ho són tot per a mi. Que aquest llibre els ajudi a estimar la llibertat i a entendre el perquè de tots aquests anys de sacrifici.

Als meus germans Lluís i Àngels, per ser sempre al meu costat malgrat fer-los patir, sovint, amb la contundència de les meves decisions.

A la meva germana Elisabet, el meu àngel del cel.

Pròleg

Tot això té sentit

Aquest llibre és la memòria escrita, trasbalsadora i colpidora, d'un període dramàtic en la vida de Josep Rull, un període dramàtic que no s'ha acabat, un període que, d'una manera o altra, a través de l'empatia humana i dels ideals compartits, sense haver-lo viscut i patit tan en primera línia com en Josep, ha estat també dramàtic per a molts dels qui el llegim o el llegirem.

Unes memòries no són mai una col·lecció de records, només. Unes memòries són un intent de narrar una veritat de fons, i, com tot allò que és narratiu, és la suma del record d'uns fets i de la voluntat de dotar-los d'un sentit. Són uns records enllaçats pel fil d'un sentit, com un collaret que va enfilant els fets significatius per construir-ne un relat, perquè totes les peces del trencaclosques juntes ens suggereixin un dibuix.

En aquest llibre hi ha un munt de fets significatius. Els lectors hi descobrim amb curiositat, solidaritat, admiració i indignació coses que no coneixíem. Des de fora estant, hem vist només la punta de l'iceberg que no està submergida. Ara descobrim una part del que hi ha a sota, del que no es veu perquè passa entre les parets de les presons, dels tribunals, de les sales de reunions o dins dels vehicles policials que fan els trasllats. Veiem al costat d'en Josep quina quantitat de gel de patiment, d'humiliació, de maldat —també de solidaritat i de bondat allà on no te les esperes tant— ens ha quedat oculta a la nostra vista durant aquest temps. Quantes decisions difícils. Quants cops baixos. En aquells records en què hi ha la presència de la família, i especialment dels fills, aquestes sensacions es multipliquen. Sí, en el collaret de la memòria hi ha molts records impactants, moltes coses que ens calia saber, segurament també moltes coses que a en Josep li calia compartir. La cadena del dolor té moltes baules.

Sí, en aquest llibre hi ha molts fets, i és bo que hi siguin. I agraïm a en Josep la valentia i la força que ha tingut per escriure'ls i fer que ens arribin. Però hi ha també un fil. És a dir, un sentit. Jo diria que el llibre està escrit per explicar-nos moltes coses, però, sobretot, per dir-nos que totes aquestes coses tenen un sentit. Potser és un sentit més implícit que explícit: i potser per això va bé que hi hagi un pròleg aliè, que permeti explicitar-lo, o si més no explicitar el que hi ha vist algú que s'estima en Josep, el coneix una mica, és terrassenc com ell i en comparteix els ideals. Implícit, però el mateix Josep ens en dona pistes: els dos poemes amb què comença i acaba. L'«Invictus», de William Ernest Henley, i l'«Inici de càntic al temple», de Salvador Espriu, que molts de nosaltres ja no sabríem llegir sense sentir-lo en la veu i la música de Raimon.

Observem, doncs, els dos poemes que obren i tanquen l'enfilall dels records. Tots dos poemes són escrits des d'un temps de desolació i adversitat o des de la seva memòria recent, on les hores passen lentes. En tots dos hi ha la metàfora del pou; les cisternes seques, el pou que sembla no tenir fons. En tots dos hi ha la presència inquietant de la nit. Però tots dos també presenten aquesta vivència de la nit, aquest caminar pel desert, com una part de l'itinerari cap a la vida plena. Cap a l'alba, que potser trigarà però que arribarà en algun moment, cap a l'alçament de llum en la tenebra. En el poema de William Ernest Henley, aquest itinerari és sobretot individual: malgrat les adversitats, jo soc el capità de la meva ànima. L'esperança és més forta que la por. Jo soc qui mena el seu propi destí, i soc lliure, per tant, en el fons, encara que estigui entre reixes. En el poema de Salvador Espriu, l'itinerari cap a l'alba és més aviat col·lectiu, compartit, té per protagonista el poble al servei del qual ens volem mantenir fidels, fa servir la primera persona del plural: som nosaltres els qui escoltem les veus del vent per l'alta mar d'espigues. Som nosaltres qui ens disposem a segar el blat madur, i amb ell les males herbes. El poema de Henley el recitava Nelson Mandela per donar-se forces en entrar a la presó. El poema de Salvador Espriu el cantàvem a cor quan imaginàvem una alba al final del franquisme.

La tria dels dos poemes és, doncs, un indicador de sentit. És la manera visible de donar sentit a tot allò que es narrarà o que s'ha narrat. Sentit personal i sentit col·lectiu. Els qui coneixem Josep Rull des de fa molt temps, els qui hi hem compartit hores i converses, des de ben joves, a la nostra Terrassa compartida, en la seva primera militància política, en temps de formació, quan els més vells anàvem a predicar als més joves, no ens podem sorprendre gens ni mica que el sentit sigui aquest, precisament aquest. Perquè si hi ha una cosa que vam copsar en el primer moment en Josep Rull és una sòlida, noble i esfèrica vocació política. És a dir, una vocació de trenar la pròpia vida individual amb la vida i les aspiracions de la seva comunitat. De ben jove m'ho deia, fent servir les paraules de Francesc Macià: volia «una Catalunya lliure, socialment justa, econòmicament pròspera i espiritualment gloriosa». I volia destinar la seva vida a això. Viure-la amb plenitud, amb joia, però també amb objectiu. Amb sentit.

Josep Rull ha tingut, de sempre, la vocació de la política. I ens ha recordat amb tot el que ha fet que aquesta és una vocació noble, generosa i necessària. També esfèrica, en el seu cas, perquè quan tens la vocació de veritat, tot hi participa. I ho fas, servir el teu poble, servir tota la gent, treballar pel futur, tant si és discutint sobre quines han de ser les polítiques urbanístiques i socials a Ca n'Anglada, com imaginant per on han de passar les carreteres i els trens per a un país més pròsper i equilibrat, o fent un al·legat extraordinari davant d'un tribunal i fins i tot passant les hores lentes de la presó. Ho fas de vegades en un escenari il·luminat, en una sala de govern o en una festa d'inauguració. Però ho fas també en una reunió llarga i tenaç de matinada, a la sala hostil d'un jutjat, al pati d'una presó. No, no tot és igual. Però tot participa en aquesta vocació, que és de lluita, de servei i, si cal, de sacrifici. No tot es tria, però tot alimenta aquest itinerari i aquest sentit. Allò que tu has pogut decidir i allò que et porta la vida per sorpresa. Són fils que es trenen, per fer un únic fil. El fil del sentit que —com un collaret— enllaça totes les vivències: totes les alimenta i de totes n'és alimentat.

Els records que enfila en aquest llibre Josep Rull són durs i dolorosos. Perquè els fets que ha viscut són aspres. El llibre ens colpeix. Però no és un llibre abatut, i encara menys desesperançat. Hi ha fets de tots colors, i alguns de ben foscos. D'altres de lluminosos, en la foscor. Però sobretot hi ha una idea de sentit. Tot això té sentit. Tot això referma la persona lliure en el timó del seu destí, com va refermar en el seu moment Mandela. Tot això està fet al servei d'aquest poble. De la presó estant, Josep Rull escolta les veus del vent en l'alta mar d'espigues. Perquè sap que, per llarga que sigui l'espera, acabarà arribant un alçament de llum en la tenebra.

VICENÇ VILLATORO

INVICTUS

Més enllà de la nit que m'envolta,
negra com l'abisme d'un pol a l'altre,
agraeixo als déus que sigui,
la meva ànima invicta.

En les ferotges urpes de les circumstàncies
ni m'he lamentat ni he plorat.
A mercè dels cops de l'atzar
el meu cap sagna, però no s'inclina.

Més enllà d'aquest lloc d'ira i de llàgrimes,
la imminència de l'horror de l'ombra,
però malgrat tot, l'amenaça dels anys
em troba i em trobarà sense por.

Tan se val com d'estreta sigui la porta,
com de carregada de càstigs la sentència.
Soc l'amo del meu destí:
soc el capità de la meva ànima.

William Ernest Henley

I

UN DIA D'OCTUBRE

És 1 d'Octubre. Octubre en majúscules. Molts anys somiant-hi i quatre mesos intensíssims de treball des del Govern i des de la societat civil per fer-lo possible. Al llarg del dia, però, serem testimonis que allò que farà que aquesta data esdevingui un patrimoni immaterial —perenne— per a la causa de la democràcia serà la força de la gent.

A les cinc del matí ja em ve a buscar a casa el meu cap de Gabinet, Emili Alberich. El nostre Departament ha cedit tres locals per al referèndum: la seu de l'Agència de Residus a Barcelona, els Serveis Territorials de Tarragona i el vestíbul de Ferrocarrils de la Generalitat a Rubí. Hem decidit anar a supervisar que tot sigui correcte. Ens centrarem en Residus, on un grup important de ciutadans i de treballadors voluntaris hi ha passat la nit, i en l'estació de Rubí, en què es poden detectar més dificultats tècniques per la mateixa naturalesa de l'espai i la seva compatibilitat amb el servei ordinari.

Abans de sortir de Terrassa, però, ens aturem a l'Escola Lanaspa, el meu col·legi electoral, molt a prop de casa. Hi observem una gentada —aquest és el mot que utilitzaré en un tuit que formarà part de l'escrit d'acusació— a l'interior, al pati, a l'entrada, al carrer començant a fer cua per votar. Diverses entitats han estat organitzant activitats lúdiques de tot tipus des de divendres, quan va finalitzar l'horari lectiu. S'hi respira il·lusió, esperança, dignitat, determinació. Uns intangibles sense els quals no es pot entendre la jornada de l'1 d'Octubre. Els agraeixo el seu compromís i confirmo —novament— que la capacitat organitzativa de la gent d'aquest país és excepcional.

En els diversos xats de què formo part tothom ja està actiu.

Per al nostre Departament és fonamental tot allò que fa referència a serveis, especialment transport públic. Per bé que la jornada sigui en diumenge i tot sigui molt més tranquil que un dia laborable, cal garantir que tot funcioni amb normalitat i estar permanentment alerta. He demanant que el secretari general, els secretaris sectorials, els directors generals i presidents de les empreses públiques de l'àmbit de la mobilitat estiguin actius des de primera hora i que es desplacin —després de votar al seu territori— al meu despatx, on constituirem un comitè de seguiment. Els directors dels Serveis Territorials, a les ordres dels delegats del Govern, també han d'estar permanentment localitzables i informar d'acord amb les pautes que hem determinat.

Plovisqueja i això genera un cert neguit respecte a la possible participació.

Passem per Sant Cugat del Vallès a recollir Marta Subirà, secretària de Medi Ambient i Sostenibilitat, per anar junts a l'Agència de Residus, que forma part del seu àmbit competencial. Hi arribem quan falten cinc minuts per a les sis. A la porta ja hi veiem —com a Terrassa— molta gent. I el mateix glatir. Hi entrem per veure com han passat la nit ciutadans i alguns treballadors voluntaris que han vetllat per l'espai amb la meva autorització. A les sis en punt hi arriba un binomi dels Mossos per identificar el responsable de l'espai i supervisar si hi ha material electoral i, en cas afirmatiu, endur-se'l d'acord amb la interlocutòria que ha dictat la magistrada del Tribunal Superior de Justícia de Catalunya. Entren dins les dependències sense cap dificultat.

—Josep Rull i Andreu. Soc el president d'aquesta empresa pública. En soc el responsable a tots els efectes.

La parella de mossos pren nota de la meva filiació i fa una acta —que signo. Constaten que allí no hi ha cap urna ni cap mena de material electoral. Tot plegat es desenvolupa en uns deu minuts que es fan especialment llargs. Marxen sense cap dificultat enmig d'un silenci respectuós i dens dels concentrats a l'exterior.

Saludo tothom que ha passat la nit allí i hi parlo una bona estona. Alguns són antics companys de feina de quan jo havia treballat a l'antiga Junta de Residus.

Quan sortim amb la Marta i l'Emili, la gent concentrada ens aplaudeix. Molts ens expressen el seu neguit per com anirà el dia. M'hi trobo Joaquim Colominas, amb qui fa molts anys que comparteixo compromís polític. Em suggereix que adreci unes paraules a la gent. M'enfilo en una mena de torreta de formigó. En una breu intervenció de no més de tres minuts, els traslllado el compromís del Govern, del president Puigdemont, amb l'1 d'Octubre i emfasitzo la legitimitat democràtica de tot aquest procés.

«No hi ha prou força ni prou repressió per aturar aquest referèndum, per emmordassar la voluntat pacífica i democràtica d'un poble que vol decidir el seu futur.» —Encara no soc conscient que aquests mots acabaran sent d'una literalitat descarnada.

Marxem enmig de —ja en aquella hora— centenars de persones.

Següent destinació: Rubí. Arribem a l'estació. Hi ha gent de l'Assemblea Nacional i del Partit Demòcrata que ens hi estan esperant. La proposta de l'estació l'havíem plantejada només quaranta-vuit hores abans per substituir un local de l'Ajuntament, en aquella zona, que havia caigut a últim moment. Les dificultats tècniques —endolls, accés a l'andana, gestió de cues...— també fan inviable el nou emplaçament. Tanmateix, s'és molt àgil a redimensionar un altre punt de votació relativament proper i a establir els mecanismes per reconduir-hi els votants de l'estació. L'anunci del conseller Turull sobre la utilització d'un cens universal —que permet votar a qualsevol indret del país, indistintament— facilita les coses.

Un cop resolta la situació, ens adrecem a Sant Cugat per acompanyar Marta Subirà a votar. Allí ens esperen l'alcaldessa, Mercè Conesa, i Damià Calvet, tinent d'alcalde i director de l'Institut Català del Sòl. Ens hem aturat en un bar per fer un cafè amb llet i esperar a l'obertura dels col·legis electorals. A un quart de deu ja ens arriben les imatges de Sant Julià de Ramis —el col·legi del president Puigdemont—, amb una violència desbocada de la Guàrdia Civil.

Durant els minuts següents, via xarxes socials i en cascada, ens aniran arribant testimonis visuals esgarrifosos de l'actuació de les forces i cossos de seguretat de l'Estat. Mai no m'hagués imaginat que això pogués succeir.

Mai.

Dies abans, al mateix Govern, comentàvem que la pitjor hipòtesi seria la d'un policia uniformat enduent-se una urna d'un col·legi, des de la convicció, però, que una imatge d'aquestes característiques seria difícilment sostenible per un estat democràtic.

Santa ingenuïtat.

S'està pegant a manifestants pacífics i es fa amb acarnissament. L'objectiu no és impedir el referèndum: és fer mal a la gent. L'«*A por ellos*» executat amb precisió quirúrgica.

Al col·legi de Sant Cugat on hem quedat hi ha cues inacabables que recorrem amb tot l'equip de l'Ajuntament. Al principi de la votació, hi ha moltes dificultats amb el sistema informàtic. Es produeixen aturades constants.

I, tanmateix, la gent, amb una paciència militant, es manté en les files endreçades amb un ordre cartesià.

En el xat del Govern hi ha perplexitat, però es manté la determinació. Se'ns va informant puntualment, però amb molta prudència per esquivar riscos de telèfons punxats. Faig les mínimes trucades.

A dos quarts d'onze arribem a Terrassa. Una altra vegada a Lanaspa. A votar. Ens pensem que les imatges de violència policial hauran tingut un efecte dissuasiu, ja se sap què ha passat a Sabadell, a l'escola on havia de votar la presidenta Carme Forcadell. Però no. La cua que puja pel carrer Pantà és inacabable. No havia vist res igual i fa molts anys que voto en aquesta escola.

Hi ha gent de tota mena d'origen, condició social, llengua, edat.

Hi ha uns dinamitzadors de la «cua» que acompanyen la gent més gran. Reconec un grup d'àvies d'un dels casals de gent gran del centre. Un noi jove les interpel·la.

—Han vist el que surt a la televisió, el que ha passat a Sabadell? No tenen por?

—Ja n'hem tingut massa durant massa temps. Soc aquí per les meves netes. Perquè no vull que elles en tornin a passar mai més, de por.

M'esborrono. Com, amb tan poques paraules, es pot sintetitzar de manera tan sublim allò que està passant a tot Catalunya. Se'n diu dignitat.

Em trobo gent que no m'hauria imaginat de cap de les maneres que hi serien ni amb l'entusiasme que hi són. Veïns i veïnes amb qui tot just ens saludàvem, ara, aquí, junts sentim que formem part d'alguna cosa que ens transcendeix. Un «nosaltres» d'una potència extraordinària.

Saludo els membres de les meses i els organitzadors. M'hi acompanya la Meritxell, que hi és des de primera hora. Hi ha molts nervis per si arriba la policia. S'ha establert un dispositiu per desallotjar, si cal, la gent més fràgil. Però la majoria de la gent pretesament més fràgil no accepta que se la tracti diferent. Hi volen ser amb totes les conseqüències.

Gent molt jove i gent molt gran, defensant els mateixos ideals de justícia i de llibertat, braç a braç. Cívicament. Pacíficament. Tossudament alçats. És una metàfora extraordinària d'un poble que avui se sent poble com mai.

M'estic una bona estona parlant amb molts dels allí concentrats fins que la cua comença a avançar a un bon ritme després que, per fi, es comencen a resoldre els problemes informàtics.

La Policia Nacional no apareix ni apareixerà a Terrassa. Si hagués arribat, m'hauria trobat a primera fila.

Arribem al Departament. Fa estona que hi ha tot l'equip reunit. En allò que fa referència a Territori i Sostenibilitat, no hi ha cap incident remarcable. A la sala annexa al meu despatx, on habitualment reunim el Comitè de Direcció, a la televisió veiem en bucle els episodis de violència policial. A mesura que avança el matí, les imatges són més i més colpidores. Però la gent d'aquest país ha perdut la por. Durant tot el dia aniré recordant les paraules d'aquella àvia de Terrassa.

Les cròniques dels mitjans internacionals són unànimement devastadores. El Regne d'Espanya és presentat, simplement, com un estat autoritari.

Faig una visita ràpida al Palau de la Generalitat per actualitzar informació.

Havent dinat, les actuacions dels policies i els guàrdies civils allotjats als vaixells amarrats al Port de Barcelona es van reduint en volum però no en contundència.

El flux de votants es mantindrà, amb puntes d'intensitat, fins a primera hora del vespre. Molts responsables de col·legis electorals coincidiran a explicar que en els escrutinis el volum més important de paperetes del no seran les primeres a recomptar-se, ja que estan situades a la part superior de les urnes. Després de ser testimonis de la violència de l'Estat, molts catalans contraris a la independència s'han sentit interpel·lats a anar a votar a la tarda. És un crit eixordador per la democràcia.

A dos quarts d'onze de la nit compareixem tot el Govern al Palau de la Generalitat. El president fa una breu declaració institucional.

—Ens hem guanyat el dret a tenir un Estat independent que es constitueixi en forma de República. El Govern traslladarà al Parlament els resultats de la jornada d'avui perquè s'apliqui la Llei del referèndum.

Des de la meva cel·la de la presó de Soto del Real, els dies abans de comparèixer davant dels magistrats que ens condemnaran, em miraré desenes i desenes de vegades les imatges dels col·legis electorals d'aquell 1 d'Octubre. Les imatges de la ignomínia. Les imatges de la dignitat.

Un dia d'octubre en què 2.262.424 onades d'esperança van vèncer la por.

I em repetiré: «Quin privilegi més immens poder servir aquest poble».

II

EL PERQUÈ DE TOT PLEGAT

Terrassa, 1986. El meu amic Quim Tarín, simpatitzant d'ERC, i jo, simpatitzant de Convergència, hem decidit endinsar-nos —cadascú en el seu partit de referència— en el món de la política. Primer anem a la Casa del Poble del carrer Cremat, la seu històrica d'ERC de Terrassa des de temps de la Segona República.

—Hola, em vull fer de les JERC. —El Quim, prudent.

—No hi són, no hi ha ningú. Venen poc, aquests nois —respon, abrupte, l'entranyable senyor Muntaña, un vell combatent de l'exèrcit republicà que després ens estimarem tant.

No ens dona massa marge per a l'entusiasme. Sempre m'he preguntat com hauria reaccionat si la primera resposta a ERC hagués tingut un punt de seducció.

Immediatament després, anem al carrer de la Font Vella, al local de Convergència. Allí tot és molt diferent. A la JNC hi ha gent. La primera persona que m'atén i que em fa emplenar la butlleta d'inscripció és Sílvia Requena, amb qui compartiré molts anys fent política. Immediatament després, apareix l'enyorat Josep Maria Sanahuja, que em fa de pare polític i de tutor. D'ell ho aprenc quasi bé tot.

Sento que poques vegades he estat tan convençut d'una decisió.

Quan m'afilio a la Joventut Nacionalista de Catalunya tinc disset anys. Vull treballar per la independència de Catalunya i per la justícia social. Així, pinzellada gruixuda. No hi ha gaire espai per als matisos. Des dels tretze anys em sentia molt atret per la política. Per bé que en el meu entorn familiar i escolar aquest concepte era força absent. A casa no se'n parlava mai, de política. Vinc d'aquella tradició del «nen, no t'emboliquis». I a l'escola es mantenia un silenci «respectuós» que si tenia algun biaix era cap al catalanisme. Tanmateix, el primer cop que vaig escriure el meu nom va ser José, José Rull. El Josep escrit no arribarà fins als set anys, a 2n de Bàsica, després de la mort del dictador. Amb els amics de l'escola, especialment amb Antoni Vert, anàvem en peregrinació als locals electorals dels partits a demanar adhesius —en dèiem *adhesius*, això d'*enganxina* era massa modern— i material de tota mena. Ens apassionava veure què deien i què defensaven en un marasme encara difícilment interpretable per a nosaltres. Però a mi m'agradava Convergència —més aviat CiU, perquè em pensava que era un sol partit. A mi, els que m'agradaven eren Jordi Pujol, Miquel Roca i Miquel Coll i Alentorn. «Aquests són els meus.»

A les eleccions del 1984, mítiques per a qualsevol convergent, les del «Fem i Farem», jo tenia quinze anys. Una nit, vaig acompanyar el meu germà Lluís —onze anys més gran que jo— a enganxar cartells. En aquella època els enganxaven els militants i els simpatitzants. Cola i escales per arribar als fanals. Vuit furgonetes. Desenes de persones. El meu germà tenia un amic que militava a la JNC, els joves del partit. Alfons Solà, ell seria el meu «inductor». Aquella nit vaig descobrir la JNC. I allò em va agradar. I molt.

Allí em van recomanar que llegís *Notícia de Catalunya*, de Jaume Vicens Vives. Una immensa descoberta. Vaig poder començar a entendre qui érem, què volia dir ser nació. La voluntat de ser com a fil roig del poble de Catalunya. Poc que em podia imaginar aleshores que, trenta-tres anys després, la nostra generació protagonitzaria l'enèsima revolta —la llista de les quals l'historiador precisa de manera minuciosa— d'aquest petit país, des d'una aproximació convulsa amb el «Minotaure».

Em sentia interpel·lat a comprometre'm, políticament, amb la causa de Catalunya i la seva llibertat.

Tornem al 1986. En aquelles primeres setmanes a l'organització, tinc l'oportunitat de participar en sessions d'acollida. Els «grans» ens aboquen tots els seus consells. En recordo tres de concrets, un regal extraordinari per a uns joves que demanem la Lluna des d'un instrument tan complex i tan delicat com la política. Jaume Padrós, aleshores vicesecretari general de la JNC, hi posa veu.

«En política hi ha un pronom que us heu d'acostumar a reduir a la mínima expressió: el *jo*. Sigueu capaços de construir, incansablement, el *nosaltres.*»

«La voluntat de servei és l'essència mateixa de la política. Són indestriables. Sense voluntat de servei no hi ha política.»

«Potser alguns de vosaltres acabareu tenint alguna responsabilitat pública. Recordeu aquella dita tibetana: sigueu impecables amb aquells que us trobeu quan pugeu la muntanya. Són els mateixos que us trobareu quan la torneu a baixar.»

Em queden gravats de manera granítica. Al cap d'un mes començo la campanya de les eleccions espanyoles. És la contesa en què Miquel Roca encapçala el projecte del PRD (el Partit Reformista Democràtic). El lema a Catalunya és: «Volem un aire nou al Govern de Madrid». Quina paradoxa: em faig de la JNC per treballar per la independència de Catalunya i a les primeres eleccions en què participo com a militant l'objectiu és oferir un projecte de tercera via a Espanya des de Catalunya.

—Roca es muy bueno, pero es catalán...

Per bé que a Catalunya CiU va obtenir uns resultats extraordinaris, el projecte del PDR va ser un fracàs estrepitós a Espanya. Com ho han estat tots els intents, reiterats, des de Catalunya de bastir un espai de convivència i reconeixement recíprocs. Ha estat indiferent que la iniciativa hagi nascut des d'una força política concreta, que s'hagi substanciat en el marc vaporós i pretesament més transversal del federalisme, en suports a investidures presidencials, en acords bilaterals entre partits polítics i, eventualment, governs o que s'hagi plantejat a partir d'amplíssimes majories del Parlament de Catalunya a les Corts de l'Estat per reformar l'Estatut.

Podré ser testimoni de com el recorregut serà sempre i inexorablement el mateix.

Durant decennis, la pulsió independentista a Convergència roman soterrada. Sempre amb l'esperança que el vell ideal del corrent —durant molts anys central— del catalanisme polític reeixís: «Si, després d'una dictadura duríssima, col·laborem honestament i activament perquè l'Estat espanyol abraci la democràcia, la llibertat i una agenda social i europeista, això tindrà retorn en forma de reconeixement de la plurinacionalitat de l'Estat i de més autogovern per a Catalunya».

La sentència del Tribunal Constitucional de l'any 2010 que retalla un Estatut proposat pel 89 % dels diputats del Parlament de Catalunya, negociat a les Corts de l'Estat i ratificat en referèndum pel poble de Catalunya, serà un punt de no retorn: «Si l'Estat espanyol renuncia a ser l'Estat dels catalans, els catalans tenim el dret —i l'obligació— de construir-ne un de propi per garantir el futur, el progrés i el benestar d'aquest poble».

Una Catalunya rica i plena. Amb aquesta senzillesa, el nostre himne nacional expressa l'aspiració més noble del catalanisme des de l'època de Prat de la Riba, quan el sentiment d'identitat del país, d'arrels profundes, va donar pas a una formulació política de la qual som hereus i continuadors. Com som hereus i continuadors del catalanisme de la Segona República i del que es va batre, des de la clandestinitat, amb el franquisme. També del que va empènyer la restauració de la Generalitat després de la dictadura i va governar-la en aquells temps de reconstrucció a tots els fronts.

Rica i plena.

Rica, entesa com a *pròspera*, capaç de generar oportunitats per a la gent que l'ha fet casa seva, preparada per afrontar els reptes que contínuament ens presenten els nous temps. Com que els poders públics hi tenen molt a dir, cada vegada que el catalanisme ha pogut governar s'ha dotat d'una agenda modernitzadora, tant en els aspectes socials com econòmics, inspirant-se en els països petits i avançats d'una Europa que ens impregna completament. Per això, hem aspirat reiteradament a ser l'Holanda o la Dinamarca del sud.

Ara bé, per al catalanisme la Catalunya rica —la Catalunya material— no té sentit sense la Catalunya plena —la Catalunya espiritual. No en un sentit místic, sinó social: una societat que s'autoreconegui en la seva identitat col·lectiva i en la seva vocació de comunitat decent, on la solidaritat, la voluntat d'acollida i d'integració, el respecte pels drets civils... prevalguin. Dit altrament: Catalunya, un sol poble. La Catalunya dels catalans que parlen, estimen i somien en català, dels catalans que parlen, estimen i somien en castellà o en qualsevol altra llengua que ens fem nostra. Una nació que no pregunta als seus ciutadans d'on venen, sinó on volem arribar plegats en justícia social, en progrés i en benestar.

Tanmateix, una constant de les diverses experiències de govern hagudes ha estat la insatisfacció amb el nivell d'autogovern assolit. Una insatisfacció provocada per la combinació de quatre elements: la consciència que ens falten instruments per poder prendre les decisions necessàries, la incomprensió de les institucions espanyoles sobre les necessitats i les expectatives catalanes, la reticència d'aquestes mateixes institucions al ple exercici de les competències reconegudes i una sagnia econòmica en forma de dèficit fiscal que coarta els nostres potencials de desenvolupament.

Per això, el catalanisme polític —en totes les seves etapes històriques— ha acabat mostrant una inclinació a la independència com a eina imprescindible per a la construcció de la Catalunya rica i plena. Sense projecte propi de país, una mera descentralització administrativa pot ser útil i suficient. Amb projecte de país, l'única alternativa òptima és disposar de ple autogovern, és a dir, d'independència. «Atorgar a la nació cos d'estat», en deien antigament; exercir el dret d'autodeterminació, en diem avui. I guanyar-lo.

Estimant la història del país des d'adolescent, vaig ser conscient molt jove —com tanta altra gent de la meva generació— d'aquesta premissa. Sempre he cregut i he explicat que Catalunya havia de ser independent. Durant trenta anys vaig treballar honestament per fer possible una Catalunya rica i plena a través dels instruments institucionals que Catalunya havia acceptat amb l'Estatut.

El meu nomenament com a conseller de Territori i Sostenibilitat el gener del 2016 va enfrontar-me descarnadament als motius d'insatisfacció abans esmentats: insuficiència decisional, incomprensió, reticència i maltractament econòmic. Els de sempre —subratllo *sempre*—, però agreujats en intensitat ara per un govern del PP que s'ha tret definitivament la careta i ja intenta revertir l'Estat de les autonomies, el pacte de mínims pactat a la Constitució del 1978. Veig la Generalitat per dins i m'adono diàriament de les oportunitats que perdem com a país. La majoria de normes amb rang legal impulsades pel Departament són sistemàticament suspeses i, posteriorment, retallades pel Tribunal Constitucional a iniciativa del Govern espanyol. Comparteixen —ambdós— l'objectiu de neutralitzar qualsevol intent de crear models propis per part de Catalunya. No volen que puguem ser una societat diferent, sinó que quedem ancorats en el monolitisme, la passivitat i l'encarcarament de les polítiques espanyoles.

Dins l'Estat espanyol no hi ha marge per al nostre progrés col·lectiu. Soc així de rotund: no per posicionament teòric, sinó per experiència pràctica. No és una percepció vaporosa. Ho he pogut palpar. I això va més enllà de governs d'un color o altre a l'Estat. És estructural.

Si la prosperitat catalana no pot assolir-se en tot el seu potencial a causa del nostre vincle de subordinació a Espanya, els fets de l'octubre del 2017 i la reacció posterior de les institucions estatals ens han fet veure que Espanya tampoc no ens és garantia de la democràcia. Es persegueixen idees legítimes i es retallen drets fonamentals que pensàvem que estaven més que consolidats —dret de reunió, dret a la llibertat d'expressió, dret a la llibertat de premsa, dret a la representació política... Es blasma la discrepància, simplement. I això ja té un caràcter estructural. Com vaig dir en l'al·legat final del judici, no vull que els meus fills hagin de viure en un país on puguis ser empresonat per haver discrepat. La debilitat del Regne d'Espanya com a projecte engrescador compartit l'aboca a desballestar el seu propi estat de dret per imposar la unitat.

En resum, soc independentista per aquests dos motius. Perquè, aquí i ara, la independència és la condició necessària per desplegar una agenda social i modernitzadora del país, on les persones que configuren la nació —una per una— en són les destinatàries, les protagonistes. I perquè la independència és l'única via possible per garantir la llibertat, els drets civils, els valors republicans... Un independentisme útil, al servei de la gent.

Que aquesta convicció m'hagi dut a la presó no rebaixa la bondat de la causa, sinó que la fa més necessària que mai.

III

DEL PRIMER D'OCTUBRE A TOTS SANTS

Referèndum o referèndum

Arribem a l'1 d'Octubre després d'haver espremut —fins a l'extenuació— totes les vies de dret intern espanyol per poder dur a terme una consulta pactada.

El 2014, tres representants del Parlament —Jordi Turull, Marta Rovira i Joan Herrera— defensen una proposició de llei per tal que, en virtut de l'article 150.2 de la Constitució, es transfereixi a la Generalitat la competència per fer un referèndum sobre el futur polític de Catalunya.

No.

Suggerim que el convoqui directament l'Estat en virtut de l'article 92 de la Constitució, que regula els referèndums consultius.

No.

Iniciem la via de la Llei de consultes referendàries d'acord amb les competències de la Generalitat reconegudes a l'Estatut de Catalunya i encetem la corresponent negociació amb l'Estat.

No.

Aprovem la Llei de consultes no referendàries i d'altres mecanismes de participació, opció amb la qual es convoca inicialment la consulta del 9 de novembre del 2014.

No.

La votació del mateix 9 de novembre, finalment, es duu a terme com a mecanisme de participació ciutadana.

Tampoc.

I a més, el president Mas, la vicepresidenta Ortega i els consellers Homs i Rigau són processats i condemnats per desobediència. Totes les vies possibles. Amb una resposta immutablement categòrica: no.

Atès que s'han tancat totes les opcions, s'opta per utilitzar les urnes d'una contesa electoral autonòmica i conferir-los caràcter plebiscitari. D'aquesta manera, les eleccions serviran com a mecanisme legal per conèixer la voluntat del poble català sobre el seu futur polític i se substituirà, així, el referèndum que s'ha impedit de fer. Els programes de les candidatures sobiranistes deixaran clar, com a punt primer i destacat, que votar-les suposa un pronunciament favorable a la independència de Catalunya.

El president Mas convoca eleccions per al 27 de setembre del 2015. Convergència Democràtica i Esquerra Republicana ens hi presentem com a coalició electoral Junts pel Sí (JxSí), amb unes llistes encapçalades per independents.

Per primera vegada i amb una participació de més del 77% —considerablement més àmplia que la del referèndum constitucional del 1978—, les opcions independentistes, JxSí i la CUP, obtenim la majoria absoluta dels escons al Parlament. I, tal com s'havia previst en el nostre programa electoral, iniciem el procés cap a la creació d'una República Catalana que haurà de culminar en un període de divuit mesos.

Tanmateix, a mitja legislatura —després d'haver-se substanciat una moció de confiança arran de la crisi amb la CUP pels pressupostos—, el president Puigdemont proposa de reforçar la legitimitat democràtica de tot el procés amb la incorporació d'un referèndum, inicialment no previst.

—«Referèndum o referèndum» —així ho solemnitza en seu parlamentària.

Un dilema que sintetitza perfectament l'actitud majoritària de l'independentisme català: d'una banda, refermar la voluntat de negociació, de diàleg, d'acord. Sempre. Insubornablement. Malgrat els antecedents negatius i des de la convicció que dins del marc juridicopolític espanyol hi ha marge per a un referèndum pactat. De l'altra, rebutjar la resignació com a alternativa al no-acord. Després d'haver explorat de bona fe totes les opcions previstes en dret intern espanyol, mantenim la convicció que hi ha principis i doctrina de dret internacional públic que poden avalar la convocatòria d'un referèndum d'acord amb les lleis emanades d'un parlament legítim i democràtic, el Parlament de Catalunya.

El 6 de setembre s'aprova la Llei del referèndum. Es publica al Diari Oficial de la Generalitat de Catalunya i, abans que sigui recorreguda i suspesa pel Tribunal Constitucional, tots els membres del Govern signem, solemnement, el Decret de convocatòria del referèndum de l'1 d'octubre. Tal com diré en el Tribunal Suprem, aquest és un dels moments més importants i emotius que he viscut en la meva vida política. Durant el mes de setembre l'Estat desplega tota la seva potència intimidatòria per impedir el referèndum. I, tanmateix, després dels fets del 20 de setembre davant del Departament d'Economia, vivim deu dies intensíssims que acrediten, com mai, que amb la unitat es poden assolir els objectius aparentment més inabastables.

L'1 d'Octubre es vota a Catalunya amb sis mil urnes que mai no seran interceptades pels serveis secrets de l'Estat.

Tres llargues setmanes

El context i la gestió d'aquells dies són molt complexos, amb les imatges de la repressió de l'Estat contra votants pacífics i indefensos gravades a la retina.

Tinc una gran sensació d'irrealitat cada vegada que els mitjans les repeteixen o les miro per les xarxes socials, com si no pogués haver passat en ple segle XXI. Ploro de ràbia, ploro d'indignació. Crits, cops i sang. Penso sincerament que el món, que Europa, que Espanya, no pot mantenir-se impertèrrita davant tanta violència gratuïta. I m'envaeix una creixent sensació d'incredulitat quan els dies van passant i la impunitat s'estén imparable.

El dilluns dia 2 es reuneix la Direcció Nacional del Partit Demòcrata. Fem valoració de la jornada electoral i ens mullem, gairebé un per un, sobre què hem de fer. La Declaració Unilateral d'Independència? Cercar mediació per iniciar una negociació? La immensa majoria es posiciona a favor d'implementar el mandat democràtic de l'1 d'Octubre.

En aquest context, el reconeixement internacional és determinant. El president Puigdemont prioritza continuar intentant que s'entengui que ha estat un poble —en pau i democràcia— el que ha parlat.

Això queda confirmat pels fets: la mobilització espontània d'indignació de la gent el 2 d'octubre o la massiva vaga general del 3 d'octubre, amb el lema «Pels drets i les llibertats», que uneix votants del sí, votants del no i ciutadans que es van abstenir. Participo a la concentració que es fa davant de l'Ajuntament de Terrassa. El Raval de Montserrat i tots els carrers adjacents estan absolutament desbordats. És la manifestació més important que s'hi hagi vist mai. Hi ha un país que diu prou.

L'Estat respon amb un missatge greu i amenaçant el mateix 3 d'octubre, propi dels temps del blanc i negre, llançant un avís per a navegants que malauradament es desplega en tota la seva crua intensitat al llarg de les properes setmanes: Espanya no negocia res, Espanya doblegarà la vostra voluntat. Al preu que sigui. A costa de les «vostres» llibertats. Les de tots.

El discurs de Felip VI avala l'«*A por ellos*» sense matisos.

L'endemà, el president Puigdemont respon amb la porta oberta del seu despatx i la frase «*Así no, Majestad*».

El 6 d'octubre, el major Trapero va a declarar a l'Audiència, amb l'uniforme. El 7 d'octubre són els Jordis els que van per primera vegada a declarar. Males sensacions. Estan encerclant-nos. «*Los voceros del Reino*» oloren la sang i intensifiquen l'amenaça del 155. Exigeixen venjança, volen netejar l'ultratge a què els catalans els hem sotmès.

I, tanmateix, mantenim la voluntat de dirimir aquesta part del procés en termes radicalment democràtics, a l'empara dels principis bàsics del dret internacional públic. El dia 10 d'octubre suspenem la declaració d'independència, després d'haver obert totes les vies de diàleg possibles amb l'Estat i la comunitat internacional. Aquesta decisió respon a una crida concreta d'actors rellevants de dins i de fora de la Unió Europea. Donald Tusk, president del Consell Europeu, ens interpel·la directament en un discurs davant del Comitè de les Regions i ho anuncia a través d'un tuit.

Entenc la decepció de molts en el moment de la suspensió, però mantinc intacta l'esperança que la gestió que fem de tot plegat serveixi per arribar al somni del país lliure.

La vida de conseller del Govern, malgrat la intensitat del moment, continua. L'agenda no perdona. Atenc visites, visito pobles i ciutats, inauguro actes, que combino amb la multitud de reunions que fem per anar trobant el camí dins la complexitat de l'escenari. Tothom em pregunta pel moment. Que aguantem. Que negociem. Hi ha opinions per a tot, però amb força unanimitat en la condemna a la violència de l'Estat.

La tensió dins del món sobiranista i el sentiment de desconfiança mútua entre els diversos actors s'intensifica a mesura que l'Estat intensifica les seves amenaces.

El 16 d'octubre, el primer gran cop, que ens sacseja de cap a peus i ens fa entreveure el tracte al qual pretén sotmetre'ns l'Estat: els Jordis no surten de la seva segona declaració a l'Audiència Nacional. Se'ls queden. Presó. Hi ha mobilitzacions i protestes generalitzades, la gent s'aplega davant els ajuntaments i les places. El 21, la manifestació al passeig de Gràcia de Barcelona convocada per la Taula per la Democràcia es converteix en un gran clam per demanar l'alliberament dels Jordis.

Els dies passen entre rumors del que pot passar o del que no pot passar. De si Mariano Rajoy aplicarà o no el 155 i de l'abast d'aquest 155.

Malgrat les múltiples dificultats, malgrat el sentiment d'estar assetjats per diversos fronts, encara hi ha marge per reprendre la iniciativa. Marge per fixar una línia estratègica basada a guanyar més temps i intensificar els esforços negociadors a la llum de la comunitat internacional. En la que serà l'última reunió ordinària del Consell Executiu, el 24 d'octubre, explorem a fons aquesta via. Aquell dia es produeix el debat més potent en el qual hagi participat com a conseller en el Govern del president Puigdemont. Un debat amarat de transcendència històrica. Tots som molt conscients del que tenim entre mans, del que s'hi juga el país i, també, de les conseqüències que podem acabar afrontant personalment. Hi ha intervencions memorables. Per la solvència, per l'emotivitat, per la solidesa. Escoltant-les, em sento profundament honorat de formar part d'aquell Executiu. Durant tres hores, la frontera entre ERC i el Partit Demòcrata queda diluïda com mai. Hi ha una voluntat honesta entre els membres del Gabinet d'aportar arguments, de compartir angoixes, de fer un esforç de síntesi, com mai.

Estem —encara— en condicions d'ajustar la partitura i de liderar des de la unitat.

Tanmateix, aquella reunió del Govern, com moltes altres abans, es filtra amb un nivell de detall inaudit, conseller per conseller, amb frases literals. Molts, després, han assegurat que el filtrador és Santi Vila, que vol reforçar la seva posició pública davant d'una eventual modificació del rumb de col·lisió.

Alguns consellers i conselleres es desdiuen públicament de les intervencions que apareixen reflectides, fil per randa, a la premsa. Aquella filtració neutralitza tot l'esforç per reorientar l'estratègia i, al seu torn, de traslladar un missatge de confiança al conjunt de la ciutadania. Junts. Cohesionats. Sense miralls retrovisors. Era l'últim intent. S'han volatilitzat tots els espais de confiança, que ja eren molt precaris.

Quedarem abocats a un dilema —que hauríem pogut evitar— en què les dues opcions, una declaració immediata d'independència o eleccions anticipades per protegir la Generalitat del 155, estan carregades de riscos.

Palau de la Generalitat, 25 d'octubre del 2017

Durant aquests més de dos anys hi ha hagut pocs dies que no hagi pogut dormir. La nit del 25 al 26 d'octubre del 2017 n'és un.

Sortim molt tard del Palau de la Generalitat després d'una reunió llarga, tempestuosa, molt dura, en què el president Puigdemont trasllada a la trentena de persones allí presents —Govern, líders dels partits i representants de la societat civil sobiranista—, per sorpresa de la majoria, la seva intenció de convocar immediatament eleccions al Parlament amb un triple propòsit: reforçar allò votat l'1 d'Octubre, protegir les institucions d'autogovern davant de l'amenaça imminent d'un 155 i —l'argument més impactant— evitar un escenari de violència desbocada per part de l'Estat davant d'una declaració d'independència amb voluntat real de ser desplegada.

Arribàvem a aquella reunió esgotats i dividits, després d'un octubre de gestió altament complexa, sobretot a partir del discurs amb connotacions guerracivilistes de Felip VI el 3 d'octubre.

Durant aquest període, el president Carles Puigdemont actua amb un sentit d'Estat i amb un nivell de responsabilitat que, n'estic convençut, el temps li sabrà reconèixer en tota la seva amplitud. El president és plenament conscient dels riscos que comporta cada moviment que fem i els gestiona amb prudència, sap mesurar el valor dels intangibles, no s'espanta davant del repte d'una negociació inevitable i lògica —malgrat que pugui ser blasmat com a traïdor pels mateixos que després el titllaran de visionari i de radical— i posa per damunt de tot —sempre i insubornablement— la seguretat de les persones.

Mantenir-se ferm en aquests paràmetres no estava a l'abast de tothom.

En aquella reunió atípica i convocada amb màxima urgència, el president incorpora, doncs, una variable nova que determinarà moltes decisions, no només aquella nit, sinó el dia 27 i els dies posteriors: davant d'una declaració d'independència no simbòlica, el nivell de violència que està disposat a emprar l'Estat pot no tenir límits. Aquesta informació la confirmarà, a partir de diverses fonts, el síndic de greuges, Rafael Ribó, que s'incorpora puntualment a la reunió per explicar la visita que acaba de fer a Jordi Sànchez i a Jordi Cuixart a Soto del Real.

Però la unitat per poder afrontar un debat serè, tenint en compte una informació nova i tan transcendent, està totalment esquerdada. Després de la primera intervenció del president, alguns ja comencen a fer càlculs sobre els eventuals guanys que es poden obtenir, en termes partidistes, d'aquella decisió.

Hi ha moltíssimes paraules demanades.

Jo m'expresso favorable a mantenir la declaració d'independència —l'1 d'Octubre s'ha de poder culminar— i posteriorment convocar eleccions. Ho faig amb molts dubtes, amb el peu canviat.

En el moment de màxima tensió, quan tot allò comença a tenir un cert biaix de confrontació partidista, el president arriba a posar sobre la taula la possibilitat de fer un pas enrere i que el vicepresident del Govern culmini el procés. Però ni tan sols ho pren en consideració.

Hi ha dues intervencions, que a uns quants ens condicionaran molt i que se situen per damunt de la tirallonga de retrets mutus en què ens comencem a submergir. Són les d'Agustí Alcoberro, vicepresident de l'ANC, i Lluís Llach, aleshores diputat de JxSí i amb un lideratge moral fora de dubte en l'independentisme. Tots dos s'expressen en termes similars. Ho fan des de l'empatia amb la situació que està afrontant el president Puigdemont i des del respecte cap a la seva figura política.

Alcoberro fa referència a la importància d'haver pogut reincorporar la gent jove en la defensa d'uns ideals nobles, des del compromís polític i social. Ara això ho podem perdre i els podem abocar a una frustració difícilment reversible. Per la seva banda, Llach glossa el que va representar l'1 d'Octubre com un dels actes de compromís ciutadà més potents que s'hagi viscut a Europa en els darrers decennis i adverteix que convocar unes eleccions pot esborrar l'1 d'Octubre, enfonsar, conceptualment, la base mateixa del catalanisme durant anys.

S'acaba la reunió amb la impressió que la majoria assumeix, sense entusiasme, l'avançament electoral. Però amb una mena de pacte tàcit respecte dels que s'hi han posicionat en contra: «No compartim la decisió del president, però la respectarem».

Es posen en comú els passos que s'hauran de fer l'endemà: reunió preceptiva del Govern perquè el president informi formalment l'Executiu de la seva voluntat de convocar eleccions, trobada al mateix Palau de la Generalitat amb el grup parlamentari de JxSí i, finalment, roda de premsa. Vila defensa que no és seriós comunicar de matinada una decisió com aquella. I en això, no li falta raó.

Surto de la reunió amb un sentiment de tristesa infinita. Em costa d'entendre allò que estem a punt de fer. El final de la reunió ha estat lleig, molt lleig. L'1 d'Octubre sembla quedar molt lluny.

Parlo amb algunes persones del meu partit que diuen que han tingut un paper rellevant en les negociacions amb la Moncloa a través de diversos intermediaris. Asseguren que tot està ben lligat. Amb eleccions desapareix el perill d'un 155.

—Però, i els intangibles? I els joves? I el que va passar l'1 d'Octubre? I el mandat democràtic? —els interpel·lo.

—S'ha d'aplicar la teoria del mal menor.

La tristesa i l'abatiment esdevenen més intensos, si és que és possible.

Barcelona, 26 d'octubre del 2017

L'endemà, 26 d'octubre, a les set del matí engego la ràdio. Ni Terribas ni Basté no fan cap esment al conclave de la nit anterior ni, evidentment, a la decisió del president de convocar eleccions. Cap altre mitjà no ho reflecteix. Al filtrador contumaç no li ha calgut tornar a filtrar: la seva tesi s'ha imposat.

Sortim cap a Barcelona. Al xofer i a l'escorta, amb qui hem compartit tantes hores i quilòmetres, els sorprèn el meu silenci. Estan acostumats a viatges animats, a mi m'agrada parlar i comentar amb ells l'actualitat, els estats d'ànim, les nostres vides.

Arribem al Palau. Em dirigeixo directament a la sala del Consell Executiu. Em costa mantenir una conversa mínimament consistent amb els companys. Intueixo que a la majoria els passa el mateix. El Govern és molt breu, lacònic. El president compleix el tràmit que prescriu l'Estatut per convocar eleccions. No hi ha premsa gràfica que enregistri imatges al principi d'aquella sessió —el *mut*, en terminologia periodística—, com passa habitualment. Es manté el pacte no escrit de la nit anterior: «No hi estem d'acord, però respectarem la decisió del president».

Estació següent en aquesta mena de viacrucis: la reunió del grup parlamentari de JxSí, que té lloc a la Sala de Columnes —on no hi ha columnes— del Palau de la Generalitat. El president Puigdemont explica la seva decisió, ho fa amb fermesa, i amb dolor. Cau com una autèntica gerra d'aigua freda, glaçada. Per a molts és la primera notícia. Hi ha perplexitat. El dia anterior la majoria de diputats i diputades —en el marc d'una campanya impulsada per la direcció del grup parlamentari— encara han estat participant en actes informatius multitudinaris de JxSí per tot el territori amb un argumentari als antípodes d'allò que ara està explicant el president. Es produeix una allau d'intervencions. Pràcticament tothom es posiciona, en un sentit o en un altre. Es viuen moments duríssims, pitjors que la nit anterior. La reunió, que es volia que fos de tràmit, s'allarga molt més del que estava previst. I queda molt mal tancada. El president ha de pujar al seu despatx a preparar la seva compareixença pública.

En acabar-se, allò és un terreny devastat. N'hi ha que ploren, de desolació, d'incredulitat, de tristesa. Es mantenen els retrets, ara d'una manera descarnada. Alguns consellers mirem d'ajudar a tancar ferides, però em temo que com a màxim només som capaços d'evitar que continuïn sagnant.

Apareix el tuit de Rufián de les 155 monedes de plata. Sempre ens preguntarem si l'ha fet per compte propi o aquell tuit és la punta de llança d'alguna cosa més. I, tanmateix, l'impacte que expressions de pressió com aquesta tindran en el president i en les seves decisions posteriors serà irrellevant.

Per la nostra banda, molts diputats i alguns consellers del Partit Demòcrata ens quedem al Palau. Anem a una sala de reunions més petita al costat de la Sala de les Columnes. L'ambient és fúnebre. Allò s'assembla més a una catarsi col·lectiva que a una trobada de naturalesa política. Allí mateix llegim, via Twitter, que els diputats

Albert Batalla i Jordi Cuminal han decidit d'abandonar la seva afiliació al PDeCAT. Més pressió. S'obre una roda d'intervencions. Hi ha dos elements que s'aniran reiterant. Primer, els dubtes sobre la voluntat real de l'Estat de desactivar l'amenaça del 155. Segon, el més important i que s'assembla molt als arguments de Llach i Alcoberro de la nit anterior, la gestió dels intangibles, del patrimoni immaterial d'aquell octubre del 2017.

«Podem abocar a la frustració una o dues generacions de joves catalans que han acaronat la llibertat, que s'han sentit protagonistes d'un moviment cívic i democràtic extraordinari amb pocs precedents similars en l'Europa del segle XXI. Un doll d'esperança col·lectiva. Si ens humilien, ho perdrem tot.»

Ho verbalitza Antoni Balasch, diputat i alcalde d'Albesa. És un polític solvent, amb els peus molt ben assentats en terra. Té bon nas. Sempre m'ha generat molta confiança.

M'hi sento directament interpel·lat.

Haig de parlar amb el president.

Ens estem equivocant.

Surto de la reunió i pujo espitat a la planta noble del Palau. M'adreço a la secretaria del president des de la Sala del Govern, pel passadís que hi ha darrere i que hi connecta directament.

Són les 12.15 h. La roda de premsa està convocada per a les 12.30 h.

Accedeixo al despatx d'Anna Gutiérrez, la cap de la secretaria. Hi tinc molta proximitat. Fa anys que ens coneixem, des que era secretària de Pere Macias a la Conselleria de Medi Ambient. Ella i una companya seva es miren la televisió, absortes, amb una atenció que em sorprèn. Segueixen la compareixença de Xavier Garcia Albiol des del Senat, escortat pel portaveu del grup parlamentari del PP a la Cambra Alta i, si no m'erro, per Javier Arenas.

«*Convoque o no elecciones el presidente de la Generalitat, se aplicará el artículo 155 de la Constitución.*»

Albiol és inequívoc. Rotund.

No ha calgut que li digués, a l'Anna, que volia veure el president. M'explica que és a la Casa dels Canonges, però que tot l'equip de Presidència s'ha instal·lat al Saló Montserrat. En efecte, allí, immersos en un silenci dens, com si fessin vetlla, hi ha Jordi Turull, Elsa Artadi, Josep Rius, Víctor Cullell, Joan Maria Piqué i Jaume Clotet. Hi entro.

—Ho hem d'aturar. Si no ho fem, ens en penedirem tota la vida!

Els explico la intervenció que Garcia Albiol acaba de fer.

—El president és a la Casa dels Canonges. Hi hem d'anar. Li ho hem d'explicar.

Jordi Turull s'aixeca d'una revolada i demana a Joan Maria Piqué que ens hi acompanyi.

Sortim tots tres per la porta de la galeria gòtica. A l'altra banda ja hi ha una munió de càmeres i periodistes davant del faristol des d'on, en deu minuts, ha de començar la roda de premsa. Passem pel Pati dels Tarongers, travessem el pont neogòtic per sobre del carrer del Bisbe i entrem a la Casa dels Canonges. Els «petis» —els assistents— ens confirmen que el president està reunit. Piqué va a avisar-lo que hi som. Ens mantenim drets dos o tres minuts davant de la sala d'espera que hi ha a la dreta mateix, immediatament després de l'entrada. Per fi apareix el president. Està atabalat. Li diem que hi ha una informació rellevant que ha de conèixer abans de fer la roda de premsa. Encara al passadís, li expliquem el que acaba de dir Albiol.

Davant d'una primera reacció de sorpresa i incomoditat del president, tots tres entrem a la sala. Tot va molt ràpid. Fem una primera valoració i coincidim a assenyalar que el pitjor escenari seria convocar eleccions i que, tanmateix, el 155 avancés com una piconadora.

—President, si en algun moment té més sentit que mai que parlis directament amb Rajoy és ara —s'anticipa Turull, ràpid de reflexos.

—Ens volen humiliats, president. Recorda el que ahir deia Lluís Llach. Volen esborrar l'1 d'Octubre. No ens el perdonen —m'hi afegeixo.

Em sorprèn, en aquells moments de màxima tensió, la serenitat amb què el president assumeix el control de la situació i comença a gestionar-la. Primera decisió. Ordena retardar la roda de premsa, com a mínim un quart d'hora. Segona decisió. Josep Rius, el cap de l'Oficina del President, que s'acaba d'incorporar, ha de posar-se en contacte amb Jorge Moragas, el cap de Gabinet de Rajoy, perquè els dos presidents puguin parlar. Tercera decisió. Cal avisar el president Mas. «Vull tenir més opinions.»

El president Mas s'incorpora amb molta rapidesa. És molt crític amb el que està passant. Afirma amb contundència que s'ha de respectar la decisió que ja ha pres el president Puigdemont, que no ha estat fruit de cap improvisació.

—Però hi ha variables noves i prou importants que s'han d'avaluar. —Turull i jo hi insistim.

La discussió entra en una mena de bucle. Pesa prou aquella intervenció d'Albiol? O només s'ha fet de cara a la galeria? És un vers lliure?

Les reserves del president Mas són lògiques. Jugar-se l'autogovern de Catalunya no és cap broma. Tampoc no ho és encetar un escenari d'anys —molts anys de presó— per al Govern de Catalunya.

Mentrestant, el vicepresident Junqueras truca per interessar-se sobre si les gestions fetes per Santi Vila davant del Govern espanyol per convocar eleccions han estat fructíferes. Intuïm que deu estar inquiet pel retard de la roda de premsa.

Torna Josep Rius del despatx del costat, on ha fet les trucades.

—És impossible connectar amb Rajoy. No hi ha marge. No vol parlar.

Evidentment, no hi ha resposta explícita a cap de les quatre condicions que havia plantejat el president Puigdemont. Que l'Estat descartés el 155, cessés la repressió i l'empresonament de Jordi Sànchez i Jordi Cuixart, la sortida dels cossos de seguretat de l'Estat desplaçats a Catalunya i la fi de la intervenció de les finances de la Generalitat.

Els intermediaris que han aplanat el terreny per convocar eleccions a canvi d'aturar el 155 s'han quedat —metafòricament— a les portes del despatx del president del Govern espanyol. Però no han pogut travessar els llindars del seu hermetisme. No li han pogut arrencar cap compromís, a ell personalment. Fa tota la sensació que només n'han aconseguit obtenir algun, de vaporós, de membres del seu cercle més immediat.

A finals del 2019, Rajoy confirmarà en les seves memòries que tenia decidit aplicar el 155 al marge del que hagués fet el president de la Generalitat, al marge de si hagués convocat o no eleccions autonòmiques. L'1 d'Octubre havíem arribat massa lluny i no està disposat a perdonar aquell autèntic escac a la unitat d'Espanya. Se sent massa ofès. Personalment. Políticament.

Un cop queda clar que no és prudent de convocar eleccions, cal trobar una alternativa.

—President, l'encàrrec del Parlament de fer un referèndum tu l'has complert i, a diferència del 9 de novembre, tot el procés pivota més des del Parlament que des del mateix Govern, que actua lleialment amb els mandats de la cambra. —Turull, convicent.

A partir d'aquest raonament, li suggerim que sigui el Parlament, com a representant directe del poble de Catalunya, qui decideixi sobiranament què correspon de fer.

El president ho veu lògic, reforça la legitimitat democràtica de tot el procés.

Dona ordres de suspendre definitivament la roda de premsa i comença a verbalitzar algunes de les idees clau de la compareixença pública que farà a la tarda. Cal posar en valor que el Govern de Catalunya, des del primer moment, ha obert totes les vies de diàleg possibles i s'ha trobat, sistemàticament, amb la porta tancada. Cal reforçar el nostre compromís públic amb els valors del civisme i del pacifisme en aquestes hores greus.

A la tarda, a les cinc, el president Puigdemont fa una compareixença breu a la mateixa galeria gòtica.

En aquella compareixença, que no va arribar als cinc minuts, el president explica que es va plantejar la possibilitat de convocar eleccions perquè la seva responsabilitat era esgotar totes les vies per trobar una solució de diàleg al conflicte. Però per celebrar aquests comicis era necessari que el Govern espanyol donés garanties que no aplicaria el 155. No les va donar mai. Ben al contrari. El PP va deixar clara la seva intenció d'aplicar-lo, fos quin fos l'escenari a Catalunya. Tampoc van aturar mai la repressió. El president va intentar obtenir aquestes garanties, però va ser en va. Per això, va decidir que seria el Parlament qui decidís «sobre les conseqüències de l'aplicació contra Catalunya de l'article 155».

Acompanyem el president tres consellers, Jordi Turull, Joaquim Forn i jo. Fa molts anys que tots tres compartim ideals i militància política. Abans hem pogut explicar al conseller d'Interior com s'havien succeït els esdeveniments en aquelles hores dramàtiques a la Casa dels Canonges. Ell comparteix amb nosaltres una conversa que ha tingut amb la seva filla gran i que s'assembla, quasi mimèticament, a la que també ha tingut Jordi Turull amb la seva, immediatament després d'haver-se acordat d'anul·lar la roda de premsa. Són el reflex inequívoc que el compromís dels joves és el patrimoni més valuós de què disposa la causa de la llibertat de Catalunya.

Forn resumeix la situació de manera sublim.

—El president ha fet el que havia de fer. Hem salvat l'1 d'Octubre. Però, ara, que Déu ens agafi confessats.

Barcelona, 27 d'octubre del 2017

Quan sortim de Terrassa, rebo un missatge del president. Em diu que se'm deleguen les funcions del conseller d'Empresa i Coneixement, que em trucarà Víctor Cullell per explicar-me'n els detalls. De seguida rebo la trucada. Santi Vila ha dimitit el vespre anterior i no hi pot haver cap buit. S'està redactant la resolució per fer aquesta delegació, que sortirà publicada al DOGC de la tarda.

—I en què consisteix?

—Que d'ara endavant faràs de conseller de dos departaments.

—Perfecte, Víctor. La novel·la es podria titular *D'ara endavant o oda a l'optimisme*, per Víctor Cullell.

El sentit de l'humor que no es perdi.

Se'm dona tot per fet. En aquells moments no hi ha gaire marge per a subtileses.

De seguida truco a Ferran Falcó, el secretari general del Departament de Territori i Sostenibilitat, perquè es posi en contacte amb el seu homòleg, Pau Villòria, i fixi els termes del comandament conjunt dels dos departaments. Encara que només acabi sent durant un dia, s'assoleix l'objectiu tan intensament reivindicat que les polítiques ambientals i les polítiques d'energia siguin gestionades conjuntament —alguns en diuen *transició ecològica*. Paradoxes del moment.

Arribo al Departament de Territori i Sostenibilitat.

Des de l'inici de la legislatura hem defensat que calia fer aquest pas, fer la declaració d'independència i encetar, tot seguit, una etapa de negociació per assolir el reconeixement internacional. Això és el que diu la teoria. La teoria també diu que en el moment zero s'ha de poder acreditar la capacitat —real i operativa— per gestionar la nova realitat acabada de constituir. Allò que es coneix com a *estructures d'Estat*. Des del Departament, hem abocat tots els esforços en termes jurídics i fàctics, d'anàlisi i de prospectiva per afrontar aquest escenari. En la majoria dels elements materials de gestió relatius al nostre Departament, es podria operar com un estat independent immediatament. Instruments i capacitat de gestió. El maquinari —les infraestructures— i, sobretot, el programari —el coneixement, l'expertesa, les normes, la planificació, el programa de país—, en què la Generalitat de Catalunya està al nivell de qualsevol estat sobirà.

En el judici explicaré que «teoritzàvem». En efecte, està tan teoritzat que tenim a punt tots els decrets per al dia D+1 que afecten Territori i Sostenibilitat, inclosa la cartografia oficial de la nova República amb els mapes de l'espai aeri i del domini maritimoterrestre.

Estem preparats? Sí, si el procés es desenvolupa en paràmetres polítics i democràtics. No, si s'ha de dirimir en termes de confrontació violenta, un escenari davant del qual ni estem preparats, ni podrem estar preparats, ni volem estar preparats. Des del moment zero, només considerem una via per assolir la independència: la democràcia. Obtenir un mandat de la ciutadania per mitjà de les urnes. Acord. Pacte. Diàleg. Bilateralitat. Política. Reconeixement mutu. Interacció entre principi democràtic i principi de legalitat.

Reuneixo el Consell de Direcció. D'una banda, hi ha plena consciència que estem vivint un moment excepcional en la història del país. Hi hem treballat amb tota la passió de què hem estat capaços. I ara ha arribat amb la declaració de la República Catalana, de viabilitat incerta. De l'altra, és impossible d'ignorar que el 155 és una amenaça imminent i més que probable. Analitzem ràpidament les dues hipòtesis. Els primers dies d'una nova realitat republicana, precària i que s'haurà de defensar amb quasi tot en contra, a fi d'afrontar una negociació difícil amb l'Estat i la comunitat internacional. O, per contra, la gestió d'un 155 davant del qual ens haurem de situar en mode resistència.

En una breu intervenció, els trasllado que aquell és un moment únic, la conseqüència d'un 1 d'Octubre en què ens vam sentir poble com mai i que, ara, tenim l'obligació de culminar. Si hi ha alguna opció, l'hem d'explorar honestament fins al final. Acabo expressant la confiança que tinc en aquell equip en qualsevol dels possibles escenaris de futur. Faig tot el que puc per impedir que s'imposi un clima de comiat.

Arriba l'hora de marxar al Parlament i aviso la meva secretària, Núria Nin, i el meu cap de Gabinet, Emili Alberich, per anar-hi junts. Fa molts anys que treballem plegats. I ho vull viure amb ells.

Per bé que al Departament de Territori i Sostenibilitat el conseller té un ascensor privat que condueix a la porta mateix del seu despatx, des del primer dia sempre he fet servir els ascensors comuns que hi ha al vestíbul de cada planta. M'agrada passar pel mig de la gran sala on hi ha les secretàries i la major part de personal del Gabinet per saludar-los i, si puc, parlar-hi una estona. Veig, però, que aquell dia hi passa alguna cosa estranya. Quan arribo al vestíbul, em trobo una quantitat increïble de gent, personal del Departament. És ple a vessar. Amb la veu trencada els adreço unes paraules. I acabo comprometent-me davant d'ells que, sigui el que sigui el que acabi passant, hi hagi una República incipient —el meu desig— o una Generalitat formalment intervinguda per l'Estat, el dilluns següent seré al meu despatx de la setena planta.

M'acomiado personalment, un per un, de tots els que hi ha allí concentrats. He tingut el privilegi de treballar al seu costat, de liderar-los durant quasi vint-i-dos mesos. Les polítiques públiques de medi ambient, de mobilitat, d'infraestructures o d'urbanisme no pertanyen als governs d'un color polític o d'un altre, ja són patrimoni de tot el país i ells —els servidors públics— en són els artífexs i la garantia de la seva continuïtat. La nació sencera s'ha de poder sentir legítimament orgullosa de la qualitat i el compromís de servei dels treballadors de la Generalitat.

Marxo immensament emocionat.

Arribem al Parlament, on es donarà continuïtat a la sessió monogràfica que va començar el dia anterior a la tarda, després de la compareixença pública del president Puigdemont.

Es duen a terme reunions prèvies adreçades a minimitzar l'eventual impacte penal que pugui tenir la votació que estem a punt de fer i reduir-ne el nombre de persones afectades. Per això, es decideix que la votació sigui secreta i que la declaració formal d'independència consti a l'exposició de motius.

I, tanmateix, el seu valor polític serà inqüestionable.

S'inicia el Ple. Potser per la intensitat del que hem viscut les últimes trenta-sis hores, vull esprémer totes les sensacions d'un moment històric. Soc independentista des que tinc quinze anys. I a pesar de les incerteses, aquell acte polític pot ser la culminació dels somnis de molts o, si més no, una nova fita —gens menor— en el llarg periple, en la lluita tenaç, infatigable, persistent, per guanyar la llibertat d'aquest poble. Sigui com sigui, vull concentrar-me a pensar en tots aquells que hi ha hagut abans de nosaltres —i sense els quals aquest moment no seria possible— i, sobretot, en aquells que han de venir. El Ple es desenvolupa amb tensió, però de manera menys aspra que els dies 6 i 7 de setembre.

El 27 d'octubre, el PP i Ciutadans continuen molt esverats, però al mateix temps pletòrics per la imminent aprovació al Senat del 155, pràcticament simultània al nostre Ple.

La presidenta Forcadell llegeix la declaració, pausadament, conscient del sentit de cada mot que pronuncia. Conté una crida expressa a iniciar un procés de diàleg amb l'Estat espanyol i amb la comunitat internacional, d'acord amb allò que estableix el dret internacional públic per tal d'assolir el reconeixement d'un nou Estat. De fet, el diàleg, la voluntat de negociació i la perseverança a l'hora d'emprar totes les vies de dret intern per canalitzar el projecte de creació d'una República Catalana han estat la base del moviment sobiranista, malgrat les reiterades negatives per part de l'Estat espanyol. Paradoxalment, com més s'intensificava la nostra petició de diàleg, més intensa era la judicialització i la instrumentalització del Tribunal

Constitucional per fer inviables les vies del diàleg, de la negociació i de la política.

Abans de començar la votació —en urna— els diputats del PSC, Ciutadans i PP abandonen el Ple. S'inicia la votació. La direcció del grup parlamentari de Catalunya Sí Que Es Pot ha donat instruccions de mostrar públicament la papereta amb el vot contrari a la proposta de resolució. Però quatre diputats d'aquest grup —Albano Dante Fachín, Joan Giner, Àngels Martínez i Joan Josep Nuet— decideixen mantenir el secret del seu vot, la qual cosa ajudarà a impossibilitar una acció penal contra els diputats de JxSí i la CUP, que han votat favorablement a la independència. Ells quatre mai no es podran imaginar com els ho arribarem a agrair.

La presidenta fa públic l'escrutini. Aplaudiments. Però menys entusiasme que el 6 de setembre en aprovar la Llei del referèndum.

Cantem l'himne nacional de Catalunya.

I malgrat tot, malgrat que aquell moment no ha estat amarat de la solemnitat, la força i la intensitat que m'havia imaginat mil vegades des de feia tants anys, m'emociono. M'abraço primer amb els consellers Forn i Puig, que tinc a costat i costat, i després amb tots els membres del Gabinet.

Sortim als passadissos. S'hi comencen a veure molts alcaldes amb les vares, rememorant aquella imatge èpica, abans del 9 de novembre del 2014, de centenars d'edils travessant la plaça de Sant Jaume encapçalats pels, aleshores, president de l'Associació Catalana de Municipis, Miquel Buch, i l'alcalde de Barcelona, Xavier Trias.

Ens tanquem al despatx del president de la Generalitat al Parlament per agafar oxigen i ser informats de com s'ha de procedir a continuació. Lluís Llach s'ha encarregat d'organitzar un acte més emotiu i solemne que té com a escenari l'escala d'honor del Palau del Parlament. Hi ha quatre intervencions, breus i molt mesurades, de l'alcaldessa de Badalona, en nom del món local, la presidenta Forcadell, el vicepresident Junqueras i el president Puigdemont. L'acte està ben concebut. S'hi recupera el to i el sentit de transcendència històrica que no hem sabut donar-nos en el Saló de Plens.

Es produeix un contrast evidentíssim entre l'actitud prudent i matisada del Govern i els líders dels grups parlamentaris, dels partits i de la societat civil que han estat en primera línia des de l'1 d'Octubre —hi ha fatiga de combat i plena consciència de la divisió interna del sobiranisme i de les conseqüències polítiques i personals que tot plegat pot tenir— i l'alegria desfermada d'alcaldes, militants dels partits, socis de les entitats i ciutadans que han pogut accedir al Parlament. Una eufòria sentida, viscuda, honesta, glatida.

L'itinerari que faig entre l'escala i el cotxe que tenim pràcticament a la sortida del Parc de la Ciutadella és increïble. Si la paraula *joia* pot descriure un moment, sens dubte, és aquell.

Se senten visques a la República pertot. Veig gent emocionada. Llàgrimes. Rialles. Abraçades. M'impressiona, especialment, un matrimoni gran de Lleida amb la seva neta adolescent que se m'atansen i literalment em sacsegen.

—És increïble! Som molt feliços! No volíem que la nena s'ho perdés. Però penseu, fillet, que ara vindrà lo pitjor. Som grans i sabem de què parlem. —Jo encara no en podia ser conscient, d'allò que vindria.— Passi lo que passi ens teniu darrere! I, sobretot, dona les gràcies a lo president i a l'Oriol!

Per fer 300 metres triguem quasi mitja hora.

Hi ha moltíssima gent jove en tot el trajecte fins al Palau de la Generalitat. Aquelles imatges em recorden les de la proclamació de la República, el 14 d'abril del 1931, que he vist en documentals tantes i tantes vegades.

Entrem al Palau, envoltats, ja, d'una quantitat important de persones que s'hi ha concentrat.

Francament, allò és molt bonic.

Dinem a la Casa dels Canonges el president, Jordi Turull, Elsa Artadi, Víctor Cullell, Jaume Clotet i jo. Som conscients de les dificultats que haurem d'afrontar, però els titulars als digitals de la premsa nacional i, especialment, internacional ens encoratgen.

«República Catalana».

Petita, incipient, modesta, precària. I, tanmateix, República.

S'hi incorpora Raül Romeva, que té el despatx en el mateix edifici. Amb el president repassen les primeres valoracions a les capçaleres internacionals, que no són dolentes. Miren d'acordar com seran les nostres primeres preses de posició públiques, les primeres compareixences i eventuals comunicats. Hi ha constància de moltes peticions d'entrevistes. Entren i surten del despatx. Jo em perdo les conclusions.

El president dona instruccions perquè s'avisi tots els membres del Govern per tal que vinguin al Palau. No vol prendre cap decisió transcendent si no hi som tots.

Al vespre, la plaça de Sant Jaume és plena a vessar. L'eufòria que hem anat acreditant des de primera hora de la tarda se sublima en aquell espai simbòlic. S'hi està fent un concert. Ho seguim, amb molta discreció, des de les finestres del Saló de Sant Jordi.

Van arribant els membres del Govern. Mentre esperem que s'iniciï la reunió, comentem la situació al Pati dels Tarongers amb el soroll de fons de l'helicòpter de la policia espanyola, que està permanentment situat sobre el Palau de la Generalitat —amb una clara voluntat intimidatòria. En les diverses converses a peu dret compartim els nostres sentiments contraposats, la muntanya russa emocional que estem experimentant des de l'1 d'Octubre i que té el seu punt més intens en les darreres vuit hores.

Comencem. No hi són ni Oriol Junqueras, que està indisposat i serà representat per Marta Rovira, ni Carles Mundó.

Formalment, no és una reunió de Govern. No es fa a la sala Josep Tarradellas —l'espai habitual de les reunions de l'Executiu en la icònica taula rodona. A més, s'hi incorporen alguns càrrecs intermedis del Govern i responsables dels partits i de la societat civil. L'objectiu és fixar conjuntament les següents passes que cal seguir. Hi ha dos elements que les condicionen. D'una banda —amb un impacte relatiu per prevista—, la compareixença de Mariano Rajoy, que anuncia que, d'acord amb allò aprovat pel Senat a l'empara de l'article 155 de la Constitució, cessa tot el Govern, dissol el Parlament de Catalunya i convoca eleccions autonòmiques per al 21 de desembre. De l'altra, ens arriben noves informacions —descarnadament concretes i a les quals donem versemblança— d'actuacions sobre el terreny que l'Estat està disposat a desplegar per reconduir la situació. I no estem parlant d'una gestió d'ordre públic amb ús només de material antiavalots com l'1 d'Octubre, especialment per desallotjar el Palau de la Generalitat. És indiferent que mantinguem una actitud radicalment pacífica. Constatem que l'Estat espanyol està disposat a tot —i subratllo tot— per garantir la seva integritat territorial.

Davant d'aquesta evidència, de considerar acreditat un risc objectiu per a la integritat de la ciutadania si mantenim la posició, ens conjurem a impedir que se'ns aboqui a un escenari que no passi per la democràcia i la política. Aquesta —més enllà de la nostra feblesa i divisió internes— és la raó fonamental per la qual es pren la decisió de no desplegar els elements fàctics d'aquella declaració política feta al Parlament a fi d'iniciar un procés de negociació en termes de dret internacional.

Durant aquests dos anys, m'he trobat gent que —des del respecte més profund— m'ha traslladat la seva decepció per aquella decisió, lamentant que ni tan sols els haguéssim donat l'oportunitat de defensar la República incipient.

Crec, honestament, que no ens vam equivocar. Que situar per damunt de tot la integritat i la seguretat de les persones va ser una decisió correcta. En qualsevol cas, correspondrà al poble de Catalunya judicar-nos amb tanta severitat com consideri oportú de fer-ho. Nosaltres, mentrestant, hem assumit la nostra responsabilitat, dempeus, donant la cara i afrontant presó i exili.

Més enllà, aquell vespre, el fet que hàgim estat cessats segons la legislació espanyola fa que perdem la immunitat com a membres del Govern o del Parlament. La immunitat impedeix que un conseller o un diputat pugui ser detingut o retingut si no és en delicte flagrant. Això vol dir que qualsevol dels policies o guàrdies civils dels vaixells atracats al Port de Barcelona poden detenir-nos durant 72 hores, sota qualsevol excusa en el context de l'«*A por ellos*».

Després, podrem escoltar líders polítics espanyols i tertulians conspicus, alguns pretesament progressistes, defensant que s'havien d'haver practicat detencions amb «caràcter preventiu» —abans que s'hagués presentat cap querella i al marge de qualsevol decisió judicial— per evitar la «fugida» del president Puigdemont.

La nostra detenció, doncs, sense mandat judicial i sense les garanties pròpies d'un estat de dret homologable, en aquell moment és una hipòtesi plausible.

Per això, en acabar la reunió se'ns recomana que aquella nit ja no dormim a casa nostra. També s'organitza —en un temps increïblement breu— un dispositiu per traslladar-nos a la Catalunya del Nord, l'endemà mateix, a fi de poder analitzar la situació i prendre les següents decisions en un espai segur.

Jo, tanmateix, decideixo arriscar-me i anar a dormir a casa per poder ser amb els meus fills petits i, l'endemà al matí, poder fer un petó a la meva mare. Davant de la incertesa, aquestes —potser forassenyadament— són les meves certeses.

Catalunya del Nord, 28 d'octubre del 2017

La nit anterior havíem acordat de desplaçar-nos a territori segur. Anirem a la Catalunya del Nord, a Perpinyà. Hem quedat de ser-hi a dos quarts de cinc de la tarda, a l'aparcament subterrani d'una gran superfície comercial, al costat mateix de l'estació de ferrocarrils. Allí ens estarà esperant el contacte establert, en «Pere», que ens traslladarà a un indret desconegut de qualsevol de les comarques nord-catalanes. D'ell, a banda del nom en clau, només sabem que s'identificarà amb un mocador de color verd.

Amb Damià Calvet, amic des de temps immemorials, organitzem la sortida. El dispositiu que se'ns explica a Palau començarà a actuar des de Perpinyà, però allí hi hem d'arribar amb els nostres propis mitjans. Se'ns aconsella que anem per l'AP-7, que no vulguem experimentar a través de vies secundàries o camins rurals transfronterers: són els més vulnerables als controls policials. Hi anirem en dos cotxes. El de davant, amb Emili Alberich i Núria Nin, advertirà de possibles riscos. El Damià i jo anirem darrere, a dos quilòmetres de distància.

Se'ns va donar un segon consell de seguretat: fora mòbils. El Damià ja s'ha anticipat —com sempre— i ha comprat dos *walkie-talkies* de gamma alta per dur a terme l'operació de manera exitosa.

Des que vam sortir del Palau de la Generalitat tinc els telèfons mòbils desconnectats. Totes les comunicacions amb el Damià —que serà el meu contacte amb el món— les faig a través del telèfon de la Meritxell. Hi he parlat per darrera vegada a les deu del matí. Em vindrà a recollir a les dues. Tinc quatre hores per endreçar emocionalment la meva vida, per jugar amb els nens, per darrera vegada en molt temps —o no—, abans de marxar cap a una destinació —física i temporal— incerta.

Fer la maleta se'm fa lent i angoixant. Afortunadament, la Meritxell, amb la seva determinació i el seu coratge en els moments difícils, compensa el meu dèficit d'energia.

A les dotze surto al carrer per anar a veure la mare, que viu amb la meva germana. M'hi vaig a acomiadar, per bé que elles no sabran que allò és un comiat. Només ens separen 500 metres. Caminar-los se'm fa estrany. No sé exactament quin rol institucional tinc i com l'haig de defensar davant de tercers. Soc membre del Govern legítim de Catalunya —això és inqüestionable—, però sense seguretat ni agenda pública. Camino ràpid i evito converses.

Quan hi arribo, faig un esforç incommensurable per no neguitejar la meva mare ni la meva germana.

—Tot va bé. No patiu.

Durant mitja hora miro de retenir totes les imatges, les olors i les melodies de les seves veus per confegir un bagul interior que m'acompanyi el temps que faci falta. Torno a casa amb els mateixos paràmetres que a l'anada —ràpid i silent. Al carrer no sento cap retret, ni tampoc cap expressió de suport. Prudència ambiental d'una densitat perfectament descriptible.

Darrera hora amb els nens, dinar inclòs.

—Per què ens fas tants petons avui, pare? —pregunta el Bernat, des del sisè sentit que tenen les criatures en circumstàncies com aquestes.

—Me'n vaig de viatge i no sé quants dies seré fora de casa, fill. —Opto per la resposta que s'assembla més a la realitat.

Vint minuts abans de l'hora, el Damià ja és a baix.

Comiat intens amb la Meritxell i els nens.

Ens abracem tots quatre.

—Ens en sortirem.

Els nens es pensen que és un joc i riuen. Malauradament, la Meritxell i jo sabem que no. I, tanmateix, cap dels dos no ens penedim d'allò que hem fet i que ens ha portat fins aquí.

Deixo els telèfons mòbils —en tinc dos— a casa. La instrucció és connectar-los una hora després que hàgim marxat i que la Meritxell els dugui sempre al damunt. D'entrada, quan a les quatre de la tarda acompanyi els nens a l'esplai. Es tracta de despistar.

Travesso la porta de casa.

No sé què passarà. No sé quan tornaré ni si tornaré. Això no obstant, el meu objectiu —això ho reitero a la Meritxell— és anar dilluns al Departament tal com m'he compromès a fer.

Fem el trajecte habitual de sortida de Terrassa. Avui, però, és diferent. Em fixo en tots i cadascun dels carrers, de les places, dels racons que m'estimo.

Jo hi tornaré, fins i tot hi romandré quatre mesos més —després de la meva primera sortida de la presó—, a diferència del conseller de Cultura, el també terrassenc i amic Lluís Puig.

La Núria i l'Emili ens esperen a la sortida de Terrassa, davant del Cándido. Iniciem l'operació. Ells s'avancen dos quilòmetres. Els intercomunicadors —en terminologia més nostrada— funcionen perfectament. Fins i tot cobreixen els tres quilòmetres.

Mentre pugem cap a Girona, escoltem a la ràdio el discurs que el president fa des del Pati de les Magnòlies, a la Delegació del Govern a Girona. Es dirigeix a la ciutadania amb un missatge que transmet fermesa i confiança. En un moment molt complex, l'endemà de la declaració d'independència i després de l'aplicació del 155, elogia la reacció cívica de la gent i demana paciència, perseverança i perspectiva. Es compromet a continuar treballant per complir els mandats democràtics, però admet que Catalunya s'endinsa en una etapa mai transitada que presentarà dificultats. Davant d'una apagada informativa absoluta —incloses les xarxes socials— de tots els membres del Govern, aquesta compareixença pública del president té un efecte catàrtic per a nosaltres i, sobretot, per a una part molt important del país.

La conversa amb el Damià —interrompuda puntualment pels missatges rutinaris i periòdics a través dels intercomunicadors— té tots els registres possibles, del silenci a l'excitació o la calma. Fa més de trenta anys que som amics. Ens coneixem molt. Sovint no ens cal preguntar res per saber què pensa o com es troba l'altre. Després que el nomenin conseller de Territori i Sostenibilitat el juny del 2018, em vindrà a visitar a la presó —inalterablement— cada setmana. Despatxarem temes del Departament o comentarem el dia a dia polític. I riurem molt, fins i tot en els moments més complicats. Serà la millor teràpia per anar endavant, per esgarrapar espurnes de felicitat. Aquestes trobades esdevindran una de les columnes imprescindibles —després de la meva família— sobre les quals basaré la meva capacitat de resistència.

Arribem al punt més crític: la frontera. La Núria i l'Emili ens diuen que hi ha aturat un vehicle de la policia espanyola, però que no sembla comportar cap risc: no fa controls.

La creuem.

Ja som en territori segur i, nogensmenys, continuem trepitjant terra catalana.

El primer cotxe fa mitja volta a la primera sortida. Tallem, definitivament, la comunicació.

A l'hora prevista, puntualment, entrem a l'aparcament subterrani del centre comercial El Centre del Món —un nom manllevat de l'imaginari dalinià. No hi veiem ningú. Ni rastre del contacte amb el mocador verd. Apareix, però, un altre cotxe amb matrícula espanyola que aparca amb molta prudència. En surt Raül Romeva. Em costa de reconèixer-lo perquè porta una gorra curiosa —de madrileny, ironitzo. Ens saludem efusivament i acomiadem els nostres acompanyants.

—Damià, cuida la Meritxell i els nens. Transmet calma al nostre equip. No sé com, però miraré de posar-me en contacte amb tu avui mateix.

Se'n van de seguida.

El Raül i jo ens quedem sols allí, en aquella planta deserta del pàrquing. El «Pere» no apareix. Decidim —de manera incauta— sortir a la superfície. Anem amb equipatge, les típiques maletes petites per poder embarcar a la cabina d'un avió. Mirem de trobar un telèfon públic per trucar al número francès que se'ns va lliurar per als casos d'emergència. Ens separem.

—Conseller, conseller!
Faig veure que no veig la persona que em crida.

—Conseller, soc jo, soc jo!

Em giro. És una dona jove. No porta cap mocador verd ni res que s'hi assembli.

—Vinc de part del Pere... —Ara quasi xiuxiueja.— On és el conseller Romeva?

—Allí, trucant.

Per uns moments m'he imaginat el que no era. Pel cap m'han passat desenes d'hipòtesis. De dolentes a molt dolentes.

Torna el Raül, que s'ha estalviat l'ensurt. Ens dirigim tots tres a un aparcament en superfície, el de l'estació. Conec el conductor: és un militant independentista de llarguíssima trajectòria. Això em transmet confiança.

Triguem una hora ben bona fins a arribar a la destinació. No vull fixar-me en els topònims dels indrets per on anem passant, en un exercici mal entès i absurd de discreció. És una casa de turisme rural. Si tots hem fet el que se'ns va demanar —deixar el mòbil al Principat—, és quasi impossible que ens puguin localitzar. Som lluny de tot. La casa està ubicada en un paratge idíl·lic. Allí, hi veiem altres membres del Govern i de la Mesa. També hi és Marta Rovira.

S'hi anirà incorporant tothom menys el president —que s'ha deixat veure en una passejada multitudinària per Girona—, Oriol Junqueras i Carles Mundó. Toni Comín arribarà molt més tard.

Nosaltres ens instal·lem en una «ala» de la casa on hi ha un menjador sala d'estar, una cuina i diverses habitacions amb bany. La vintena de persones que configuren l'operatiu, juntament amb els amos de l'establiment —una família— s'ubiquen en una mena d'espai annex. Ells ens van transmetent les instruccions que els arriben des del sud.

L'ambient és bo. Per bé que hi ha visions diferents —Clara Ponsatí, per exemple, és extraordinàriament crítica en com s'han gestionat les darreres setmanes—, es reforça el sentit de grup, de projecte compartit. Parlem no només de política, sinó de nosaltres mateixos, dels nostres bagatges, de les nostres circumstàncies personals, les quals acabaran condicionant la manera com afrontarem el dilema final —allí encara no sabem que l'acabarem afrontant descarnadament— entre presó i exili.

En qualsevol cas, sigui quin sigui el context que haguem de gestionar, dins o fora del 155, tenim clar que en qualsevol futura contesa electoral hi hem de concórrer units, en una candidatura conjunta. En aquelles circumstàncies té més sentit que mai.

Els membres de l'operatiu —crec que *operatiu* és el mot més precís— ens lliuren telèfons mòbils francesos de prepagament, molt bàsics, per impedir la nostra geolocalització. Això ens permet trencar, puntualment, l'isolament i recuperar un cert contacte amb l'exterior. Les primeres trucades que fem són lacòniques mirant de donar el mínim nivell de dades davant l'eventualitat de telèfons punxats —il·legalment— dels nostres interlocutors.

Sopem d'hora. La cultura d'equip es reforça encara més perquè desembassem tota la tensió acumulada de dies. Ens assistim i empatitzem els uns amb els altres. Els amos de la casa ens demanen fer-nos una foto, amb una càmera antiga. Algun dia m'agradaria poder recuperar aquella instantània, que reflecteix l'atmosfera que hem estat capaços de crear.

Tornem a qüestions d'operativa política. Avisen Marta Rovira per anar a trobar-se amb el president Puigdemont. L'endemà també ho faran Jordi Turull i Raül Romeva per posar en comú la informació disponible i, especialment, sincronitzar estratègies.

També hi ha consens a mantenir, encara que sigui de manera molt limitada, la presència del Govern en el territori. És important ser-hi. En aquest context, hi ha previst que diumenge el president assisteixi a la llotja de l'estadi de Montilivi al partit de Primera Divisió entre el Girona i el Reial Madrid. D'altra banda, soc l'únic conseller que encara té planificat un acte públic de naturalesa institucional el mateix diumenge: la commemoració del centenari de l'arribada del tren elèctric —actualment Ferrocarrils de la Generalitat— a Sant Cugat del Vallès.

Cal saber si, malgrat les circumstàncies, es manté i que, un cop confirmat aquest extrem, el president hi doni el vistiplau.

Aconsegueixo parlar un parell de vegades amb el Damià. M'assegura que l'acte va endavant i comencem a ajustar —utilitzant un llenguatge exageradament críptic per si estem punxats— els termes concrets de la meva presència a l'acte juntament amb el president de Ferrocarrils de la Generalitat, Enric Ticó, i l'alcaldessa de Sant Cugat del Vallès i presidenta de la Diputació de Barcelona, Mercè Conesa. L'operació té molts riscos. Tots dos, però, estan disposats a assumir-los. I no fallaran, malgrat les conseqüències penals que puguin comportar-los. Al cap de mitja hora rebem l'OK del president Puigdemont. També quedem entesos en el fet que no hi haurà atenció als mitjans de comunicació, només el discurs propi de l'acte.

Tots ens desplacem a l'hotel on la majoria passarà la nit. La magnitud d'aquest trasllat acredita la solvència de l'equip humà que ens acull. Allí hi arriben Toni Comín i després Marta Rovira, però ja no em quedaré per escoltar amb deteniment les seves explicacions. Tornaré a casa amb Anna Simó, que ja té un cotxe preparat.

Ens acomiadem dels companys, ignorant que alguns d'ells ja no els podré tornar a veure físicament durant molt temps.

Arribo a casa passades les dues de la matinada. No m'havia endut les claus i haig de trucar per l'intèrfon. Espanto la Meritxell. Per precaució, jo només havia

telefonat al Damià i ell, al seu torn, ha estat sempre molt reservat a l'hora de posar-la al corrent del que s'estava coent. Quan em veu, queda al·lucinada. El primer que faig és anar a les habitacions dels nens, flairo aquella oloreta que fan els infants quan dormen i em sento immensament feliç.
Em miro els dos telèfons mòbils que havia deixat. Hi tinc centenars de missatges i trucades perdudes. Continuo mantenint-me en mode silenci i opto per no respondre a ningú. Però tornar a estar connectat em tranquil·litza.

Sant Cugat del Vallès, 29 d'octubre del 2017

L'acte de Sant Cugat és a les dotze del migdia. Tindrà lloc a la plaça que hi ha al costat mateix de l'estació. Hi vaig amb el Damià.

Hem decidit quedar una hora abans amb Mercè Conesa, a l'Hotel Cugat, per acabar de perfilar tots els detalls. Acordem que anirem a màxims: primer farem una passejada pels carrers del municipi per poder parlar amb la gent i, després de visitar un tren d'època estacionat a l'andana, l'alcaldessa em cedirà la paraula, en el torn de parlaments, com a màxima autoritat.

Ens adverteixen que hi pot haver perill per a la meva seguretat personal —ja no tinc escorta. Decidim, però, tirar endavant.

La passejada, a la qual s'afegeix Marta Subirà, ens encoratja. Ens aturem constantment. La Mercè és una alcaldessa molt estimada. La gent amb qui parlem m'obsequia amb un afecte extraordinari. A l'estació ens estan esperant Enric Ticó i un nombre important de membres del consistori. Iniciem la visita a l'exposició que hi ha instal·lada a l'estació mateix i, posteriorment, al vagó museu acompanyats de diversos ciutadans vestits d'època. Ens fem la foto institucional. No hi ha cap diferència amb l'acte que havia presidit mesos abans per celebrar el centenari de l'arribada del tren a les Planes. Estic fent de conseller a tots els efectes.

I arriba l'hora de la veritat. Els parlaments. La plaça és plena a vessar. Evidentment, estic nerviós. Busco el to més institucional de què soc capaç com a membre del Govern legítim de Catalunya. No toca fer cap míting. Explico que Ferrocarrils de la Generalitat de Catalunya és la metàfora més tangible d'allò nou que estem construint. Ho és per història: en el seu moment —fa cent anys—, aquella línia de ferrocarril ja va ser construïda amb ample internacional per poder connectar-se, seguint el traçat de l'Eix del Llobregat —l'actual Eix Europeu C-16/E-9— amb l'Estat francès. La vocació europea i europeista de la Catalunya d'aleshores ja era inequívoca, una Catalunya que maldava per superar l'ample ferroviari ibèric que tenallava el nostre accés a la resta del continent. Però, més enllà, avui Ferrocarrils de la Generalitat representa la voluntat d'excel·lència del país. Acredita que estem en condicions de ser l'Holanda o la Dinamarca del sud d'Europa. En progrés. En modernitat. En benestar. I amb cap altre límit que la voluntat sobirana i democràtica del poble de Catalunya. Per això volem disposar dels millors instruments al servei de la gent d'aquest país. Aquesta és la voluntat del Govern que represento. Aquest és el mandat que s'ha expressat a través de les urnes. Perquè ja hem decidit ser un país lliure.

Se senten visques a la República. Quan abandonem l'escenari, els aplaudiments són impressionants. Tots tres —Ticó, Conesa i jo—, amb molts anys de militància sobiranista a les nostres espatlles, sortim profundament commoguts. Triguem molta estona a poder marxar de la plaça.

El Damià em torna a portar a Terrassa. Quedem que l'endemà a primera hora anirem, junts, al Departament de Territori i Sostenibilitat, al meu despatx. Al vespre ens trucarem, via Signal, per confirmar-ne l'hora.

La tarda amb el nens i la Meritxell és plàcida. Fins que rebo una trucada d'un interlocutor —fiable— que en nom del president em convoca a un domicili particular del Baix Llobregat a dos quarts de vuit del vespre.

Hi vaig amb el meu cotxe. Sol. Surto amb temps de sobres per no patir. Novament, per precaució, deixo els telèfons a casa. Passo pels carrers més inversemblants de Terrassa per comprovar si m'estan seguint. A la sortida de la ciutat confirmo que no —en cas que m'haguessin seguit els hauria despistat, o marejat...

Arribo al lloc. Faig un parell de voltes per davant i hi aparco suficientment lluny. Tot net. Entro a la casa i el meu interlocutor —militant d'ERC que fa anys que conec— va per feina. M'explica que el president proposa de fer una roda de premsa a Brussel·les amb tot el Govern, probablement dimarts. Cal traslladar el conflicte català al cor d'Europa. Alguns consellers hi aniran directament des de la Catalunya del Nord. D'altres, sortirem des del Principat. Ja se m'indicarà, dilluns mateix, el lloc de trobada. Jo insisteixo que tinc un compromís amb els treballadors del Departament de Territori i Sostenibilitat d'anar al meu despatx i que no penso ignorar-lo. Li demano no sortir cap a Brussel·les abans de les onze. Vull disposar de temps suficient al Departament per reunir, novament, el meu equip i acabar de traslladar-los les darreres instruccions. Em respon que cap problema perquè hi ha altres consellers que faran el mateix, però no em concreta quins.

Torno a casa, amb totes les cauteles possibles. Faig una trucada —segura— al Damià. Li explico la trobada que acabo de tenir i em renya per haver-hi anat sol. Quedem que demà sortirem de casa a dos quarts de vuit.

I una altra vegada torno a fer la maleta. I una altra vegada em torno a acomiadar dels nens. I una altra vegada me'ls torno a menjar a petons.

Dormo molt malament. L'exili m'espanta, sorprenentment molt més que la presó.

Vall del Tenes, 30 d'octubre del 2017

Aquest cop l'adeu de casa és més dur. Aquesta mena de dutxa escocesa emocional és, simplement, insuportable.

Tenim pensat, amb un detall mil·limètric, com farem l'entrada al Departament. Vetllarem, en tot moment, per no comprometre els treballadors que gestionen la seguretat de l'edifici ni, evidentment, els Mossos d'Esquadra. No els volem posar en un atzucac.

Hi entrem pel pàrquing, d'aquesta manera evitem els periodistes que hi ha concentrats a la porta. Carles Moliné, persona de confiança del Damià a l'Incasòl, gestiona l'aterratge. Tan bon punt hi arribem, ell es fa càrrec del cotxe. Pugem per l'ascensor privat. Accedim, sense aturades intermèdies, a la setena planta, directament al meu despatx. Allí ja hi són els alts càrrecs del Departament —els secretaris Ferran Falcó, Ricard Font, Marta Subirà i Agustí Serra— esperant-me, el Consell de Direcció reduït. Per bé que no en forma part, també hi trobo el gerent de Ports de la Generalitat, Joan Pere Gómez, un dels meus millors amics des de l'etapa de la JNC. Després s'incorporaran altres alts càrrecs, com l'Albert Alins i en Xavier Flores.

Abans de començar la reunió, decidim fer un tuit amb una fotografia a la meva taula amb un exemplar d'*El Punt Avui* del dia per confirmar-ne la veracitat. «Al despatx, exercint les responsabilitats que ens ha encomanat el poble de Catalunya.» De fons s'hi veu un quadre amb la portada de l'àlbum de Tintín *Objectif Lune*. S'especularà sobre si era un senyal per suggerir la nostra destinació a Bèlgica. Però no. Fa molts anys que soc tintinaire i membre de l'Associació Catalana de Tintinaires - 1001. Aquell quadre me'l van regalar els meus companys del grup municipal de CiU a l'Ajuntament de Terrassa i al darrere hi ha les seves signatures. En tots els meus despatxos de l'àmbit de la política —Convergència, Parlament, Ajuntament, Conselleria—, sempre hi he tingut una bandera estelada i una reproducció de l'icònic coet vermell i blanc del Tintín, com a expressió de «ho van aconseguir perquè no sabien que era impossible».

Els explico que m'absentaré uns quants dies —no els dic que marxem a Brussel·les— i els demano que es mantinguin en els seus càrrecs —a diferència dels eventuals, ells no han estat cessats. Han de ser el dic de contenció al 155. Es revolten.

—No té sentit que ens mantinguem aquí si els president i els consellers no hi sou! No volem ser el Govern de Vichy!

Hi insisteixo.

—Quedar-vos és l'expressió de lleialtat més alta, no a mi, sinó a la Institució, a la Generalitat de Catalunya, a les polítiques públiques que hem estat capaços de confegir durant decennis. A la gent d'aquest país. Us ho prego.

Finalment, els arrenco un sí en forma de silenci.

Començo a apuntar unes primeres pautes per afrontar l'entrada dels «homes de negre del 155»... Truquen a la porta. És la Fina, una de les secretàries de direcció.

—Hi ha una parella de mossos. Volen parlar amb tu, conseller.

—Fes-los entrar.

Són dos mossos joves. Se'ls veu incòmodes.

—Ens sap greu, conseller, tenim ordres. Que s'hi estarà gaire estona?

—Ara estem treballant. Sortiré cap a les deu per anar a una reunió del meu partit.

M'insinuen que no passa res si m'hi estic més temps per recollir les coses. Però no, no soc allí per recollir res. El meu despatx romandrà indemne durant els sis mesos d'aplicació del 155. Amb tots els papers, amb tots els meus objectes personals, amb les fotos de la Meritxell i els nens. El primer dia de mandat el ja conseller Calvet farà una piulada amb una fotografia d'aquell despatx tal com el vaig deixar, per donar testimoni de l'inici de la nova etapa d'un Govern escollit democràticament.

Rebo un missatge de la persona amb qui em vaig reunir el vespre anterior. «A les 12.00 a la segona planta de l'aparcament del Decathlon de Mollet del Vallès. Hi trobareu un monovolum de color grana.»

Entesos.

Prosseguim la reunió i acabem de repassar les pautes. Allò flaira a comiat amb tota regla. S'escapa alguna llàgrima.

El Damià i jo ja hem de sortir per anar a la reunió de l'Executiva del Partit Demòcrata que hi ha convocada a les deu.

—Sobretot, dignitat. Sempre dignitat! —És l'últim que els dic.

Saludem tots els treballadors que ens anem trobant fins a la sortida de l'edifici. Hi ha tones d'emotivitat. Expressions d'afecte que em seran difícils d'oblidar.

Sortim per la porta del davant. Ens espera Carles Moliner amb el cotxe preparat a la zona reservada per a autoritats. A l'entrada, hi ha moltíssims periodistes. Poso veu al tuit que he fet abans i hi afegeixo: «Continuo amb la meva agenda ordinària».

Anem cap a la seu del PDeCAT al carrer de Provença. Soc l'únic conseller que assisteix a l'Executiva. Hi ha molta desorientació i, malauradament, jo tampoc no tinc gaires elements per compartir. Les trenta-sis hores que han transcorregut des que em vaig separar de tot el grup a la Catalunya del Nord són un abisme quant a informació actualitzada. Evidentment, per un criteri de precaució, no explicaré que tots els membres del Consell Executiu ens n'anem a Brussel·les. Faig una intervenció breu en què prego que concorrem a la contesa electoral —que sembla inevitable— del 21 de desembre com a JxSí. D'aquesta manera —sense explicar-ne la procedència—, trasllado el compromís d'unitat a què ens vam conjurar dissabte a la Catalunya del Nord i que, al cap d'uns dies, acreditarem que per a alguns no tenia cap mena de valor.

Es fa tard i hem de sortir cap a Mollet. Un nou comiat. Continua la muntanya russa.

Abans, però, d'abandonar la seu del PDeCAT, rebo una trucada de Marta Rovira que em sorprèn.

—Què has fet? Per què has anat al Departament? —To de retret.

—El que vaig explicar que faria i que per a mi no era negociable. Ho vaig traslladar al contacte que coordina la sortida a Brussel·les. Ahir vaig ser a l'acte de Sant Cugat i avui he anat al Departament. La gent ens ha de veure! No he rebut cap contraindicació.

—Sí, sí. Tens raó. És lògic que hi hagis anat.

Interpreto que el que he fet pot haver complicat les coses, però no soc gaire conscient en què.

Sortida altra vegada amb molts periodistes, en aquest cas que ens persegueixen fins al cotxe que tenim aparcat al xamfrà. Em remeto a les declaracions que he fet al Departament de Territori i Sostenibilitat, però la cridòria continua fins a l'entrada mateix del cotxe. Sense seguretat, tot plegat comença a tenir uns riscos més que evidents.

A aquella hora d'un dia entre setmana, el Decathlon de Mollet és pràcticament buit. I la segona planta de l'aparcament subterrani, buida del tot. No ens és gens difícil de localitzar el monovolum grana. Hi aparquem al costat. A dins hi ha Raül Romeva, amb la mateixa gorra de l'altre dia, i Jordi Turull. Em sorprèn veure'ls. No era conscient que havien tornat. Ara l'adeu amb el Damià ja sembla definitiu. *Sembla* és el mot que defineix moltes de les circumstàncies que hem afrontat i continuarem afrontant.

Ens acompanyen dues persones. Entenc que entre tots anirem fent torns en la conducció fins a arribar a Brussel·les, on el Raül i el Jordi m'expliquen que ja hi ha el president i la resta del Govern. No hem arribat ni a l'autopista i el copilot rep una trucada.

—S'atura l'operació!

No li donen cap justificació. El conductor pren la decisió de portar-nos cap al seu domicili particular a la Vall del Tenes, un espai segur fins que no rebem noves instruccions. És en una urbanització. L'operació d'entrada del vehicle es duu a terme amb discreció quasi quirúrgica. Confirmem que no ens ha vist cap veí ni ningú altre. La casa és molt agradable, plena de detalls que acrediten que els seus amos tenen una trajectòria dilatadíssima de compromís cívic i polític amb el país des de l'independentisme.

Al cap de mitja hora de ser-hi, hi arriba Carles Mundó. Ens explica totes les vicissituds viscudes des de divendres. És un autèntic doll d'humanitat que ens aboca, sense pretendre-ho, a obrir-nos i posar en comú els nostres neguits més interiors davant del que estem vivint. Especialment tot allò que fa referència a les nostres famílies. Del patiment que hi ha darrere d'aquesta situació. En el meu cas, m'obro com mai des de divendres.

Hi ha noves informacions de l'exterior que confirmen que ens haurem d'esperar allí més temps abans de reprendre el nostre viatge. D'una banda, Oriol Junqueras ha de passar pel seu Departament, després de l'Executiva d'ERC, probablement a primera hora de la tarda. De l'altra, a Brussel·les hi té lloc una reunió important, que pot durar hores, sobre la viabilitat jurídica d'una eventual petició d'exili a Bèlgica. En paral·lel, hem d'estar pendents dels termes concrets de la imminent querella criminal de la Fiscalia General de l'Estat.

És a partir d'aquest moment que es posa, per fi, sobre la taula allò que tots pensàvem però que, per inèrcia o per un sentit d'una lleialtat mal entesa, ningú no gosava de suggerir. «Potser l'exili no és la millor opció per fer-la tots.» Trenca el gel Jordi Turull, que aporta dos arguments. El primer és la situació familiar, de la qual emfasitza que els seus pares són molt grans i estan delicats de salut —exactament com la meva mare. Però, sobretot, la convicció que ens podem defensar davant de qualsevol acusació perquè la nostra actuació ha estat pacífica.

S'obre un debat intens sobre com ens imaginem la nostra vida fora de Catalunya. I també sobre la força que —paradoxalment— pot arribar a tenir la presó a l'hora de posar en evidència l'actitud d'un estat demofòbic. Però estem realment disposats a afrontar la privació de llibertat? Presó, amb totes les conseqüències? Sentir-ne a parlar per primer cop com una hipòtesi plausible m'impressiona molt.

El moment culminant d'aquella trobada involuntària en un domicili particular —un pis franc per a nosaltres— a la Vall del Tenes es produeix quan Raül Romeva comparteix amb nosaltres un correu electrònic que li ha enviat Pepe Beúnza, el primer objector de consciència de l'Estat espanyol empresonat per les seves conviccions pacifistes l'any 1971, en plena dictadura franquista. El llegeix mastegant cada paraula, interioritzant-la. Ens submergim en l'itinerari de la detenció, les manilles, els calabossos, la presó, l'aïllament, l'actitud de resistència. Però, sobretot, la idea de patir presó per defensar uns ideals justos i la potència que té aquest concepte internament i internacionalment.

Alguns dels consells de Beúnza són senzills: sabates còmodes, un parell de bons llibres i el telèfon d'un advocat de confiança. D'altres no tant: les manilles, millor per davant. Però, tal com ell ja adverteix, això no ho pots triar. Recomana correcció amb els funcionaris, però tractant-los el mínim possible. Per als altres presos, respecte i amistat, però també desconfiança. Moltes vegades recordo les seves paraules, d'una utilitat indescriptible. En aquest correu, també diu al Raül que la presó es pot resistir i que se'n pot sortir més fort i convençut. Ara ja ho puc acreditar.

Em veig amb cor de suportar la presó, molt més que l'exili. Durant aquests anys veurem com el president Puigdemont i el conseller Puig han vist morir els seus pares a l'exili i ni tan sols han pogut assistir als enterraments. És d'una brutalitat sense matisos. El germà del conseller Comín va haver de marxar a Bèlgica —amb un fil de vida— per poder traspassar envoltat de la seva família. L'exili és duríssim i, tanmateix, ha acreditat una potència inqüestionable per posar entre les cordes l'Estat espanyol en paràmetres democràtics, l'ha confrontat amb sistemes judicials en què la prioritat no és la venjança sinó la justícia.

A mitja conversa, apareix a la televisió el fiscal Maza presentant la querella criminal. Ho fa en un temps rècord i en un temps rècord la jutgessa Lamela l'admetrà a tràmit —tot ja estava acordat molt abans, tot és una pura pantomima. La querella està redactada en termes molt similars a allò que ministres i altres alts càrrecs de l'Executiu espanyol havien suggerit. Es parla de tumults —el concepte que el portaveu Méndez de Vigo havia rescatat dels baguls més rònecs del dret penal vuitcentista—, però la qualificació penal proposada és la rebel·lió, en què el factor de la violència és determinant.

Ara ja tenim certeses. La citació judicial per comparèixer davant de l'Audiència Nacional o la nostra detenció —directament— poden ser immediates. I, això no obstant, refermem la nostra convicció que quedar-nos és la millor opció.

—Serà un judici polític. Compareguem-hi com a polítics per defensar-nos-hi políticament. La presó pot acabar donant fruits. —Romeva, contundent.

A partir d'aquí, s'obre el debat de com ho fem. Ens mantenim en els respectius departaments assumint que ens poden detenir en exercici dels nostres càrrecs legítims o, per contra, anem voluntàriament a Madrid responent a la imminent citació judicial? Tot i que esdevingui contradictori desplaçar-se a l'Audiència Nacional després que el Parlament hagi fet una declaració d'independència, tots coincidim que cal evitar a tota costa la imatge dels Mossos detenint-nos.

Haver posat en comú totes aquestes reflexions ha esdevingut una autèntica descompressió per a tots quatre.

Ben entrada la tarda, podem parlar amb l'exili, amb el president, que ja ha sortit de la reunió. Li traslladem la nostra decisió de quedar-nos al Principat. No ho comparteix, però ho respecta. Una hora més tard ho farem amb Oriol Junqueras i Marta Rovira, que venen a la casa de la Vall del Tenes. Posteriorment, el vicepresident es desplaça a TV3 per fer-hi una entrevista en directe.

Des de l'exili ens donen dades concretes de la roda de premsa que faran el president i la resta de consellers l'endemà a Brussel·les. Es farà al matí. Decidim que la seguirem des del Parlament. Considerem que és l'indret institucionalment més segur per a tots, molt més que les nostres respectives conselleries. Hi quedem emplaçats.

Una altra vegada l'organització que ens empara és impecable. Ens porten a casa nostra en quatre equips diferents. Ja són quarts d'onze. Aquest cop truco per telèfon des del carrer per no tornar a espantar la Meritxell. M'obre. La sensació de sorpresa ara ja és infinita. No ens queda estómac per a més muntanya russa. Però tornem a estar tots junts. El Bernat encara està despert. Després de fer un resum resumidíssim de les últimes hores trepidants, ens adormim tots tres al sofà en el somni més plàcid que hauré experimentat els darrers dies.

Parlament de Catalunya, 31 d'octubre del 2017

Arribo al Parlament. M'hi ha acompanyat el meu cap de Gabinet, Emili Alberich. L'entrada se'm fa estranya. S'hi respira una certa tristesa que es contraposa amb l'eufòria que vam viure el divendres 27, només quatre dies abans. Quan arribem a la planta noble, hi ha molts periodistes que ens persegueixen, alguns fa molts anys que els conec i els aprecio. Des de la nit anterior ja se sap que el president farà una roda de premsa a Brussel·les. M'arrisco i faig unes declaracions.

«El Govern continua com a Govern legítim. Una part és a Brussel·les amb l'objectiu d'internacionalitzar el procés. Una altra part és a Catalunya per liderar la resistència interior.»

Ens desplacem a la sala de juntes del grup parlamentari de Junts pel Sí. Des d'allí seguim la roda de premsa de Brussel·les, absolutament multitudinària. La sensació de veure els nostres companys és impactant. Transmeten molta dignitat, però en els seus rostres s'hi reflecteix cansament. Nosaltres encara no som prou conscients de les dificultats que han afrontat en aquelles primeres hores a la capital de Bèlgica.

El president insisteix en l'argument d'evitar una situació de confrontació violenta a l'hora d'entendre tots els passos que s'han fet.

—El Govern hauria pogut forçar els funcionaris fidels a iniciar una disputa de l'hegemonia, però ha preferit garantir que no hi haurà enfrontaments, que no hi haurà violència —afirma Carles Puigdemont amb contundència.

El president i alguns consellers responen desenes de preguntes en català, anglès, francès i espanyol. I deixen clar que han accedit a territori belga com a ciutadans lliures de la Unió Europea. És imprescindible recordar que en aquest moment no hi ha cap ordre de crida i cerca dictada des d'Espanya contra cap d'ells i que, per tant, tots mantenen intacte llur dret a la llibertat de circulació en territori europeu. Quan es dictin les primeres euroordres, dies més tard, el president i els consellers compareixeran voluntàriament davant de la justícia belga. I, tanmateix, veurem com les *fake news* s'aniran repetint per part dels poders públics i de la immensa majoria de mitjans de comunicació espanyols amb una insistència malaltissa. Es parlarà, injuriosament, de «*los fugados de la justicia*». Només es pot entendre aquesta afirmació des de la consciència plena d'estar mentint o des de l'assumpció que l'Estat espanyol no forma part de la Unió Europea a efectes d'aplicació del dret comunitari —hipòtesi, aquesta darrera, que ha avalat reiteradament el Tribunal Suprem en la seva follia autàrquica.

La idea força de la compareixença pública a Brussel·les és simple i rotunda. «Ni els uns ni els altres no hem abandonat el Govern.»

Per subratllar aquesta mateixa idea, el vicepresident Junqueras i els quatre consellers que romanem en territori català —Turull, Romeva, Mundó i jo—, ens reunim —dimarts, a l'hora que habitualment se celebra el Consell Executiu— al Parlament, en una taula rodona, presidits per la bandera de Catalunya i la bandera d'Europa. Els mitjans gràfics prenen imatges de la reunió que dura uns quaranta minuts, però no fem declaracions posteriors.

A la tarda, decidim reunir partits i entitats sobiranistes a la seu d'Escoltes Catalans a Barcelona. Hi són convocats el Partit Demòcrata, Esquerra, la CUP, l'ANC i l'Òmnium. Hi assistim els cinc membres del Govern. L'objectiu és planificar la nostra presència en actes públics —es parla, per exemple, de la diada castellera de Tots Sants a Vilafranca del Penedès— i en mitjans de comunicació. Per donar-hi més solvència es decideix articular quelcom similar a un gabinet polític i logístic.

En paral·lel, s'està preparant una videoconferència amb Brussel·les al despatx contigu. Hi anem tots cinc. A la pantalla hi veiem tots els altres membres del Govern amb el president al capdavant. Aboquem totes les visions i formalitzem la bifurcació entre exili i —eventual— presó. Tothom respectarà la decisió de tothom: la dels que es quedaran a l'exili, la dels que hi són i tornaran i la dels que romandrem al Principat.

També hi ha un altra idea clara. El president Puigdemont és caça major. La figura de la presidència de la Generalitat s'ha de mantenir preservada a l'exili. No pot ser sotmesa a la ignomínia de la presó en el marc d'un estat de dret de baixíssima intensitat, sense les mínimes garanties —tal com hem acabat experimentant en primera persona— i on la venjança s'imposa a qualsevol altre criteri.

El temps avalarà que l'estratègia de bifurcar presó i exili és un encert.

Només presó, hauria fet que quedéssim emmordassats i s'hauria mantingut l'autarquia del Tribunal Suprem en un espai d'impunitat absoluta. L'exili ha tensionat la justícia espanyola amb la resolució de Schleswig-Holstein o la tirallonga inacabable d'euroordres fallides de Llarena. D'altra banda, l'exili també ha permès desplegar una activitat potentíssima de diplomàcia republicana que s'ha vist reforçada amb la presència d'eurodiputats independentistes al Parlament Europeu.

Només exili, hauria impedit que la justícia europea actués en un termini molt breu per esmenar allò que s'estava perpetrant a Espanya, amb rebregades clamoroses del Tribunal de Justícia de la Unió Europea. A més, la presó i el simulacre de judici que vam patir són imprescindibles per poder guanyar, en un futur, la batalla al Tribunal Europeu de Drets Humans d'Estrasburg a partir de la ignomínia de les interlocutòries i les sentències de l'Audiència Nacional i el Tribunal Suprem.

Exili i presó, presó i exili, s'hauran combinat de manera exitosa i hauran creat un imaginari col·lectiu de resistència, fermesa i determinació.

IV

SOC L'AMO DEL MEU DESTÍ: SOC EL CAPITÀ DE LA MEVA ÀNIMA

L'Audiència Nacional

Em citen a l'Audiència Nacional amb més temps que els altres membres del Govern que reben les citacions amb menys de vint-i-quatre hores. En el meu cas, la nit de la Castanyada truca a casa una parella de mossos. Són tres quarts d'onze de la nit.

—Qui són aquesta gent, pare? —pregunta el Bernat.

—Són amics del pare, no pateixis, fill.

Estan més nerviosos els dos mossos que jo mateix. Em lliuren la citació oficial per comparèixer a l'Audiència Nacional, a Madrid, el 2 de novembre a les deu del matí. Tanmateix, abans ja me n'havia assabentat a través dels mitjans de comunicació.

No tenim temps de preparar-nos res. Una visita fugaç al despatx de Jaume Alonso-Cuevillas, el nostre advocat, l'endemà, el dia de Tots Sants, i llestos.

Aquella mateixa tarda, havent dinat, marxem a Madrid, en un comboi de tres furgonetes. Amb la Meritxell i la major part del Consell de Direcció del Departament de Territori i Sostenibilitat. Mai no els estaré prou agraït per haver estat al meu costat en uns moments tan difícils. El trajecte se'm fa etern.

Quan arribem a l'hotel és de nit. Per raons de seguretat, em quedo a l'habitació i em porten un entrepà. No és prudent sortir al carrer. Hi ha moltíssima tensió ambiental i podríem tenir algun ensurt.

Després d'una nit dura, amarada de tants sentiments contraposats, ens desplacem a l'Audiència. Hem quedat de trobar-nos a la plaça d'entrada. M'acomiado de la Meritxell, amb pressa. No m'agrada. Tot és maldestrament sobtat i, de manera quasi inercial, ens aboquem a fer el «*paseíllo*» de rigor. Hi ha gent que ens insulta —poca—, molta premsa i un grup nombrós de persones que s'ha desplaçat des de Catalunya i que ens encoratja.

El trajecte a peu el fem junts tots els membres del Govern, a excepció d'Oriol Junqueras, que ha decidit d'avançar-se tot sol. Anem molt ràpid. Meritxell Borràs i Dolors Bassa es queden endarrerides. Miro de fer reduir la marxa del grup. Quan passem per davant de la nostra gent, dels nostres amics i familiars, m'emociono. Hem acordat, però, que mantindrem una actitud serena i austera, que reflecteixi el sentit de transcendència i la gravetat del moment. Cap somriure. Cap rialla. Gestos, els mínims.

L'Audiència Nacional és un búnquer. Literalment. Un edifici construït a sota terra. Els despatxos, les sales de vista, els calabossos. Per seguretat. Aquí s'hi jutgen terroristes, membres d'organitzacions criminals o grans narcotraficants. I, ara, rebels i sediciosos.

Ens endinsem dins de l'edifici, a través d'aquella porta de vidre que quinze dies abans havia engolit els Jordis. Jo encara no soc conscient que no en sortirem. Mantinc una esperança que no té cap fonament solvent i que s'esfondra, abruptament, en veure l'actitud de la jutgessa Lamela. Primer, compareixem davant seu un per un. Amb Jaume Alonso-Cuevillas vam haver d'improvisar l'estratègia: només respondríem les preguntes dels nostres lletrats a fi de reforçar el nostre compromís amb la no-violència.

La sala és molt petita, gens solemne. Ningú no va togat. M'assec davant de la jutgessa amb qui em separen no més de dos metres. Lamela no m'escolta. Ostensiblement. Parla amb la lletrada de l'Administració de Justícia mentre intento apuntar les respostes. Es mira de manera compulsiva el mòbil i hi escriu —ho farà, fins i tot, durant la «*vistilla*» posterior, sempre en el torn de les nostres defenses. Sembla una mena de temptativa de guerra psicològica, grollera i vergonyant. Li hem de cridar l'atenció en diverses ocasions. Quedo al·lucinat. I veig, descarnadament, que és impossible que allò surti bé. Després de les declaracions individuals, ens fan entrar a tots junts a la mateixa sala per substanciar la «*vistilla*» on el Ministeri Fiscal farà petició de mesures cautelars. Hi estem amuntegats. Recordo Oriol Junqueras assegut darrere dels dos fiscals. La resta dels imputats estem envoltant la sala.

Hi ha dos fiscals. El que sembla ser el cap porta els cabells llepats. La seva indumentària —camisa de ratlles, a la qual només li manquen el coll i els punys blancs per completar el clixé, i una corbata de color estrident— consolida l'aparença del típic fiscal del Madrid «*castizo*». El segon es veu menys sofisticat, desprèn una certa bonhomia. Es parteixen les intervencions.

«*Para Oriol Junqueras Vies, Jordi Turull Negre, Raül Romeva Rueda, Meritxell Borràs Solé, Joaquim Forn Chiariello, Josep Rull Andreu, Carles Mundó Blanch y Dolors Bassa Coll el Ministerio Fiscal solicita prisión preventiva comunicada sin fianza.* —És la petició concreta que verbalitza el primer fiscal.»

M'impacta sentir el meu nom en aquest context.

La petició de presó arriba després d'una intervenció apocalíptica, hiperbòlica, en què se'ns fa responsables de totes les atrocitats possibles. Només hi manca una referència a la poma d'Eva en el Paradís, perquè el relat assoleixi tota la completesa. El fiscal dels cabells llepats clou, satisfet, el seu al·legat. Lamela se l'ha escoltat —en aquest cas, sí— amb atenció, en una mena de simbiosi quasi mística a mesura que ha anat declamant cada mot.

Arriba el torn del segon fiscal. Només es refereix a Santi Vila. Tenim la sensació que li fa d'advocat. Subratlla el seu alt sentit de responsabilitat pel fet que abandonés el Govern el 26 d'octubre. Té un to serè i tranquil, força allunyat de la crispació i l'arrogància del seu col·lega.

I aquí s'obre un debat que ratlla l'absurd. Els dos fiscals s'emboliquen a l'hora de demanar les mesures cautelars per a Vila. El que l'ha «defensat» demana «*prisión evitable mediante fianza*». El seu cap, però, el talla i l'esmena: «*Prisión preventiva con fianza*». El matís no és menor.

—*¡O una cosa o la otra!* —Rotunda, la jutgessa fa de jutgessa per primer cop.

—*Lo que le vaya mejor a él* —suggereix, de manera temorenca, l'adjunt.

Tots ens mirem amb cara de perplexitat.

Els nostres advocats, en les seves intervencions, rebaten amb fermesa els arguments de la Fiscalia. Els desmunten amb precisió. Tots tres, Alonso-Cuevillas, Van den Eynde i Molins, em transmeten confiança. Molta. I això em torna a injectar esperança. D'aquell dia recordo les esperes llarguíssimes al passadís, un passadís blanc hospital, d'una asèpsia que, tanmateix, relaxa. Passen les hores. No ens deixen sortir per dinar. Els advocats pugen a la planta superior on hi ha les màquines expenedores i ens baixen bosses de patates, galetes, sandvitxos, aigua i refrescos. I mengem afamats. Esgarrapem, paradoxalment, petits moments —memorables— d'una felicitat quasi folla. Fem molta pinya i això ens conforta. Tothom exposa la seva particular tesi sobre allò que ens passarà. Jo formo part de la minoria incauta i optimista. Ben entrada la tarda, comencen a aparèixer funcionaris. Alguns discretament, d'altres d'una manera més evident. Són policies, tant de paisà com uniformats, i personal civil de l'Audiència. Aquests darrers em recorden aquell públic que s'atansava als patíbuls per observar amb delit la cara i les expressions dels reus en els darrers moments. Allò és un mal senyal. Ens conjurem tots, totes, tàcitament, a mantenir una actitud digna. El cap ben dret: som el Govern legítim de Catalunya.

Per fi baixa la lletrada de l'Administració de Justícia —la secretària judicial en terminologia antiga— per comunicar-nos la decisió de la jutgessa. Algun ingenu encara es pensava que ens llegiria el «*fallo*» la mateixa Lamela. Estic convençut que no ho fa, entre altres raons, per un profund menyspreu cap a allò que som i que representem.

Ens criden per blocs a la mateixa sala de la «*vistilla*». Ho fan en funció dels advocats i, a partir d'aquí, en l'ordre protocol·lari dins del Govern.

—Si no surten, vol dir presó —explica Oriol Sagrera, l'antic cap de Relacions Institucionals de Carles Mundó.

En efecte, la sala té dues portes. La segona, la interior, està situada darrere d'on seia Oriol Junqueras i mena als calabossos. Els «patrocinats» —aquesta expressió jurídica sempre l'he trobada pintoresca— d'Andreu Van den Eynde són els primers que van entrant i ja no en surten.

—Quin error! Quin error! —exclama Pau Molins. Em colpeix. Ni ell mateix no es pot imaginar quanta raó acabarà tenint.

Ara ja som indefectiblement conscients que anem a la presó. Tot ha estat una paròdia de mal gust. A mesura que ens van cridant, ens anem abraçant amb els que es queden. Ho fem amb la màxima fermesa i austeritat de què som capaços. Dignitat, sempre dignitat.

El trasllat

Estic convençut que el trasllat a la presó és la part més dura d'aquest periple vital que hem hagut d'afrontar.

Quan penses en la hipòtesi d'entrar a la presó ets incapaç d'imaginar-te com serà el parèntesi que hi ha entre la signatura de la interlocutòria d'empresonament i l'entrada al centre penitenciari. Ningú mai no ens l'havia explicat. És un terreny absolutament desconegut, un autèntic forat negre.

Tot comença amb el lliurament, per part de la secretària judicial, de la interlocutòria de Lamela. És llarga, un senyal inequívoc que tot ja estava decidit. De fet, el dia abans els mitjans de comunicació propers al Poder Judicial ja explicaven, fil per randa, com es desenvoluparia tot plegat, i donaven per segura la nostra presó preventiva. Hi havia, fins i tot, força detalls dels arguments que empraria la jutgessa instructora. «Mitjans de comunicació propers al Poder Judicial» és una expressió dramàticament precisa de l'anormalitat estructural d'aquest tan freqüent oxímoron que és la Justícia espanyola.

En signo la còpia i faig una abraçada de comiat a un Jaume Alonso-Cuevillas, abatut. Tot seguit travesso la segona porta, la interior de la sala. A l'altra banda m'esperen dos policies nacionals.

—*Ponga las manos atrás, le vamos a engrilletar.* —Aquest és el verb. Els *grilletes* són les manilles. Mai no s'utilitza el concepte *esposas.*

Francament, no m'ho esperava. Però de seguida vaig recordar les recomanacions de Pepe Beúnza, el primer objector de consciència empresonat a Espanya, que Raül Romeva havia compartit amb nosaltres a la Vall del Tenes: «Demaneu que us emmanillin per davant».

—*¿No puede ser por delante?*

—*No.* —Taxatiu.— *Es el protocolo.*

Baixo les escales escortat pels dos policies, que em sostenen pels braços, fins als calabossos. Són les mateixes escales que baixarem els cinquanta-dos dies del judici i que acabaran esdevenint un espai sorprenentment familiar per a nosaltres.

El trajecte no dura més d'un minut fins que arribem a la destinació. Les manilles només han tingut un objectiu intimidatori: ha de quedar clar que, des d'aleshores, som reus de l'Estat espanyol. Al passadís on hi ha deu calabossos —crec que no m'erro— l'activitat d'escorcoll és frenètica. Hi veig alguns dels meus companys de cara a la paret i amb els braços i les cames oberts. Recordo especialment Meritxell Borràs, molt demacrada, i Raül Romeva, que demanava explicacions sobre aquella rutina. Els altres són només ombres. A mi em situen davant del calabós número 8.

—*Deposite todos los objetos en esta bolsa.*

És una bossa blanca amb el logotip del Cos Nacional de Policia. M'hi fan posar el cinturó, l'anell de casat —no me n'havia desprès mai des del 30 de juny del 2000—, la insígnia de conseller de la Generalitat, una creu, els medicaments que portava a la butxaca... Però per a mi el més dur és que em prenguin les ulleres. Soc força miop. Sense ulleres ho veig tot borrós, la qual cosa intensifica la meva sensació de desemparament.

—*Y ahora de cara a la pared con los brazos y las piernas abiertos.*

El policia que em té a càrrec és un home jove. Està ben ensinistrat per no expressar cap mena d'empatia. La relació és freda però correcta. Professional.

L'escorcoll el supervisen altres agents, probablement oficials —grau de comandament similar a un caporal dels Mossos. És exhaustiu, minuciós. Cap racó de la roba en queda exempt. Fins i tot es fixen en les vores de l'americana o dels pantalons.

—*Ahora entre aquí.* —És el calabós.— *Si necesita algo, grite.* —Poc sofisticat.

El calabós és un espai petit, quatre metres per dos. Només hi ha un vàter, una pica i un banc de formigó, que fa de jaç amb una manta —l'ensumo i és neta. Les parets són grises, s'hi veu alguna inscripció feta amb excrements. L'indret és d'una sordidesa indescriptible. Tanmateix, em crida l'atenció que la temperatura sigui tan agradable.

Després d'hores viscudes de manera trepidant, amb la incertesa de l'ingrés o no a presó, és el primer cop que em retrobo amb mi mateix. El cap em bull. Penso en la meva família. En la Meritxell, en els nens, en la mare, en els meus germans. Què els hauran dit? Com els ho hauran dit? Deuen estar patint molt. M'agradaria poder-los explicar que jo estic bé, que em sento fort —molt fort— i que ens en sortirem.

«M'han tancat per haver estat lleial al mandat democràtic de la ciutadania. Soc membre del Govern legítim de Catalunya.» Aquest pensament m'interpel·la a mantenir-me ferm, a actuar amb dignitat, per allò que soc i, sobretot, per allò que represento. Un altre cop em venen al cap els consells de Pepe Beúnza. «Soc un pres polític.»

Després de fer desenes de voltes en aquell espai minúscul, m'estiro.

—*¡Abre la cuatro! ¡Abre la dos!* —De fons, se senten les ordres d'un dels oficials.

Immediatament després, escolto la fressa de la porta corredissa d'altres calabossos i hi distingeixo la veu d'algun dels meus companys, però no soc capaç de discernir què diuen. Se'ls emporten, però al cap de pocs minuts els retornen. Desconec amb quin propòsit.

Sense rellotge m'és impossible saber quanta estona fa que estic tancat. Estic ben desorientat. Només sé que se m'està fent llarg i feixuc.

Passa molt més temps i em toca el torn.

—*¡Abre la ocho!* —És la mateixa veu d'abans.

I apareix el mateix agent que m'ha escorcollat i que em porta cap a la zona d'oficines. Em fan entrar en un despatx petit amb una taula, dues cadires i una prestatgeria metàl·lica. M'hi esperen dues policies. Em conviden a seure. La tensió es pot tallar amb un xerrac. No hi ha marge per a cap conversa. «Ensinistrats per no expressar cap mena d'empatia...» Recuperen la bossa blanca i aboquen totes les pertinences sobre la taula. En fan una llista. És com una mena de lletania. Mentre una parla, l'altra apunta. Tornen a emplenar la bossa, la segellen i signo una mena de rebut. Acabada l'operació em retornen al calabós.

Passa molt més temps. Una hora? Potser més. Torno a fer quilòmetres pel calabós i intento endreçar les idees. Miro d'imaginar-me quin serà el següent pas. Només crec que tinc dues coses clares: que ens portaran a la presó de Soto del Real, on hi ha els Jordis, i que ens hi portaran a tots junts, encara que allí ens separin per mòduls.

Sento com es van obrint la resta de calabossos. Un per un. Lentament. Molt pausadament. Cada sortida se'm fa una petita eternitat. Els seus inquilins en surten i ja no hi tornen. Si no m'he descomptat, em fa l'efecte que només quedo jo. Ja han cridat tothom.
L'encerto.

—*¡Abre la ocho!*

En aquest cas, són dos funcionaris diferents, que em condueixen, altra vegada, a la zona d'oficines. M'hi esperen dos guàrdies civils, un de jove, més aviat baix, i una altre de mitjana edat, rabassut, amb una barba sorprenentment generosa. El Cos Nacional de Policia em «lliura» formalment a la Guàrdia Civil. Emplenen davant meu els papers, els signen i el guàrdia civil jove m'emmanilla, ara per davant. Em sorprèn el canvi. Els dos cossos deuen tenir un protocol diferent. Millor. Em condueixen, policies i guàrdies civils junts, a una rampa on hi ha diverses furgonetes de l'Institut Armat. Abans m'han donat la bossa blanca amb les meves pertinences. Portar la bossa amb les mans emmanillades em recorda imatges televisives d'altres èpoques. Tinc una forta sensació de vulnerabilitat.

Pujo a la furgoneta. Hi estic tot sol. Em penso que tots els altres també van sols, un per vehicle. L'habitacle és una mena de gàbia amb dos bancs metàl·lics, l'un davant de l'altre, perpendiculars a la línia de seients del conductor i l'acompanyant. No hi ha cinturó de seguretat ni res que s'hi assembli. Tinc la immensa fortuna que la porta que em separa dels guàrdies civils és d'aquelles amb desenes de petits forats —després esbrinaré que això és molt poc habitual, que quasi totes són completament opaques. Podré veure l'exterior, tenir un punt de referència. Per als que ens maregem és mitja vida.

És el mateix model de furgoneta que va transportar els Jordis a Soto. Una altra imatge televisiva que em va quedar fixada mentalment del dia que els van tancar. Aleshores, no podia ser ni remotament conscient del patiment que es vivia en el seu interior.

Arrenquem. A la sortida de l'Audiència hi ha un grup indeterminat de persones que ens insulten. Els crits se senten perfectament.

—*¡Golpistas! ¡Hijos de puta!*

Ja és fosc. Anem a molta velocitat. El soroll de la sirena és estrident. Sento la cadència que emet la de la meva furgoneta que topa amb la de les altres —que configuren un comboi, no sé de quants vehicles exactament—, de manera que confegeix una mena d'asintonia desagradable. No ens aturem en cap semàfor. Com que no hi ha cinturó i vaig emmanillat, no sé on subjectar-me. Caic a terra un parell de cops, però no em faig mal. Per fi trobo la salvació en el banc de davant, que té un petita barana lateral que em força a seure en una posició estèticament rara i incòmoda.

Lentament, van desapareixent les altres sirenes. També perdo el contacte visual amb les dues furgonetes que fins que havíem sortit de l'Audiència teníem al davant. Desconec quantes en poden quedar darrere nostre. Em penso que els hem perdut perquè no hem estat capaços de seguir el seu ritme.

Els dos guàrdies civils que em condueixen parlen molt poc. Escolten la ràdio, una emissora musical de pop i rock espanyol que no puc identificar.

Hem abandonat la trama urbana de Madrid. Tinc poc sentit de l'orientació i tampoc no aconsegueixo llegir els cartells de l'autovia que agafem. Pels senyals horaris de la ràdio fa quasi una hora que circulem. «Si que és lluny això de Soto...»

¿Eres cristiano?

Finalment arribem a lloc. Una presó enmig del no-res. L'operació d'accés és exasperantment lenta. Hem de superar diversos controls. A cada punt es produeix una conversa animada entre els guàrdies civils i els funcionaris de la presó. No sento que facin cap referència a nosaltres.

I, per fi, ens aturem. Obren la porta corredissa lateral de la furgoneta i la petita porta de la gàbia. De nit i sense ulleres ho veig tot borrós, però m'adono que aquella presó és vella i molt rònega, amb aires de presó Model de Barcelona. En baixo, encara emmanillat.

M'esperen tres funcionaris. El més veterà, calb, em dona la benvinguda, vermell i molt excitat.

—*¡Se os ha acabado la tontería catalanes!*

—*¡No se nos acabará ni ahora ni nunca!* —li responc amb una rapidesa i amb una contundència que em sorprèn a mi mateix. L'adrenalina em regalima per tots els porus. «Soc membre del Govern legítim de Catalunya.»

—*¡Pues os vais a pudrir aquí en la cárcel!*

«Entrada gloriosa, Mare de Déu Senyor.»

Em condueixen envoltat per una atmosfera d'esverament i tumult cap a l'interior del recinte. Fa tota la sensació que ens estaven esperant ansiosos. La imatge de dins encara és més tètrica que la de l'exterior.

El guàrdia civil jove em treu les manilles.

—Tranquil, tot anirà bé —xiuxiueja. I ho fa en català! Un autèntic alçament de llum en la tenebra.

S'acomiada i se'n va. Tinc la sensació de quedar-me immensament sol, dret en un passadís, recolzat a la paret, davant d'una «cabina» envidrada i protegida amb barres de ferro i la típica finestra de funcionari del «*vuelva usted mañana*». A l'interior hi ha una bandera espanyola de dimensions considerables enganxada a la paret en un punt que es veu clarament que no és el seu espai habitual. Entenc que des d'allí faran tots els tràmits per registrar-me com a nou intern del centre penitenciari.

Al meu costat, a banda i banda, m'escorten dos funcionaris relativament joves. A la finestreta hi apareix el veterà d'abans. La Guàrdia Civil li ha lliurat la bossa de plàstic blanca amb les meves pertinences. L'obre disposat a tornar-me-les, una per una, en un ritual que em costa d'entendre.

La primera cosa que em lliura és la interlocutòria de la jutgessa Lamela.

—*¡Te vas a pasar tantos años encerrado aquí por traidor que este auto te lo vas a aprender de memoria!*

M'hi atanso i l'agafo. I aconsegueixo callar, després d'haver respirat fondo i haver comptat fins a deu.

Segon objecte: la creu.

El funcionari jove que tinc al costat em pregunta sorprès:

—*¿Eres cristiano?*

—*Sí* —responc amb convicció.

—*Pues ahora no entiendo nada. Cuando has entrado* —aquesta segona persona del singular *has* m'inquieta—, *estábamos pletóricos porque los traidores tenéis que estar en la cárcel. Pero ahora que sé que eres cristiano... Mira, España se ha construido a partir de la cruz. Cataluña está llena de moros. Y aunque nos odiéis, vuestros hermanos españoles iremos a Cataluña a libraros de ellos.*

Em cauen els pebrots a terra. Literalment.

Més objectes en un ordre sense gaire sentit fins que, de sobte, el calb —que interpreto que deu ser el cap— surt de la cabina amb una càmera a la mà i em diu que m'han de fer la foto per al carnet d'intern. Em torno a posar contra la paret. És la típica fotografia de pres. La introdueix a l'ordinador i torna a l'atac.

—*¡Menudo careto haces! La vamos a pasar al Telediario para que todos los españoles sepan la cara que hacéis los traidores.*

Definitivament la subtilesa no és el seu fort.

Recupera la bossa i per fi em torna les ulleres. L'hi agraeixo. Se'm fa la llum, o no. Em fixo en els detalls i tot plegat agafa un caire més inquietant. I, per fi, faig la pregunta del milió.

—*¿Estoy en Soto del Real? ¿Dónde están mis compañeros?*

—*Estás en Madrid IV, Navalcarnero.* —L'amo del tros respon amb satisfacció.— *Y estás... solo.* —Un somriure ample li envaeix tot el rostre.

És un cop duríssim que em costa de digerir. Però el doll d'adrenalina roman. Encara em sento fort.

De sobte, apareix un home amb americana, és educat i molt afable. Se'm presenta com a subdirector de la presó. Hi puc parlar de manera civilitzada. M'explica que, efectivament, allò és la presó de Navalcarnero, que no és una presó gaire nova —eufemisme compassiu— i que ja tinc assignat un mòdul tranquil on estaré bé. Em pregunta si fins ara m'han tractat correctament i decideixo mentir-li. Encaixem i se'n va.

Tornem a l'avern. En aquesta lògica de fases atzaroses, s'atura novament el procés de devolució de les meves pertinences. Aquell que hem quedat que era el cap em dona el carnet de pres acabat de fer, el NIS. Acredito que la foto és realment espantosa. I veig per primera vegada el número de pres, que acabaré memoritzant —el 2017014559— i que m'acompanya fins ara. Tot seguit m'explica que tinc dret a una trucada.

—*¿A quién quieres llamar?*

—*A mi mujer.*

Li'n dono el número.

—*¿Cómo se llama?*

«Cagada.»

—Meritxell. *¿Quiere que se lo deletree?* —Intento ser amable.

—*¿Qué te has creído? ¿Qué somos imbéciles y no sabemos escribir?*

No cal que doni detalls de com va escriure el nom de la Meritxell. Allò que hom es pugui imaginar, és.

Les topades i vexacions continuen fins que s'esdevé un nou alçament de llum —gloriós— en una tenebra que ha desbordat amb escreix tota la seva dimensió metafòrica. Irromp, novament, el subdirector.

—¡Te vas! ¡Os llevan a todos a Estremera!

—¿Estremera? —No sé què és. Jo de Madrid només en conec les presons de Soto del Real i d'Alcalá Meco i ara, brutalment, la de Navalcarnero.

—Es la cárcel más moderna de Madrid. Está en el sur de la Comunidad, cerca de la provincia de Cuenca. El Ministerio ha decidido poneros a todos juntos para facilitar las cosas a los letrados.

Si la felicitat es pot fer tangible, crec que aquell instant la puc tocar, físicament, amb delit.

S'atura tota l'operació d'ingrés. No els lliuro els objectes que m'han retornat. Les ulleres ja no me les deixaré tornar a prendre.

Mentre esperem que torni a arribar la furgoneta de la Guàrdia Civil, em tanquen en una cel·la de transició, una mena de sala d'espera, que en l'argot carcerari es diu *perrera*. La porta és amb forrellat antic i els barrots són verticals —dels de tota la vida. Vaig al lavabo, que és un forat amb la forma dels peus impresa a terra, a banda i banda. Quan érem petits, en dèiem *comuna*. Allò és l'inframon. M'hi estic una bona estona. Em donen sopar, uns entrepans. Per a mi, des de la visita del subdirector, tot és excel·lent.

Per fi arriba la furgoneta de la Guàrdia Civil. És la mateixa parella d'abans. El jove, novament en català, em diu que allò que m'ha passat no és gens habitual. Jo en dono testimoni: tret d'aquell dia a Navalcarnero, el tracte que rebré dels funcionaris de presons a Estremera, Soto del Real, Valdemoro i Zuera —amb excepcions molts puntuals— serà correcte i professional.

Li pregunto com és que parla en català amb tanta fluïdesa. M'explica que va estar destinat a Catalunya més de quinze anys, a la demarcació de Girona.

Sortim a l'exterior. El calb rabiüt es queda a dins, i m'acompanya el funcionari jove, el de la creu, ara amb una actitud més tranquil·la. Ens acomiadem. El guàrdia civil em torna a posar les manilles i em descriu l'itinerari que farem.

—Hem de passar per Valdemoro i Aranjuez i recollir quatre dels seus companys, per anar, en comboi, fins a Estremera. El trajecte serà molt llarg, més de dues hores, si té algun problema piqui la porta i avisi'ns.

Ens posem en marxa. Estic molt cansat. Però no puc dormir, pels nervis i la tensió acumulada.

Al llarg del trajecte em ve a la memòria un fragment d'aquell poema de William Ernest Henley, «Invictus». Vaig llegir que Mandela el recitava com un «mantra» per mantenir-se dempeus en els moments més durs de la seva captivitat: «Soc l'amo del meu destí: soc el capità de la meva ànima». Hi penso i me'l repeteixo constantment, tot i saber que la nostra situació és a anys llum de la seva.

Estremera

Per fi, la furgoneta de la Guàrdia Civil, després de passar per Valdemoro i Aranjuez, arriba a la presó d'Estremera (Madrid VII). Des de Navalcarnero (Madrid IV) el trajecte és de més de dues hores. I, tanmateix, se'm fan curtes després d'haver esquivat el mateix infern.

L'aparença exterior de la presó no té res a veure amb Madrid IV. Madrid VII és la més nova i es percep. En l'estructura física, en el manteniment, en els llums. Un canvi copernicà. L'entrada es fa més lenta que a Navalcarnero. Hi ha dues furgonetes davant nostre que han de complir amb totes les formalitats en els, com a mínim, tres controls que s'han de passar abans d'arribar al mòdul d'ingressos. Després sabré que els altres sis hi han anat en parelles: Forn i Junqueras a Estremera, Turull i Romeva a Valdemoro, Vila i Mundó a Aranjuez. Jo havia quedat desaparellat. Mala sort? Acarnissament? M'és igual, però estic emprenyat.

Entro, finalment, a Ingressos. Em torna a sorprendre en positiu la lluminositat. I un altre detall: les cel·les de transició —les *perreras*— tenen portes corredisses i els barrots són horitzontals, plans i pintats amb colors agradables.

De seguida veig, de lluny, a tots sis tancats en una d'aquelles cel·les. Jo encara vaig emmanillat. El guàrdia civil jove em treu els «*grilletes*» i, ara sí, ens acomiadem. Els funcionaris m'autoritzen a retrobar-me amb els companys. Tinc la sensació que fa una eternitat que ens han separat, però només han passat unes hores. Els abraço amb un entusiasme quasi foll. Ens expliquem les nostres vicissituds. A Vila i Mundó, els guàrdies civils que els conduïen els han posat l'himne espanyol de manera estrident, una manera poc subtil de marcar territori. Junqueras ha patit algunes vexacions. Romeva i Turull han hagut de fer el trajecte emmanillats amb les mans al darrere i en arribar a Valdemoro els han fet despullar, integralment, per escorcollar-los. Veient el panorama, penso, hauria pogut ser molt pitjor. Només imaginar-me que aquell energumen de Navalcarnero m'hagués pogut escorcollar nu, m'esgarrifo.

Aquest aparellament, atzarós, o no, assenyalarà els nostres destins futurs: qui es quedarà tancat a Estremera —Junqueras i Forn—, qui en sortirà i hi tornarà a entrar —Turull i Romeva, i jo mateix— i qui, quan en surti, no tornarà a trepitjar més la presó —Mundó i Vila.

El tracte que rebem dels funcionaris d'Estremera no té res a veure amb el que he viscut unes hores abans. Simplement, aquí hi ha professionalitat. Passem pel metge, pel psicòleg i, finalment, el director ens atén a tots junts. Ens explica quin serà el nostre itinerari a l'interior de la presó, però jo no li presto gaire atenció, encara estic trasbalsat.

Ara, per fi, puc fer la trucada pendent. La Meritxell no m'agafa el telèfon, deu estar en trajecte cap a Catalunya. Puc parlar amb la meva germana, que sempre és una font inesgotable d'energia. Miro de tranquil·litzar-los. Estic bé, molt bé.

Tots encara anem amb vestit. Ningú no ens havia explicat com «funcionen» les primeres hores a la presó. Encara no tenim roba de recanvi. La nostra aparença, allí mudats, té un punt pintoresc. Sopem a la «*perrera*» i pugem a les cel·les. Ara qui queda desparellat, fruit d'una mena de consens tàcit i inapel·lable, és Santi Vila. Ell haurà de dormir amb un pres de confiança. Jo compartiré cel·la amb Raül Romeva. L'espai està força bé. Hi ha televisió i tot. Ens hi podem veure per primer cop entrant a l'Audiència Nacional, unes imatges que es repetiran en bucle centenars de vegades. Les darreres que durant molt temps es tindrà de nosaltres, en el cas de Forn i Junqueras, durant una eternitat.

Fa fred i dormo vestit. M'adormo de seguida. L'extenuació m'ha abatut. Descanso extraordinàriament bé. Des de la nit del 25 d'octubre és la primera nit «tranquil·la». D'altra banda, i ja ho acreditaré el mes de març de l'any següent, quan tornarem a ingressar a la presó, en Raül és un excel·lent company de cel·la. D'entrada, no ronca i per a mi això esdevé quasi vital.

Baixem a esmorzar. A Santi Vila ja li han pagat la fiança i li comuniquen que pot sortir. Ell ens assegura que farà tot el possible per treure'ns. Té molts contactes, diu... Després el veurem a la televisió, amb la seva expressió de consternació perenne, explicant que tot allò és molt dur i injust. A través d'ell podem veure com és físicament l'exterior de la presó i somiar amb aquella porta de sortida, la via d'accés a la llibertat.

Tot plegat, la cel·la, l'entorn, els pocs presos amb qui ens relacionem, fa la sensació que allò és un empresonament suau. I jo, erròniament, em penso que aquella situació serà definitiva. No soc conscient de la brevíssima transitorietat al mòdul d'ingressos. Per entendre'ns, em pensava que aquella cel·la ben pintada, neta, amb cortines a la finestra i a la dutxa —a les presons espanyoles, això ho esbrinarem més endavant, t'has de buscar la vida amb les cortines— i amb televisió serà definitiva. Que sempre estarem els sis junts.

Però no. Avança el dia i seguim tenint entrevistes individualitzades amb diversos membres dels equips de tractament de la presó. Havent dinat el director ens torna a cridar, ara de dos en dos, i fixa la nostra distribució. Ens separen a tres mòduls diferents. La presó d'Estremera és d'alta seguretat i, a diferència de Lledoners o de Soto, quasi no hi ha activitats intermodulars. Això vol dir que només ens podrem veure als locutoris quan ens cridin els mateixos advocats i a missa —si ens hi autoritzen.

Comença la realitat. Els dos dies a Ingressos han estat, efectivament, un miratge.

Jordi Turull i jo entrem junts a parlar amb el director. Ens explica que anirem al mòdul 4, que és un mòdul de respecte, la qual cosa el fa ser especialment tranquil. Ens imaginem que és un mòdul de gent d'edat avançada, essencialment de delictes econòmics. Com el mòdul que hi ha a la presó de la Roca i al qual hi havia anat a raure Josep Lluís Núñez, posem per cas.

Amb el Jordi havíem topat, i molt, els darrers anys a Convergència i al PDeCAT. Temps enrere, però, la nostra relació havia estat excel·lent: ens coneixíem des de l'etapa en què vam començar a fer política a la JNC. Malgrat que el dia 26 d'octubre vam afrontar plegats aquelles hores intensíssimes amb el president Puigdemont en què vam constatar directament que Rajoy aplicaria el 155 hi hagués o no eleccions, la nostra relació era freda i distant. Però sovint la vida t'obsequia amb segones oportunitats. Ara compartiríem cel·la. Setze hores diàries tancats. Junts. I ho vam saber aprofitar. L'amistat que vam tornar a forjar a Estremera ha esdevingut un autèntic regal. Però no puc deixar de lamentar-me del temps perdut, de les oportunitats malbaratades, de com m'he equivocat.

L'arribada al mòdul, al vespre, és impactant. La nostra indumentària encara és estridentment anormal per al context carcerari: pantalons i americana negres. Tenim la sensació que tots els focus es dirigeixen directament cap a nosaltres. Anem carregats amb bosses d'escombraries negres que contenen la roba que ens acaba d'arribar. Tot plegat ens confegeix una imatge lamentable. Mirem a l'interior del mòdul a través de la primera porta d'accés. I hi veiem els nostres futurs companys de captiveri, com si estiguessin amuntegats. Hi ha expectació. «*Llegan los catalanes.*» Però on coi són els presos de «coll blanc»? I els senyors grans —concepte pueril?

L'aparença dels interns és ferotge. En els seus rostres no s'hi apunta res que pugui assemblar-se ni mínimament a un somriure. L'aparença.

—Què és això? —xiuxiueja el Jordi.

—Nano, ens han enganyat...

Per afrontar la presó, i també per reforçar una lliçó estructural d'humanitat, prejutjar —en el sentit més etimològic de jutjar per endavant sense tenir un coneixement complet d'aquell que judiques— és un error immens. L'únic que val per judicar no és l'aparença externa dels altres, sinó la teva experiència concreta —empírica— viscuda amb ells. I punt. El «fa bona pinta» és una fal·làcia. A Lledoners, per exemple, hi faré un dels meus millors amics. El Rafa, un gitano català que va créixer al Camp de la Bota. Una vida molt dura i amb molts anys a la presó. Sempre em parlarà de la seva mare amb devoció, de la relació intensa que hi tenia, de les coses que va aprendre d'ella en absència del pare. Un autèntic manual de sentit comú.

—*Rafalillo* —li deia la mare—, *no te fijes en la cara ni en los pies de la gente que te encuentres por la vida. No importa si son guapos o feos, si son ricos o pobres. Fíjate siempre en su corazón, nunca te va a engañar.*

Una afirmació —naïf si es vol— concebuda des de la saviesa i el sentit comú. Una manera enraonada d'afrontar la vida, però que a la presó esdevé vital.

Aquell primer impacte d'Estremera en veure aquell tumult d'homes amb cara de sospitosos, de no ser gens «amables» amb la causa de l'independentisme català, va ser només això: un primer impacte. Poc que ens podíem imaginar que un mes més tard i, sobretot, amb la segona estada en aquell mòdul, amb molts d'ells acabaríem teixint una amistat que, avui, encara roman. I que marxaríem d'aquell mòdul amb aplaudiments.

El concepte de *mòdul de respecte* va ser concebut per un funcionari asturià sobre la teoria que empoderar els interns millora de manera substancial el seu sentit de responsabilitat, la capacitat de convivència i el seu procés de reinserció. Es tracta d'un sistema de funcionament concebut en l'autogovern i l'autoorganització per part dels mateixos interns. En entrar-hi se signa un contracte pel qual el nou membre del mòdul es compromet a dur a terme les tasques, especialment de neteja, que se li adjudiquin i, sobretot, a tenir una actitud impecable respecte dels altres interns: cap crit, cap incident, manteniment estricte de la higiene personal i de la cel·la, cap molèstia —per exemple, insistir a algú altre perquè li pagui un cafè o li compri tabac, comportament força freqüent a altres mòduls i sovint desagradable per les formes contundents. Les infraccions suposen l'expulsió immediata del mòdul. La tranquil·litat i la consciència quasi plena que la teva integritat física està garantida són or a la presó.

Hi entrem tots dos.

—*¡Comisión de bienvenida!* —La megafonia del mòdul estrident.

De seguida ens prenen quatre interns capitanejats pel «Trancas», un home calb, musculat, que, com el personatge televisiu, només té una dent, un incisiu per ser més precisos. Ens dirigim, travessant el pati, a una sala petita amb una taula de reunions al mig. La disposició sembla la d'un tribunal. Ells quatre asseguts davant nostre. Nosaltres, com uns anyells. Ens llegeixen les nostres obligacions, ens expliquen que aquell és un dels millors mòduls d'Espanya —també ens ho diran al mòdul 10 de Soto— i, en definitiva, que fem bondat. L'aspecte d'aquella gent és poc tranquil·litzador. A la sala també hi ha curiosos que volen ser testimonis directes de l'escena. Darrere nostre —quasi al clatell— se situa un home amb un escuradents perpètuament instal·lat a la boca que emet un so inquietant. És el «Negro de Salamanca», un gitano amb moltes hores de vol que després sabrem que, amb la seva família immensa, allí és quasi una institució.

Signem, tot seguit, el contracte individualitzat del mòdul de respecte.

Angoixa, desorientació, neguit. I prejudicis...

Però la presó, indefectiblement, volatilitza els prejudicis i les distàncies fetes des de convencions inercials i absurdes.

Amb el «Negro», el Salvador, viurem una escena memorable: ens acostem i ens reconeixem. I parlem. Molt. Ell acredita que jo no soc un independentista malvat l'únic propòsit del qual és infligir dolor i abocar a la pobresa més absoluta els espanyols. Jo constato que aquell home té un domini molt precís de les circumstàncies i els motius tècnics, polítics i jurídics del nostre empresonament. Ens endinsem en qüestions familiars.

—*Y tú, Josep, ¿tienes hijos?*

—*Sí, pequeños. Uno de ocho y otro de tres.*

—*Yo ya soy abuelo de dos niñas preciosas.*

—*Pues te ves muy joven para ser abuelo.* —Jo, sorprès.

—*Soy del 68, tengo cuarenta y nueve* años.

—*¡Yo también! ¿De qué mes?*

—*De septiembre.*

—*¡Yo también!* —S'incrementa la sorpresa.— *¿De qué día?*

—*Del día 2.*

—*¡Hostia, nacimos el mismo día!* —Eufòria.

Aquella abraçada va ser increïble. Dues persones provinents de dos universos situats als antípodes havíem trencat tots els murs possibles i entràvem en una dimensió de complicitat quasi tel·lúrica. D'aquella coincidència en vam teixir el respecte, la confiança i el coneixement mutus.

Al mòdul 4 d'Estremera hi ha barrejats tota mena de delictes: assassinats, homicidis, narcotràfic, robatoris... El rellevant no és el que s'hagi fet, sinó que s'expressi i s'hagi acreditat —molts hi accedeixen després de molts anys de presó i un llarg periple per altres centres penitenciaris i altres mòduls—, la voluntat de reinserir-se. A la presó et submergeixes en biografies increïbles, per dures, per cruels, per repugnants, per doloroses, per heroiques. De vegades són els «altres» que t'expliquen què han fet els «altres». Ho xiuxiuegen, per bé que hi ha un codi de silenci que es tendeix a complir. Però a mesura que passen les setmanes o els mesos, pots arribar a conèixer directament les circumstàncies d'aquell empresonament de l'intern que comparteix mòdul amb tu. Perquè se t'obre i t'explica la seva vida o perquè saps, perfectament, el moment en què li ho pots preguntar i ho fas.

En el nostre cas, tothom coneix les circumstàncies i el perquè del nostre captiveri. Han viscut totes les fases del nostre procés quasi en directe. I nosaltres ens hi hem posicionat públicament i a la presó n'hem parlat amb tothom que ens ha volgut preguntar. Una conversa habitual, en català, en castellà o en anglès, a Catalunya i a Madrid, és «Jo soc aquí perquè em toca pagar allò que he fet, però vosaltres exactament què hi feu, aquí?».

V

EL PARE ÉS A LA PRESÓ

Quan vaig entrar per primer cop a Estremera, el Bernat tenia vuit anys i el Roger en tenia tres. Dues percepcions de la vida que no tenien res a veure entre l'un i l'altre. El Roger era massa petit per entendre res. De fet, aquell novembre del 2017 encara anava amb xumet —a casa sempre n'hem dit pipa—, un xumet que el gener de l'any 2018 ell mateix donaria, disciplinadament, al Patge Xiuxiu, l'emissari dels Reis d'Orient a Terrassa. En tenia tres, de pipes, la que va lliurar al patge, una que sempre estava amagada —la d'emergència— i la tercera, que em vaig endur amb mi a la presó. Avui encara la tinc a la cel·la. És un record amarat de tendresa i, tanmateix, una expressió sagnant dels anys que m'han robat d'estar amb els meus fills.

L'1 de novembre, el dia abans d'anar a l'Audiència Nacional, vam anar a dinar a Cerdanyola del Vallès, a casa dels pares de la Meritxell. L'ambient que s'hi respirava era d'una tristesa densa, quasi tangible. Vam agafar el

Bernat i el vam portar a la que havia estat l'habitació de la seva mare.

—Recordes que el dia 1 d'Octubre hi va haver un referèndum? Doncs hi ha hagut gent que mana molt a qui no li va agradar. I ara ens volen castigar, a mi i als meus amics. Potser ens enviaran a la presó. Es pot estar empresonat i no haver fet res dolent.

Va quedar-se mut.

—Si algú et diu res a l'escola, algun altre nen, tu sempre amb el cap ben alt —va dir la Meritxell amb la veu trencada—. Ho has entès, fill?

—Sí. —Un sí lacònic que ho deia tot.

—I si pregunta el Roger, què li diem?...

Vam parlar una estona més i finalment ens vam ajuntar tots tres en una abraçada que va durar més d'un minut. Havia de retenir aquell instant, n'havia de xuclar tota l'energia per tirar endavant.

Sempre hem mirat de ser molt prudents a l'hora de parlar-li d'allò que em passava. Depèn de com s'expliquen les coses, la llavor de l'odi pot covar-se en el cor d'un infant que se sent agredit.

En aquesta primera etapa a la presó que va prolongar-se durant trenta-dos dies, els nens em van venir a visitar només una vegada a Estremera. Però aleshores tot tenia un regust de parèntesi breu a les nostres vides. Estàvem convençuts que allò duraria poc, que només era un aperitiu d'allò que podia arribar més endavant.

I en efecte, el 4 de desembre Llarena ens va deixar en llibertat a sis de nosaltres. L'endemà, ja a casa, hi va haver dues reaccions diferents. De bon matí, molt d'hora, el Roger em va venir a trobar al menjador. Érem tots dos sols. Se'm va acostar i simplement va examinar-me amb cura tocant-me la cara molta estona com si volgués tenir la certesa que el que tenia davant seu realment era jo. Aquells ditets passejant-se per tota la meva cara, acaronant cada racó de la meva fesomia, em van provocar una sensació única, màgica. La manera més senzilla i directa de dir «t'he trobat a faltar, pare».

La trobada amb el Bernat va ser més freda. Ell estava empipat amb tot el que havia passat i m'ho feia pagar. Aquesta reacció sovint s'ha anat repetint, però cada cop amb menys intensitat. Em consta que això mateix ho han viscut altres companys de presó amb els seus fills. La tensió ha de sortir per algun lloc.

Els vaig acompanyar a l'escola, com tots els dies que podia fer-ho quan era conseller. Aleshores el Bernat es va anar obrint i em va començar a preguntar coses sobre la presó, com era per dins, com passàvem les hores, si vaig tenir por, quins amics havia fet o si aquell pres vietnamita del qual parlava era tan bo jugant a ping-pong. Coses concretes i tangibles. Vam arribar a l'escola i vaig recuperar la imatge dels dos germans entrant-hi amb la mà agafada, que per a mi havia esdevingut una icona mental de l'esperança durant aquells primers trenta-dos dies a Estremera.

Quatre mesos després, el reingrés a la presó va ser molt més dur, per imprevisible, per abrupte. I per la plena consciència que aquest cop allò podia anar per molt llarg.

El 21 de març del 2018 al matí la Meritxell em va trucar i va ser ella la que em va dir que Llarena ens havia citat novament a Madrid per comunicar-nos la interlocutòria de processament.

Des de feia dies estava previst que aquell dia els pares acompanyéssim els fills a una classe de Mugendo, una varietat d'art marcial que aleshores practicava el Bernat. Recordo amb precisió mil·limètrica cada instant d'aquella tarda amb ell. Com el vaig anar a buscar a l'escola —el Roger sortia una hora més tard—, com tots dos vam anar a la botiga de llaminadures, com vam fer temps berenant a la Granja Catalana, com vam estar junts, fent exercicis de Mugendo, i ens vam sentir orgullosos l'un de l'altre. Però aquell sentiment de comiat, de compte enrere macabre, em tenallava. Les converses amb altres pares que ignoraven que 48 hores més tard jo ja no hi seria, els llocs i els moments que deixarien de formar part de la meva quotidianitat...

En sortir vaig explicar al Bernat que em tornarien a tancar a la presó i que aquesta vegada m'hi podia estar molt de temps. L'expressió de tristesa en aquells ulls immensos em va colpir. Allò era el meu taló d'Aquil·les i era dolorosíssim.

I en arribar a casa, sopar, contes d'abans d'anar a dormir a tots dos i els darrers petons de bona nit. Fa uns dies, la Meritxell em va enviar una fotografia de l'habitació del

Roger. Quan vaig marxar de casa aquell 22 de març de bon matí, ell dormia en un llit de baranes. Avui ja dorm en un llit de nen gran i l'habitació ha canviat d'aspecte. Han passat dos anys.

Durant molts mesos al Roger li vam explicar que jo era a Madrid treballant, que la feina era molt dura i que m'havia de quedar a dormir a la fàbrica. Amb els mestres i els psicòlegs havíem acordat aquest relat.

—Fins que comenci a fer preguntes. I les farà, ja ho veureu.

En el llibre *Abans ningú deia t'estimo*, escrit pel fill de Jordi Sànchez i les filles de Jordi Turull i Quim Forn, Laura Turull explica una anècdota gràfica i bonica que clou el darrer capítol i que parla del Roger:

«Però l'anècdota que més em va fer pensar es va produir quan estàvem arribant en cotxe a la presó. Surts de l'autopista, creues una mena d'urbanització on hi ha el restaurant, puges un petit turó i, després d'un revolt, apareix sobtadament el centre penitenciari. El veus no gaire lluny, amb els pavellons alineats i una torre de vigilància pintada amb franges de colors, tot envoltat d'un paisatge buit. El Roger, en veure la presó, va saltar d'alegria i va cridar tot satisfet: "Mira quina torre més xula, és on treballa el pare"».

Vam ser capaços de construir una versió domèstica i innocent de *La vida és bella*. I durant més d'un any va funcionar. Cada visita a la presó, tant a Madrid com a Lledoners, era una festa. Cada porta, cada persona que trobava, cada sala o passadís formava part d'aquell món imaginari i feliç.

Però, evidentment, Lledoners és només a quaranta minuts de casa i les preguntes, tal com els mestres havien predit, van arribar implacablement.

—Pare, per què ets l'únic pare de la classe que no vas a dormir a casa? —Demolidor.

—Pare, quan tornarem al Parc de Vallparadís i a la vall de Núria? —Eren dos dels nostres «Shangri-las».

I l'estocada final:

—Tampoc no vindràs per Nadal a casa?

No podia ser que identifiqués la feina com la causa que li impedia de veure el pare. Però, a més, des de l'escola ens van explicar que jugant amb els amics de P4, jugant a policies i lladres, un nen havia exclamat que a la presó hi havia tancats «els dolents molt dolents».

Calia reaccionar i prendre la iniciativa. Però com?

Jaume Ciurana, bon amic i editor, m'havia portat a la presó un exemplar del llibre *Cartes per a la llibertat*, del quebequès Jacques Goldstyn, que Símbol Editors havia publicat en català. És un conte il·lustrat que explica com d'importants són les cartes per als presos polítics d'arreu del món. Està dedicat a l'activista saudita, Raif Badawi, empresonat pel règim de Riad.

En moltes de les seves imatges ens hi vam sentir immediatament identificats.

Vam decidir que aquella seria la base per explicar al Roger que allò no era cap fàbrica, sinó una presó i que el pare hi estava tancat. Asseguts tots quatre a la sala de convivències de Lledoners vam començar a explicar-li el conte. El Bernat ens hi ajudava.

—Un pare i la seva filla van a una manifestació amb globus vermells. Hi ha alegria, entusiasme, famílies, gent de totes les edats. Es manifesten festivament. Però els que manen en aquell país només volen que hi hagi quadrats blaus. Per això la policia hi irromp, comença a punxar els globus vermells dels manifestants, els pega i deté els que encapçalaven aquella protesta pacífica. Separa el pare de la seva filla i l'empresona. A la presó el pare està molt trist. Compta els dies que fa que està empresonat i recorda els moments bonics que havia viscut amb la seva família, al parc, a la platja, a la neu —com nosaltres, Roger—. Creu que no se'n sortirà. De sobte, a la finestra de la cel·la apareix un colom que li porta una carta. Ell s'emociona i recupera l'esperança. L'endemà el mateix colom li porta més cartes. Aquesta és la seva força. Hi ha gent que pensa en ell. No està sol! Els que manen s'enfaden i decideixen cremar totes les cartes que el pare té desades com un tresor. Però passa una cosa extraordinària: milers i milers de bocins de les cendres de les cartes s'escampen per tot el món i la gent s'adona d'aquella injustícia, que allí hi ha empresonat un home innocent. L'endemà una allau de cartes portades per desenes de coloms arriben a la presó. Les cartes agafen vida i es transformen en ales que s'enganxen als seus braços i li permeten escapar-se, volant, i guanyar la llibertat. El conte s'acaba amb el pare i la seva filla petita recuperant la vida que els havien arrabassat per haver defensat els seus somnis.

—Veus, Roger? El pare és a la presó per haver defensat uns ideals com el pare del conte. Un país millor per a tu i el Bernat. Una Catalunya lliure. Ell i els seus amics no han fet mal a ningú.

Aquella setmana tocava treure paquet de la presó. Era una capsa plena i molt pesant. Quan van arribar a casa, la Meritxell li diu:

—Vols saber què hi ha en aquesta caixa tan gran?

La va obrir i va abocar a terra del menjador centenars de cartes. Al Roger se li van il·luminar els ulls.

—Les cartes que faran que el pare sigui lliure!!!

VI

EL MEU CAP SAGNA PERÒ NO S'INCLINA

Nosotros vamos a salvar España

Salvar Espanya. Aquest és l'objectiu davant de l'amenaça independentista. I el Tribunal Suprem l'assumeix sense reserves. En el seu interior no hi haurà fissures, ni divergències, ni tan sols les diferències de família ideològica. La cúpula del Poder Judicial s'erigeix en l'heroi d'aquesta pel·lícula de por.

L'encàrrec inicial, això no obstant, prové de l'Executiu, del Govern de Mariano Rajoy. Ho fa des de la renúncia explícita a gestionar políticament un problema polític, el plet català.

Recordem com els ministres Méndez de Vigo i Catalá fixen en compareixences públiques les bases conceptuals sobre les quals es convida el Poder Judicial —no dic Justícia, dic Poder Judicial— a actuar. En efecte, Méndez de Vigo, portaveu de l'Executiu, situa en l'imaginari col·lectiu el terme *tumultuari* per referir-se als fets del 20 de setembre davant de la seu del Departament d'Economia. El concepte *tumultuari* és la columna vertebral del tipus penal de la sedició, redactat pel legislador de manera poc afortunada, espessa i plena d'ambigüitats. Per la seva banda, Rafael Catalá, ministre de Justícia, esbudellant Montesquieu, descriu l'itinerari que haurà de seguir el Suprem per suspendre els diputats del Parlament de Catalunya, processats i empresonats, en virtut de l'article 384 bis del Codi penal. És imprescindible alterar les majories parlamentàries i es fa emprant un mecanisme concebut per a terroristes en els moments més durs d'ETA.

La resolució de tot plegat pertoca, doncs, al Poder Judicial per mitjà de la Sala Segona del Suprem, la configuració de la qual es determina d'acord amb un sistema de cooptació de naturalesa endogàmica on el que preval —i s'accentua els darrers anys— no són els mèrits sinó les afinitats ideològiques. Tanmateix, allò que Rajoy no calcula és que el Suprem acabarà tenint vida pròpia, no en els termes d'un estat de dret homologable, on la separació de poders preval, sinó com a actor polític. Se substitueix la política feta des del Govern i des del Parlament per la política feta des del Codi penal. I això també és política, en aquest cas perpetrada sense cap mena de control democràtic.

Descrivim-ho en uns termes èpics. La cúpula del Consejo General del Poder Judicial i la Sala Segona del Tribunal Suprem es miren a l'espill. La història d'Espanya, de *la nación más antigua del mundo,* els interpel·la: «*Tenéis encomendada la misión de salvar a España*». Se senten dipositaris del Sant Grial de la unitat de la pàtria. En uns moments de desorientació, de feblesa de l'Estat, ells són un valor segur. Moltes declaracions públiques de Lesmes, Marchena o Llarena i, sobretot, llurs interlocutòries i sentències només es poden interpretar en aquest context.

El Poder Executiu —deuen pensar— són uns incompetents. L'1 d'Octubre totes les urnes, totes, arriben als col·legis electorals. Malgrat l'arrogància de Soraya Sáez de Santamaría, no n'intercepten ni una. D'altra banda, escoltar els ministres d'Interior o d'Afers Exteriors genera, com a mínim, desassossec. Són memorables les declaracions de Zoido en què explica els plans que tenen per escorcollar els maleters dels cotxes a la frontera i detenir el president Puigdemont a fi d'evitar-ne la investidura el gener del 2018, o de Dastis en una entrevista a la BBC en què titlla de *fakes* imatges proveïdes per la mateixa televisió pública britànica davant la perplexitat i la incredulitat del periodista.

El Poder Legislatiu —seguirien reflexionant— és intrínsecament feble i pusil·lànime, per la seva composició diversa i plural, per la mateixa essència parlamentària d'assolir acords i transaccions. A més, sempre hi ha el risc que la governabilitat de l'Estat depengui de comunistes, separatistes i d'altres indesitjables.

El capteniment del Tribunal Suprem, en aquest itinerari, té poques connexions amb el dret o la justícia. Si a algú li'n queda cap dubte, que se submergeixi en la sentència 459/2019, la sentència de la ignomínia. Això va de venjança. Escarmentar, dissuadir, castigar. El Suprem fixa jurisprudència. D'ara endavant, a l'Estat espanyol, si les manifestacions són massa discrepants o massa massives, poden ser susceptibles de qualificar-se com a sedició. El preu que cal pagar és altíssim per abatre allò que representem: una retallada contundent de drets i llibertats, no només per als independentistes, sinó *erga omnes*. La unitat d'Espanya bé s'ho val. La debilitat estructural del Regne d'Espanya l'aboca a desmantellar el seu propi estat de dret per protegir-se. Aquesta és la gran aportació de la cúpula del Poder Judicial a les generacions futures.

El drama, en termes democràtics, és que el Tribunal Suprem té un marge quasi absolut per fer-ho. No hi ha límits. No té cap mena de control.

El nostre judici s'ha desenvolupat en una única instància: la sentència dictada és ferma, directament, no tenim dret a recurs d'apel·lació, que un segon tribunal la revisi. Això dona al Suprem una impunitat absoluta a l'hora de fixar fets, pretesament provats, i la seva qualificació penal. El Tribunal Suprem, així, pot determinar que permetre que es dugui a terme un debat en seu parlamentària, que desconvocar una manifestació damunt d'un vehicle de la Guàrdia Civil o que no autoritzar l'amarrament d'un vaixell amb policies al port de Palamós és sedició. El Tribunal Suprem ha impedit de totes passades que el Tribunal Superior de Justícia de Catalunya fos qui substanciés el judici del Procés tal com fixa l'Estatut de Catalunya, perquè en el moment de cometre's el presumpte delicte érem consellers i diputats al Parlament de Catalunya. Seria molt complicat que una segona instància avalés mecànicament aquests nivells d'iniquitat propis d'un tribunal polític en un judici polític.

D'altra banda, a l'Estat espanyol ja fa massa anys que no existeix un Tribunal Constitucional, homologable en termes democràtics, com a tribunal de garanties de drets i de llibertats. En relació amb nosaltres, com ha quedat acreditat al llarg de tot el procediment, el seu únic objectiu és entorpir i demorar el nostre accés al Tribunal Europeu de Drets Humans d'Estrasburg, el qual, cal insistir-hi, només pot valorar una eventual vulneració de drets en qüestions de naturalesa formal, no pot entrar en el fons de la sentència.

I Estrasburg queda molt lluny en el temps.

Més enllà, respecte del plet català, el Tribunal Constitucional, amb la sentència de l'Estatut, va fulminar l'any 2010 el pacte constitucional que permetia una lectura àmplia de la Carta Magna per tal de reflectir la realitat plurinacional de l'Estat. No ens podem cansar de recordar que aquella Constitució, de la qual el 2010 es va excloure la Catalunya Nació, paradoxalment havia obtingut el 91% dels sufragis dels catalans l'any 1978. En aquest sentit, recordo la intervenció contundent que va fer Miquel Roca al Parlament de Catalunya en el tràmit de compareixences de la proposició de llei de consultes no referendàries el 30 de juliol del 2013.

Miquel Roca, ponent constitucional, deia:

«Si volen, m'avanço a una possible pregunta que em podrien fer. Diu: "està vostè convençut que el Tribunal Constitucional hi diria el mateix?" Estic absolutament convençut que el Tribunal Constitucional hi diria exactament el contrari del que dic jo, però no em mereix cap mena de respecte la seva opinió. No —no. És a dir, des de la sentència del Tribunal Constitucional, no em puc creure aquesta institució sobre la sentència de l'Estatut —no me la puc creure [...]».[1]

Em sembla que no cal afegir-hi gaire més.

Però aquesta protecció de què gaudeix el Tribunal Suprem a l'hora d'erigir-se com a garant de la unitat d'Espanya a costa de sacrificar drets i llibertats no només té l'aplaudiment i l'entusiasme de la resta dels poders públics —absolutament minimitzats—, sinó que té el suport o el silenci aquiescent de la majoria de la societat espanyola. Hi ha excepcions? Sí, extraordinàriament valuoses i valentes, com les de polítics de primer nivell de l'esquerra plural, d'algun mitjà de comunicació o de comptats professors universitaris, però malauradament encara són molt minoritàries.

No cal que parlem de nosaltres —dels membres del Govern— o de la presidenta Forcadell. Agafem el cas de Jordi Cuixart. A ell se'l qualifica de «polític pres», malgrat ser el líder d'una de les organitzacions culturals amb més socis de tot Europa. Ha estat empresonat per haver exercit el dret de protesta legítima. Se l'ha condemnat —amb Jordi Sànchez— per haver exercit el dret de manifestació i el dret a la llibertat d'expressió. A l'Estat espanyol la desobediència civil pacífica és perseguida penalment.

On és la «progressia» espanyola que s'adhereix a totes les causes justes del món? Amb caràcter general calla quan els

---

1. Diari de Sessions del Parlament de Catalunya. X Legislatura. Sèrie C. Núm. 182. 30 de juliol de 2013.

drets i llibertats es retallen en nom de la unitat d'Espanya. Els silencis eixordadors en les gales dels premis Goya, per exemple, esdevenen una de les metàfores més descarnades de tot plegat.

Però que ningú no s'equivoqui: avui som els independentistes, demà qualsevol altre que gosi discrepar. Perquè la porta de l'arbitrarietat ja s'ha obert de bat a bat.

«*Rull y Turull acatan el 155.*» Acatarà la seva...

Aquest procés ha estat llarg i complex. Abans de la vista pública, del judici oral del 2019 i després d'haver passat per l'Audiència Nacional, hem d'afrontar diverses compareixences en la fase d'instrucció davant de Llarena. En el meus cas concret, tres.

El novembre del 2017 els onze empresonats —els membres del Govern i els Jordis— compareixem per primer cop al Suprem per determinar la revisió de les mesures cautelars, si ens mantenen tancats a la presó o podem sortir en llibertat condicional.

Durant un parell de setmanes, ho preparem a fons amb Jordi Pina i Ana Bernaola. Ho fem en sessions maratonianes que tenen lloc en els locutoris d'Estremera. Des del primer moment els nostres nous lletrats —Jaume Alonso-Cuevillas els ha donat la vènia— ens diuen que l'únic objectiu és sortir de la presó. Com sigui. A Jordi Turull i a mi aquest «com sigui», declinat sense cap matís, ens neguiteja des del moment zero de la nostra captivitat, influïts pel que passa a Catalunya o, més aviat, pel que s'explica que passa a Catalunya.

De les tres presons on hem estat tancats, Estremera és la que té els horaris més severs: setze hores de cel·la diàries. Se sopa a les set del vespre i les portes de la cel·la es tanquen a dos quarts de vuit. No es baixa fins a dos quarts de nou del dia següent. Les hores del vespre es fan molt llargues. Els primers dies no disposem de televisor ni de ràdio ni de cap altre mitjà per accedir a la informació periodística de l'exterior. En aquestes circumstàncies, la sensació d'isolament és rotunda. El segon dia, però, un xicot jove de Valladolid, el Dani, ens passa, clandestinament, una ràdio. En el dial només hi aconseguim sintonitzar dues emissores amb una certa nitidesa: Radio María i Radio Tarancón-Cadena SER. Al matí ens atrevim a connectar el petit aparell —la nit anterior no ho fem per por que ens enxampin i ens separin. Optem per la SER. Escoltem l'«*Hoy por hoy*» de Pepa Bueno. Menys degenerats, ens diuen de tot. Aquell mateix vespre dipositem una certa esperança en Àngels Barceló. Pitjor. L'escenari que dibuixen els tertulians és apocalíptic. «*Huidos, cobardes, la gente los ha abandonado...*». Per un sentit bàsic d'autoprotecció decidim de prescindir d'aquell aparell de ràdio i retornar-lo, discretament, al seu propietari.

Quan al cap d'una setmana ja ens arriba la televisió, veiem la tesi de la SER corregida i augmentada. Es descriu —amb poques excepcions— una Catalunya derrotada, un país que ha capitulat. El «*cautivo y desarmado*» en versió 2.0.

Faig totes aquestes referències als mitjans de comunicació perquè són la font d'una de les crisis més importants que tindrem amb Jordi Pina i el seu equip. El concepte *crisi* l'utilitzo en el sentit més matisat possible perquè amb Jordi Pina i Ana Bernaola és quasi impossible de topar-hi. Són professionals amb moltes hores de vol en condicions molt pitjors i amb una capacitat d'empatia i de paciència il·limitada.

Un d'aquells vespres freds i foscos d'Estremera som a la cel·la omplint les hores com podem fins a l'inici dels informatius de les nou. A totes les cadenes, en cascada, hi apareix un titular destacat: «*Rull y Turull acatan el 155.*».

—D'on coi ha sortit això? —Incrèduls.

A la televisió expliquen que hem entrat un escrit adreçat a Llarena en aquests termes.

—Qui els ha dit que ho fessin? —Perplexos.

Cel·la. Barrots. Incomunicació. Magnifiquem la notícia fins a extrems inaudits. El compendi d'exabruptes que som capaços de dir dins d'aquestes quatre parets és interminable. I, tanmateix, estem emmordassats, no podem reaccionar.

Ens calmem. Decidim redactar un tuit per dictar-lo l'endemà a primera hora —els matins jo truco a la Meritxell i els vespres, el Jordi a la Blanca. Aleshores encara amb 140 caràcters que comptem manualment, artesanalment, lletra per lletra, espai per espai.

La primera versió és curta i rotunda: «Acatarà la seva...».

No.

Ens passem més de dues hores fent esborranys de possibles piulades per desmentir aquella notícia. Finalment, n'acordem una de contundent, temerària en termes penals, però no ofensiva.

Acabem d'arribar des del món exterior on impera la immediatesa, on les xarxes socials manen i on tens l'opció de posicionar-te públicament sense intermediaris. Però a la presó el temps s'atura. I la nostra urgència a comunicar-nos amb la gent i donar les nostres explicacions haurà de sotmetre's a una quarantena forçada de dotze hores. Això genera una angoixa intensa. Nosaltres encara tenim els esquemes mentals i temporals de l'exterior. Amb el pas dels anys, però, assumirem plenament els ritmes lents i pausats de la captivitat: hem estat expulsats dels paràmetres de la immediatesa. Amb deu trucades a la setmana és impossible.

Baixem espitats en el mateix moment d'obertura de les cel·les. Truco a la Meritxell sota la mirada inquieta del Jordi. Cinc minuts per dictar un tuit i donar les instruccions perquè el consulti amb Jordi Pina. Ella s'atabala.

Al cap d'una hora i mitja, ens criden per la megafonia del mòdul.

—*¡Rull, Turull, abogados!*

És la navarresa Ana Bernaola, que, davant del nostre esverament, ha estat enviada com a emissària a Estremera per Jordi Pina. Encara no ens coneixem gaire. Santa Bernaola topa, en un locutori sòrdid de la presó, amb dos polítics independentistes que exigeixen explicacions sobre aquell excés de zel a l'hora de presentar un escrit de petició de llibertat que ignora el context polític.

—El 155 és una ignomínia! No l'acatem ni l'acatarem mai! Nosaltres no ens sentim cessats per l'Estat.

Ella ens escolta, sense acabar d'entendre la nostra enrabiada, i mira de calmar-nos.

Mentrestant, el nostre tuit haurà experimentat una mutació que serà la metàfora de les declaracions que farem, aquell novembre, davant de Llarena al Tribunal Suprem. De ser un tuit contundent acaba sent un tuit mesurat mil·limètricament: «Des de la presó, continuem en desacord que s'hagués aplicat l'article 155. I el #21-D, des de les urnes, el derrotarem democràticament.».

Les reunions posteriors amb Jordi Pina s'assemblen més a una negociació entre dues parts confrontades que a un diàleg propi de la lògica advocat-client. Ell encara es mou en paràmetres ordinaris: «Per tots els mitjans al meu abast haig d'aconseguir excarcerar els meus clients». Nosaltres, per la nostra banda, ens neguem a ignorar els intangibles: la dignitat d'allò que representem, la responsabilitat respecte d'allò que hem fet amb plena consciència, la coherència amb uns ideals. El pacte, doncs, és complicat. Però, lentament, anirem sincronitzant registres conceptuals i de context fins a arribar, a la vista oral del 2019, a una sincronia quasi absoluta, i trobem el punt just d'equilibri d'una defensa tècnica que entén que som davant d'un judici de naturalesa essencialment política.

Per deslligar la situació, finalment optem per construir una estratègia de defensa que podríem anomenar «la via del 155 *de facto*». Davant Llarena no direm que acatem el 155, però acceptarem que el 155, de fet, ja s'està aplicant amb totes les conseqüències: no hi ha Consell Executiu operatiu, el Parlament de Catalunya està dissolt i les eleccions, convocades per al 21D. Insistirem fins a l'extenuació en el nostre compromís amb la via pacífica i democràtica per rebatre la rebel·lió que se'ns imputa.

Tribunal Suprem, 1 de desembre del 2017

Arriba el dia d'anar al Suprem a fer la «*vistilla*». Ens criden al mòdul d'ingressos ben d'hora. Entre nosaltres s'hi respira optimisme. Tant que alguns, fins i tot, ja s'han compromès a lliurar l'aparell de televisió a d'altres reclusos davant d'un alliberament imminent.

L'operació de trasllat s'inicia amb l'escorcoll i les manilles. Fins aleshores jo només m'havia vist emmanillat a mi mateix, però no als meus companys. M'impacta molt: el vicepresident Junqueras i els consellers Turull, Romeva, Forn i Mundó amb grillons. Només un mes enrere ens assèiem al voltant de la taula rodona del Govern al Palau de la Generalitat davant de la mirada silent dels murals d'Antoni Tàpies. I, tanmateix, la dignitat es manté intacta en els seus rostres. Empresonats, però no vençuts.

Quan sortim de la presó, fa un fred que pela i cometo l'error de no treure'm l'abric.

A la furgoneta que ens assignen estem asseguts en dos bancs: Forn i Romeva a una banda i Turull i jo a l'altra, davant per davant. Com que no hi ha cinturons de seguretat, emmanillats tenim moltes dificultats per subjectar-nos i en els revolts caiem literalment els uns sobre els altres. La furgoneta és totalment opaca, no hi ha aquells petits forats que em van salvar la vida en el trasllat des de Navalcarnero. La conversa que tenim és animada. Parlem de com ens sentim, del fet de veure'ns captius i especulem sobre allò que ens trobarem al Tribunal Suprem i sobre com enfocarem les nostres compareixences.

Posen la calefacció. És una variable que jo no preveia. Com que anem emmanillats, no ens podem treure els abrics. Davant meu veig que el Quim té el front amarat de suor i fa mala cara. Està molt pàl·lid. M'hi sento plenament reflectit.

—Si no us fa res tanco els ulls. Estic molt marejat —diu amb un fil de veu.

—Jo també —m'hi afegeixo alleugerit perquè el Quim ha obert el camí.

Els companys ens ho respecten amb un silenci immediat que es va espessint quan veuen l'evolució dels nostres rictus facials i temen que allò pugui tenir conseqüències «sòlides». Però no. Per fi, arribem a l'Audiència Nacional que actuarà de dipòsit perquè l'edifici del Tribunal Suprem no té calabossos.

Ens sotmeten a la mateixa rutina que la primera vegada —escorcoll, lliurament dels objectes «perillosos», corbata, cinturó, ulleres, i registre i dipòsit en una bossa blanca— amb una petita variació, ara compartirem calabossos. Jordi Turull, Oriol Junqueras i jo, junts, i els altres tres consellers en el calabós contigu. Per la fressa que anirem sentint sabrem quan arriben les conselleres Bassa i Borràs i, després, els Jordis.

A partir d'aquí ens aniran cridant en el mateix ordre de la querella. El primer que surt és Junqueras. Després Turull. Quan torna el vicepresident, em criden a mi, em retornen tot el que m'han llevat prèviament. De seguida veig Meritxell Borràs amb crosses —havia tingut un petit accident a Alcalá Meco. Anirem junts cap al Suprem. A mi em posen les manilles per darrere. Algú ens diu que això també forma part del protocol: la Policia Nacional les posa per davant o per darrere en funció de la gravetat del delicte i de la seva eventual naturalesa violenta. Nosaltres tenim el delicte més greu del Codi penal, la rebel·lió, que, al seu torn, és un dels més violents. La Txell, per raons òbvies, se'n lliura. Ens carreguen a la furgoneta de la policia. Les finestres són tintades. Ens col·loquen al seient posterior, però mirant cap enrere. El banc és de plàstic dur i amb les manilles a l'esquena rellisco, per la qual cosa el policia que hi ha entre la Txell i jo m'ha de subjectar els genolls. En arribar al Suprem, ens ubiquen a una sala de vistes —crec que és la mateixa on van jutjar Francesc Homs i on, paradoxalment, Meritxell Borràs i jo havíem assistit en representació del Govern— que fa de sala d'espera. Ens asseuen als dos extrems de la primera rengla de seients del públic. Durant aquest periple, des de l'Audiència fins aquí, a penes hem pogut intercanviar cap mot. Cada cop que intentem parlar els policies que ens custodien ens renyen. És humiliant. Tan a prop i tan lluny.

A ella la fan entrar primer. Simultàniament, arriba Dolors Bassa, que s'incorpora al lloc que ha deixat Meritxell Borràs. Ens mirem en un gest de complicitat, però el silenci imposat es manté inalterable. Em toca el torn. M'aixeco i passo per davant de la Dolors. Li acarono la cara i em tornen a cridar l'atenció.

Entro a la sala on es fa la «*vistilla*». No té res a veure amb la de l'Audiència Nacional. Aquí tot és més solemne. D'entrada, tothom va togat —magistrat, fiscals i lletrats. Jordi Pina s'atansa de seguida a mi i em dona la benvinguda. Ens estem un parell de minuts drets repassant l'esquema de la compareixença. Respondrem a tothom menys a Vox. Començarem nosaltres.

Llarena em fa seure. La cadira és incòmoda, quedo més baix que la taula que hi ha al davant per si hem d'utilitzar papers. A l'esquerra hi ha les defenses, a la dreta les acusacions —fiscals, advocat de l'Estat i Vox, que, a efectes pràctics, allí són el mateix i diuen el mateix— i davant, una mica elevats, el magistrat i la lletrada de l'Administració de Justícia.

Llarena és un home pretensiós, d'una pompositat impostada. Però me'l miro amb bons ulls. Venim de l'inframon de l'Audiència amb Carmen Lamela, i qualsevol cosa és infinitament millor. Llarena, com a mínim, fa veure que t'escolta i no es mira constantment el mòbil. A més, tots els nostres advocats, amb el conseller de Justícia al capdavant, ens n'han parlat molt bé i això em condiciona en positiu.

Pina va a barraca i em pregunta si acato la Constitució i el 155. He memoritzat una fórmula per fer veure que dic que sí sense dir que sí. Explico que la Constitució és interpretable i que el principi democràtic és la pedra angular de qualsevol estat de dret. Tot el que hem fet s'hi inspira. Parlo de la doctrina de Rubio Llorente, expresident del Consell d'Estat i exvicepresident del Tribunal Constitucional, un home radicalment contrari a les tesis independentistes, però que defensa que dins de la Constitució és possible de trobar l'encaix a un referèndum consultiu —com el d'Escòcia o el del Quebec— per conèixer l'amplitud del suport a la independència. I desplego, tot seguit, «la via del 155 *de facto*». M'enrotllo.

Per assegurar el tret m'havia d'abaixar els pantalons, però només me'ls he descordat.

El fiscal Moreno se n'adona.

—La doctrina de Rubio Llorente está muy bien pero, a ver, ¿para usted el Tribunal Constitucional es el máximo intérprete de la Constitución o no?

Em miro Jordi Pina, que amb els ulls m'implora una resposta clara.

Jo hauria volgut dir el que diré el febrer del 2019 en la vista oral, que el Tribunal Constitucional té un dèficit greu de credibilitat després de la sentència de l'Estatut, que no ens hi sentim interpel·lats, que la sobirania resideix en el poble de Catalunya.

Però em quedo en blanc i, finalment, responc amb una absurditat que surt lletja i amb fòrceps.

—*Pues parece que sí.*

«*Parece*»...

I el més sorprenent és que aquella resposta surrealista, el «*parece*», cola i el fiscal no em repregunta.

Em sento brut. Surto de la sala abatut. I em conjuro que, sigui quin sigui el resultat d'aquella «*vistilla*», això no es tornarà a repetir. Malgrat que el 4 de desembre uns quants serem excarcerats, aquell sentiment de tristesa i enuig amb mi mateix romandrà fins a les següents compareixences —la de reingrés a la presó i la indagatòria, de març i abril del 2018, respectivament— on decideixo passar a l'atac. Vull tornar a ser jo mateix, alliberar-me de mordaces. Perquè és impossible mantenir la fortalesa dins de la presó si no et sents en total comunió amb les teves conviccions. Soc un pres polític i actuaré com a pres polític.

En aquelles dues compareixences denunciaré que és una vergonya que totes les decisions del Tribunal es filtrin a la premsa, que el ministre de Justícia anticipi, en termes i terminis, les decisions que acabarà adoptant el Tribunal Suprem, que el jutge instructor redacti les seves interlocutòries en primera persona del plural i presentant-se com a víctima, que se'ns empresoni amb l'únic propòsit de suspendre'ns com a diputats electes o que, per haver fet el mateix, només haguem reingressat a la presó aquells que no hem abandonat la política activa.

Que tot plegat és una ignomínia impròpia d'un estat de dret solvent i democràticament homologable.

Denunciaré, denunciarem, que al Tribunal Suprem espanyol no es jutgen fets sinó idees legítimes.

I, indefectiblement, la sentència 459/2019 ens acabarà donant la raó.

Presó d'Estremera, 4 de desembre del 2017

Tothom assegura que el 4 de desembre Llarena ha de dictar la interlocutòria per la qual es determinarà la revisió o no de les mesures cautelars de privació de llibertat, qui es queda tancat i qui surt.

Afrontem aquell moment amb un cert optimisme. Els nostres advocats ens diuen que les compareixences al Tribunal Suprem de la setmana anterior havien anat raonablement bé i es ratifiquen en la idea, errònia, que Pablo Llarena és un magistrat equànime. Igual que Carles Mundó, que ens havia traslladat el seu optimisme el dia que es va fer públic que el nostre procediment passava de l'Audiència Nacional al Tribunal Suprem, en aquest cas concret a mans de Llarena.

—És una molt bona notícia. Anirà bé. El «Pablo» s'estima el dret. Al primer revolt, ja ho veureu, caurà la rebel·lió.

Després sempre li hem recordat que, com a profeta, no s'hauria guanyat gaire bé la vida... La veritat, però, és que tots ells havien conegut Llarena en la seva etapa de president de l'Audiència Provincial de Barcelona, on havia conreat un cert prestigi jurídic, i no en la seva condició de nacionalista espanyol recalcitrant.

Com és costum inalterable en tot allò que fa referència al Tribunal Suprem, ens assabentem a través dels mitjans de comunicació dels termes de la interlocutòria. Concretament a la Sexta.

Són dos quarts de deu del matí.

García Ferreras connecta amb un redactor que té destacat davant de la seu del PP al carrer Gènova, 13.

«*Fuentes próximas al PP apuntan que seis salen y cuatro se quedan...*»

Coneixem el nostre destí als tribunals a través del partit del govern. Montesquieu esbudellat en directe.

Una autèntica clatellada. Teníem la certesa quasi absoluta que tots sortíem. Encara no donen noms. Passarà una hora llarguíssima abans de conèixer els resultats de la travessa, una altra vegada a través dels mitjans, perquè l'agent judicial no arribarà fins al cap de tres hores per comunicar-nos-ho oficialment. Allò es converteix en una mena de ruleta russa macabra. Ho seguim tot a través del televisor que hi ha instal·lat a la sala de dia del mòdul 4, sota la mirada perplexa i morbosa dels nostres companys de reclusió.

—*¿Estáis sufriendo, eh chavales?* —Subtil, el Miguel, el nostre perruquer.

Bassa, Borràs, Mundó, Romeva, Turull i jo sortim. Forn, Junqueras i els Jordis es mantenen en aquell captiveri cruel i injust.

Jordi Turull i jo tenim un sentiment agredolç. Sortim, sí. Però per als companys és una patacada molt forta. L'Oriol té fills petits. El Quim, els últims dies, estava tou, però, malgrat tot, ens feia de germà gran i ens temperava quan tots dos li dèiem que estàvem, fins i tot, disposats a fer una vaga de fam per denunciar aquella situació. I, quant als Jordis, havien estat els primers a caure i desconeixíem les seves condicions de reclusió a Soto.

Les hores comencen a passar molt de pressa i demanem de poder-nos acomiadar de l'Oriol i del Quim. Ens diuen que no, que és impossible. Que el reglament és el reglament. Amb el Quim el nivell d'absurditat arriba al paroxisme, els nostres mòduls són costat per costat. Però en el moment oportú arriba l'home que no falla mai i que ens ha vingut a visitar amb una assiduïtat incansable. Pere Soler, terrassenc, exdirector general de Serveis Penitenciaris i de la Policia i, aleshores, ja imputat. Com a advocat ens crida a tots. Gràcies a ell ens podem acomiadar. L'escena es fa duríssima. El Quim està abatut. A l'Oriol, que té fills molt petits, se li escapa alguna llàgrima. Ens abracem amb la intuïció que allò pot anar per molt llarg.

Tots quatre esdevenen, des d'aleshores, ostatges de l'Estat.

Estic convençut que Llarena i el conjunt de la Sala Segona del Suprem creuen que les eleccions del 21 de desembre suposaran la desfeta absoluta de l'independentisme català. El 155, la presó, la por i la repressió eren eines massa poderoses. Per això ens hi «deixen» —el concepte *deixar* forma part de l'anomalia de la democràcia— presentar. Però la gent no falla mai i en una participació històrica del 80%, amb tot en contra i contra tot pronòstic, l'independentisme revalidarà la majoria absoluta. Aquesta valoració desenfocada del Suprem ho condicionarà tot, en termes penals, respecte del futur més immediat.

D'una banda, ens reingressaran a la presó per poder-nos aplicar l'article 384bis de la Llei d'enjudiciament criminal a fi d'impedir que puguem exercir de diputats i, fins i tot, a alguns, optar a la presidència de la Generalitat. Allò que han perdut a les urnes intenten revertir-ho als tribunals. Podem presentar-nos a unes eleccions, però no ens deixen exercir de parlamentaris. Absurd, arbitrari, vergonyós. De l'altra, les condemnes finals acabaran depenent del nostre capteniment aquell 21 de desembre: els que deixaran la política, no presentant-se a aquelles eleccions o renunciant a la seva acta de diputats immediatament —Vila, Borràs i Mundó— seran exonerats de sedició, la resta, els que no pleguem o les que ho fan massa tard —Bassa i Forcadell presenten la renúncia al seu escó el 22 de març, el dia abans de comparèixer al Suprem—, serem condemnats a unes penes de presó duríssimes. Qui es manté en el seu compromís polític institucional ho paga car. Aquest és el missatge de la Justícia espanyola. Avís per a navegants.

Sempre s'ha d'exceptuar Jordi Cuixart. Ell no és polític. Amb ell hi ha menys valoracions complementàries: el mantenen empresonat per les seves idees legítimes. Simplement.

Aquell 4 de desembre, però, decidim sortir de la presó tal com hi vam entrar, amb vestit, corbata i les insígnies de consellers. Volem fer evident que no som presos ordinaris, que som membres del Govern legítim de Catalunya i que aquells trenta-dos dies de presó no ens han vinclat.

A l'altra banda del vidre

Jordi Turull i jo ens tornem a donar d'alta com a advocats en exercici en els nostres respectius col·legis professionals, Granollers i Terrassa. Aquest serà el nostre salconduit per anar a les presons a visitar els nostres companys. Durant aquells quatre mesos hi devem haver anat uns deu cops, dos o tres per mes. És extenuant, no parlo físicament, sinó emocionalment. Sempre fem la mateixa rutina: avió —per anar a visitar les presons l'avió és més còmode i ràpid que el tren—, cotxe, Soto del Real, dinar, Estremera, cotxe i aeroport una altra vegada.

El primer dia som una bona colla d'advocats. Quico Homs, Francesc Sànchez, Josep Rius, Jordi Pina, Jordi Turull i jo. Lloguem una furgoneta amb conductor. Comencem per Soto del Real. Una presó sempre impressiona —la de Soto, a més, té aquella torre de vigilància gegantina, la més alta de l'Estat—, però el paisatge, als peus de la Sierra de Guadarrama, és extraordinari amb un cel blavíssim i tot l'entorn nevat. Per bé que a l'exterior hi fa molt fred, l'espai dels locutoris, immens en comparació del destinat als advocats d'Estremera, és càlid i lluminós. Poc que em puc imaginar que un any després serem a l'altra banda.

Aquell dia comencem aquella rutina que durarà fins al març del 2018. Les següents visites les acostumarem a fer Jordi Turull i jo sols. Ocasionalment, hi venen Francesc Homs o Jordi Pina, que opten per fer horaris diferents perquè els Jordis puguin veure ampliat el seu ventall de visites.

Sempre triguen a aparèixer. Primer ve Cuixart, amb el seu somriure immens i perenne, i després s'incorpora Sànchez, la serenor personificada. Jo intento d'imaginar-me com deu ser la presó per dins, quin itinerari deuen seguir per accedir al mòdul de comunicacions, com deu ser la sala d'espera que intuïm al fons dels locutoris i que a Estremera no existia, o com deuen ser els mòduls i les cel·les i els patis.

Però el més dur és veure'ls. Cada dia que hi tornem ens fa la sensació que allò empitjora. Un cop els anem a visitar després de Reis. L'ordre, inalterablement, el mateix: primer Cuixart, després Sànchez. S'abracen davant nostre a l'altra banda del vidre, es desitgen bon any amb una efusió sorprenent per a aquella data —8 de gener— i es pregunten com ha anat el Nadal. Quedem al·lucinats.

—Quan fa que no us veieu?

—Des del dia 23 de desembre —Se'n lamenta Jordi Cuixart—. Vaig insistir-hi molt, però no van deixar-nos veure.

Allò és una càstig cruel i despietat.

S'estan en mòduls separats que ni remotament tenen res a veure amb els nostres mòduls de respecte d'Estremera. Comparteixen cel·les amb presos comuns. Jordi Cuixart ens explica que el «seu irlandès» és un home esquizofrènic amb canvis de caràcter constants. Si compartir cel·la setze hores diàries amb un amic ja és complicat, no puc ni imaginar-me com pot ser conviure amb un desconegut. Però, a més, no deixar-los trobar, ni que fos un instant fugisser, per Nadal o per Cap d'Any, és acarnissament.

Jordi Cuixart cada dia es veu més prim, immers en un profund misticisme que —diu ell— el protegeix, però que a nosaltres ens deixa emocionalment desfets. Definitivament, la nostra captivitat a Estremera havia estat de baixa intensitat.

Quan sortim de Soto, hi ha dies que no ens intercanviem ni un mot fins al cap de mitja hora. Una combinació enfollida de sensacions en què la tristesa deixa pas a la ira i la ira a la desesperació. Però, sempre, un profund sentiment d'admiració i de respecte, una interpel·lació intensíssima a actuar, a rebel·lar-nos, a explicar amb totes les nostres forces què està passant a Soto del Real amb dos homes bons.

Un *Quijote* a Estremera

Des de Soto fins a Estremera hi ha una hora i mitja ben bona. El primer dia, encara el 2017, anem tots sis advocats en un monovolum conduït per un xofer colombià i loquaç. Tornar al lloc on has estat empresonat i on encara romanen Quim Forn i Oriol Junqueras et genera un neguit intens, dolorós, colpidor. La presó d'Estremera queda situada, com insistien a descriure'ns els funcionaris que hi treballen, en un «*páramo*». En mig del no-res. La primera visió que se'n té des de la carretera, immediatament després de superar un petit turó, és impactant: a uns tres quilòmetres de distància, es distingeix perfectament el perímetre de la presó, la distribució interior en forma de mòduls i, especialment, la torre de vigilància, pintada, a diferència de la de Soto, amb colors agradables. Una petita ciutat en un espai quasi erm.

Per fi podem veure des de fora aquell indret que ens havia tingut captius —i que sense saber-ho, ens tornaria a engolir mesos després. El dia que en vam sortir ja era de nit i no vam poder discernir, amb tota la magnitud, el Centre Penitenciari Madrid VII.

Són quasi les tres i no podem entrar a fer la visita fins a dos quarts de cinc, després de l'obertura de cel·les de la tarda. Hem de trobar algun lloc per dinar i som una petita multitud. El primer pensament és anar a Estremera mateix. El poble, en aquella franja horària, és un autèntic desert, com si hi haguessin llançat una bomba de neutrons. Circulem lentament en aquell monovolum pels carrerons buits del nucli urbà sense trobar-hi res que s'assembli a un restaurant. Ens crida l'atenció que a les finestres i als balcons de les cases hi hagi tantes banderes espanyoles.

—Aquesta gent està tensa —descriu algú en un exercici inaudit de perspicàcia.

Però quan arribem a la plaça major se'ns mostra davant nostre la façana de l'Ajuntament vestida amb una «*rojigualda*» immensa.

—Tensa del tot, nois!

No cal ser gaire espavilats per veure que allò és territori hostil.

Jordi Turull recorda que un intern ens havia recomanat un restaurant als afores del poble, en direcció a Fontidueña de Tajo. El nom, memorable: El Quijote. L'atzar vol que tot just esmentar-lo trobem un indicatiu que ens hi mena directament. Hi arribem. Aparcament gran, còmode i discret. Estructura física de l'edifici en forma de torre. Suggerim al xofer loquaç que faci d'explorador. Hi entra. Tres minuts després en surt amb un somriure alleugerit.

—*Es perfecto. Hay poca gente. Ya tienen la mesa preparada.*

En efecte, és tard i hi queden pocs clients, que ens miren amb la indiferència d'aquells que ja saben que «El Quijote» fa de parada i fonda de molts advocats, familiars i amics de reclusos que visiten la presó. El menú és molt barat i la qualitat del menjar, excel·lent. Cuina casolana. El servei, impecable. Estem relaxats fent temps. Demanem el compte, però la cambrera més jove ens sorprèn amb una petició.

—*¿Se pueden esperar un momento, por favor? El dueño les ha reconocido y quiere hablar con ustedes.*

Inquietud. Molta inquietud. En aquell moment dolç, no estem preparats ni ens ve de gust tenir una bronca política.

Al cap d'un minut ja veiem entrar un home de mitjana edat, amb barba, no gaire alt, que s'adreça directament a mi.

—Josep —en català—, que content que estigueu aquí, a casa meva, i poder-vos saludar!

Ens quedem astorats. I sense que jo tingui temps per preguntar-li res, ell se m'avança.

—Em dic Antonio i soc de Terrassa, com tu. I ja ho veus, la vida m'ha portat aquí...

Ens explica que havia treballat per a la família Lao, els propietaris de l'empresa CIRSA, que havia començat al restaurant que tenien al barri d'Egara i que després d'un periple vital —que em costaria molt de reproduir— va raure a Castella, on va gestionar una àrea de servei del grup empresarial terrassenc a l'A-3, l'Autovia de València. Però que finalment havia decidit d'establir-se per compte propi amb la seva dona, andalusa, comprant aquell restaurant d'Estremera. Repassem plegats barris de Terrassa, des de la Maurina a Ca n'Aurell, les nostres amistats comunes i els indrets que formen part del nostre imaginari compartit. Ens coneixem i ens reconeixem. Simplement, allò és increïble.

Des d'aleshores, en totes les visites que farem a les presons madrilenyes, El Quijote serà la nostra «*posada*» en el sentit més literal del terme. Sempre hi tindrem la taula a disposició i l'Antonio ens obsequiarà amb guisats exquisits, amb postres elaborades en directe i basades en totes les combinacions possibles de nata —la meva perdició— i, especialment, amb la seva conversa ràpida i intel·ligent, farcida de mil records de Terrassa i de les seves vicissituds vitals i gastronòmiques.

Durant mig any, fins que ens traslladin a Lledoners, aquell restaurant serà l'oasi per a molts catalans que primer venen a visitar l'Oriol i el Quim i, després —una nova paradoxa—, visitaran el Jordi i a mi, que els l'haurem recomanat.

D'El Quijote a la presó no hi ha més de deu minuts. Per fi arriba el moment: entrar a Madrid VII, ara com a advocat, i veure el recorregut exacte que feien Jordi Pina, Ana Bernaola o Quico Homs i, especialment, les nostres famílies cada cop que ens venien a visitar. Ara sabrem per quins controls havien hagut de passar, on és l'arc de detecció de metalls i quin protocol se segueix. Com són les sales d'espera on els meus fills s'hi devien haver revoltat o els ponts que passen per damunt dels primers murs de seguretat. Ara podrem veure l'escenari per darrere i resseguir el neguit que experimentaven ells cada cop que ens retrobaven.

Els tràmits que hem de fer els advocats són més ràpids que a Soto del Real. Hi ha funcionaris que ens reconeixen, fins i tot en trobem un que havia servit al nostre mòdul. Quan vam sortir, en les primeres compareixences mediàtiques, vam voler posar en valor la feina i l'actitud —Navalcarnero a banda— dels funcionaris de les presons. Pel tracte que ara ens dispensen podem intuir que els devia arribar.

Després de la zona de controls hi ha un pati que condueix directament cap a la zona dels locutoris. Allí ens trobem amb un company, el Juan, un valencià que havíem conegut al mòdul 4 i amb qui havíem teixit una bona amistat. Feia només uns dies que érem exactament iguals i compartíem la nostra condició de captius. Però ara, en aquelles circumstàncies, pertanyíem a dos mons separats per una distància còsmica. Està fent feines de manteniment amb un altre intern. Ens saludem, però no ens podem abraçar, ni tan sols podem encaixar les mans. No ens deixen, però ell tampoc no gosaria fer-ho. Hi ha un altre detall que objectiva aquella diferència d'estatus entre el Juan i nosaltres: la manera com ens tracta el funcionari que ens acompanya. Nosaltres som advocats, ell només un intern amb una actitud colpidorament servil.

Accedim a la zona de locutoris i per fi esbrinem què hi ha darrere, en aquell passadís misteriós que vèiem des de la zona de l'interior de la presó.

A diferència de Soto, hi fa molt fred, més fred del que recordàvem haver tingut a l'altra banda del vidre. Amuntegats, els sis advocats, accedim al locutori. Les cadires d'aquesta banda són més còmodes —un altre cop es percep aquella diferència d'estatus. Hi arriben el Quim i l'Oriol i se situen al lloc que havia estat el nostre. Tot plegat em sembla una bogeria que em desestabilitza, molt més que la imatge dels Jordis a Soto. Em sento culpable de ser a fora i ells a dins. Em turmenta. M'inhabilita per ser feliç i esprémer la vida. No ho puc explicar d'una manera més precisa. Ells, però, fan bona cara. Ens costa començar la conversa, la qual cosa ens anirà passant amb més intensitat cada cop que anirem repetint la visita a Estremera.

A mesura que avancen els mesos, ens centrarem a parlar més estona amb el Quim. L'Oriol té les seves pròpies vistes amb els seus advocats i companys de partit.

La situació a l'exterior està bloquejada. No hi ha manera de constituir Govern, per la pressió de l'Estat, per la por que s'estén per les costures del món institucional català i per la divisió cada cop més intensa que hi ha en l'independentisme. Amb tota raó, el Quim exigeix que es pugui desbloquejar la situació. Calen interlocutors estables a Catalunya, si no, serà molt difícil d'afrontar una nova etapa en què la política retorni. Els seus advocats hi insisteixen fins a l'extenuació.

El pitjor moment es produeix quan, al febrer, Quim Forn té la llibertat a tocar. En la vista que es fa davant de la Sala d'Apel·lacions, la Fiscalia accepta d'aixecar-li la presó preventiva. En la immensa majoria de les ocasions, el Tribunal Suprem segueix el criteri de la Fiscalia. Però aquí no. La seva condició d'ostatge romandrà inalterable. Els tres magistrats de la Sala, a instàncies de Vox, en mantenen l'empresonament. L'argument per fer-ho és desacomplexadament i implacablement declinat per la formació d'extrema dreta: «*El señor Forn no ha pedido perdón y continúa manteniendo sus ideas independentistas*». El Tribunal subscriu aquesta aberració democràtica. Ho fa amb entusiasme. Definitivament, ara ja podem certificar que el Suprem està absolutament desbocat. A l'inici de la instrucció, l'alt tribunal espanyol havia mirat, encara que fos maldestrament, de mantenir les formes. Però ràpidament aquest miratge s'esvaeix. Primer, quan Llarena redacta una interlocutòria en primera persona del plural situant-se ell mateix com a víctima de l'independentisme, i, ara, amb els tres magistrats de la Sala d'Apel·lacions solemnitzant la persecució d'idees legítimes des del Poder Judicial. No hi ha cap dubte que això ja no tindrà aturador.

Queda clar, doncs, que Llarena mai no havia anat per lliure, que no era un corredor solitari. Darrere seu hi ha, en ple, la Sala Segona del Suprem, amb Marchena liderant i la cobertura aèria de Carlos Lesmes, president del Consell General de Poder Judicial, «*la mano que mece la cuna*», segons tots els «*mentideros*» de la Cort. Això és un afer d'Estat, com ho havia estat el GAL en el seu moment.

M'admira la fortalesa de Quim Forn. Fins a l'extrem que en aquella visita, la de després de la seva denegació de llibertat, és ell qui ens acaba encoratjant a nosaltres. Com un Quixot.

Ara ja sabem quines són les regles del joc. Descarnadament. Nítidament. Impúdicament. Això no va de justícia, va de venjança. És indiferent que hi hagi Govern a Catalunya —com insisteixen a demanar els advocats—, quin sigui el seu programa o que, formalment, s'acati la Constitució i es juri el «*viva el Rey*». La piconadora del Suprem ja ha agafat velocitat de creuer. Les togues han pres el control de l'Estat i això es mantindrà fins avui.

Des d'aquell moment, les visites a Soto i a Estremera es van succeint i ens van recremant per dins. Però fer-les esdevé un imperatiu perquè sabem que per als presos aquelles trobades són reconfortants. Nosaltres vam ser a l'altra banda. I, tanmateix, la darrera vegada que anem de visita a les presons en marxarem amb un regust positiu. Després dels intents fallits de Carles Puigdemont —*«está fugado»*— i de Jordi Sànchez —*«está en la cárcel»*—, Jordi Turull serà el candidat de JxCat, un candidat teòricament «viable», si les coses no es torcen. A Soto, Cuixart expressa el seu entusiasme amb la seva manera expansiva. L'Antonio d'*El Quijote* té la sensació que allí hi pot estar dinant un futur president de la Generalitat de Catalunya. A Estremera, Forn i Junqueras recuperen l'esperança de desbloqueig. Després de tres mesos des de les eleccions, ara, sí.

Però, efectivament, aquella visita de març és l'última visita que fem com a advocats a Madrid. I no ho és perquè els nostres companys obtinguin la llibertat condicional, sinó perquè el 23 de març Llarena —de fet, el Tribunal Suprem— decideix menysprear, novament, el poble de Catalunya i empresonar-nos amb arguments de naturalesa estrictament política.

Les eleccions del 21-D

Retrocedim en el temps. Quan sortim de la presó aquell 4 de desembre, la campanya electoral ja s'ha iniciat. Jordi Turull i jo ens hi aboquem amb cos i ànima. Estem convençuts que guanyar és la clau de la llibertat dels nostres companys que hem deixat empresonats a Soto i a Estremera.

Som fora en llibertat condicional —sota una fiança de 50.000 euros que podem afrontar gràcies a la solidaritat de milers de catalans i catalanes— i amb l'obligació d'anar a signar un cop per setmana al jutjat. Participar a la campanya té riscos. Fer entrevistes té riscos. Expressar les nostres conviccions té riscos. En un acte de coherència política o de gosadia o d'inconsciència o de tot plegat en fem abstracció. No ens caparan l'ànima.

L'endemà de la declaració d'independència, a Perpinyà, hi va haver consens entre tots que si en algun moment tenia sentit fer una candidatura conjunta de l'independentisme era en les eleccions imposades per Rajoy el 21 de desembre, a les quals vam decidir de concórrer sota la premissa que l'independentisme democràtic català mai no desaprofita unes urnes. Però a Estremera —el primer cop que hi vam ser captius—, i sense parlar-ne cap altra vegada i després d'una visita de la diputada Ester Capella, vam veure com Oriol Junqueras, Carles Mundó i Raül Romeva emplenaven els formularis per concórrer a les eleccions com a Esquerra Republicana.

«Però nosaltres ens pensàvem que...»

Quim Forn, Jordi Turull i jo, al mòdul de comunicacions, vam quedar fora de joc. No sabíem quina cara fer.

L'endemà Francesc Homs ens va venir a veure via locutori. Ens va explicar que s'estava preparant una candidatura que reflectís l'excepcionalitat del moment i la voluntat d'unitat. Una candidatura encapçalada pel president Puigdemont que anés més enllà del Partit Demòcrata. El nom proposat, simple: Junts per Catalunya.

Tres dies més tard, David Bonvehí arribava a Estremera directament des de Soto. Jordi Sànchez havia acceptat ser el dos de la llista de Barcelona. Ens demanà que també en forméssim part. El nostre sí va ser immediat.

A la cel·la, amb Jordi Turull, vam veure per televisió la imatge de campanya. Ens va agradar. Allò feia bona cara. També vam poder llegir —fugisserament— els primers noms de les llistes de les quatre demarcacions. Hi havia molta gent que no coneixíem.

Amb aquests antecedents, doncs, el dia 5 de desembre comencem a fer campanya. El primer acte el tenim a Reus, al Teatre Fortuny. És ple de gom a gom. Hi ha cua per entrar-hi. El nivell d'emotivitat és indescriptible. Allí mateix coneixem el cap de llista, Eusebi Campdepadrós. Jordi Turull i jo hi intervenim sense papers, amb l'ànima, ni tan sols demanem el vot: parlem d'un nosaltres que inclou tothom. Tanca el míting el president Puigdemont per videoconferència, és el primer cop que el veiem i hi podem parlar des del 31 d'octubre. Quan acabem triguem una hora a poder sortir, l'afecte de la gent és increïble. Tots els actes seran com aquest. Massius, intensos, amarats de totes les emocions possibles.

El dia de reflexió anem a Soto i a Estremera. Parlem amb Jordi Sànchez i Quim Forn.

—Això anirà bé. La suma dels independentistes pot revalidar la majoria independentista i dins l'independentisme podem guanyar nosaltres. —Jordi Turull, clar i directe.

—Però les enquestes no diuen això... —respon, escèptic, Jordi Sànchez.

A Estremera li fem el mateix plantejament a Quim Forn. Ell, que té moltes hores de vol en política, fa la pregunta del milió, la prova del cotó.

—Com anem d'interventors?

—Com mai. Diuen que, fins i tot, superem els de les eleccions del 2010 quan el president Mas va obtenir 62 diputats —responc.

—Però les enquestes són rotundes! —insisteix, com abans Jordi Sànchez.

—El nas no em falla mai. Els mítings són massius. Els mercats i les fires són espectaculars. Ho notem, Quim. Creu-nos! —replica Turull.

I, en efecte, la nit del 21 de desembre, amb un 80% de participació, amb tota la repressió de l'Estat desbocada, l'independentisme torna a obtenir la majoria d'escons al Parlament de Catalunya. I contra tot pronòstic, Junts per Catalunya lidera el bloc de les forces independentistes.

Aquella nit, s'acaben els moments dolços d'aquest parèntesi de llibertat que s'estendrà fins al 23 de març, quan Llarena decretarà el nostre reingrés a la presó. Els tres primers mesos de l'any 2018 els visc amb un profund sentiment de desassossec i desorientació.

Passeig Picasso, 30 de gener del 2018

El pensament focalitzat en el Quim, l'Oriol i els Jordis és constant. A cada moment del dia —Jordi Turull m'explica que a ell li passa el mateix— penso en termes carceraris: «Ara hi ha el recompte, ara estan fent la baixada obligatòria, ara deuen estar caminant pel pati, ara —a les set— deuen estar sopant, ara segur que ja han pujat a la cel·la». És constant. Les festes de Nadal són tristíssimes. La Meritxell se n'adona de seguida. El sentiment de ser a fora i ells a dins se'm fa simplement insuportable.

Però el dia a dia continua i ha de continuar.

Decideixo mantenir operativa la meva condició de conseller legítim de Territori i Sostenibilitat. Despatxo constantment amb el secretari general. No hi ha cap decisió rellevant que afecti el Departament que no tingui la meva supervisió. Durant el període que estic en llibertat reuneixo mensualment el Consell de Direcció, que aplega tots els secretaris sectorials, els directors generals, els màxims responsables de les empreses públiques i els directors dels serveis territorials. Repassem les qüestions relatives a cada àmbit. Hem traçat un front de resistència, un operatiu per protegir el Departament del 155 i evitar que es desmantellin les polítiques públiques que hem anat afaiçonant durant decennis. Sorprenentment, el nivell d'intrusió a Territori i Sostenibilitat és relativament baix. Arribem a la conclusió que l'Executiu de Mariano Rajoy no actua perquè no entén la nostra acció de govern, més orientada a allò que s'està fent als països del centre i del nord d'Europa. Això és especialment estrident en l'àmbit del medi ambient i la sostenibilitat.

Objectius per al desenvolupament sostenible, economia circular o lluita contra el canvi climàtic semblen quedar fora de l'abast conceptual del Govern de l'Estat. Pel que fa a l'ordenació del territori i l'urbanisme, tenim la sensació que la incorporació del vector «Nova Agenda Urbana» els és massa sofisticat. L'àmbit de les infraestructures serà, doncs, el més vulnerable perquè és el més tangible.

Pel que fa al Departament d'Empresa i Coneixement, només puc reunir el Consell de Direcció una vegada. Aquí patirem més. L'estratègia d'Agitació i Propaganda del 155, que intenta crear un marc mental de fuga massiva d'empreses, es pot desplegar impunement amb una Generalitat absolutament emmordassada per contradir les *fake news* difoses per terra, mar i aire. És cert que algunes empreses van al notari, però no deslocalitzen les plantes de producció. Els trasllats de seus socials de Catalunya —alguns dels quals fets sota pressió directa del Govern de l'Estat, fins i tot, de la Zarzuela— no tenen efectes ni en l'ocupació ni en l'activitat econòmica malgrat que aquest fos l'objectiu del Reial decret de 6 d'octubre de 2017. A Catalunya hi ha 8.642 empreses estrangeres, cap d'aquestes filials no abandona el país.

Amb Jordi Turull apostem per tenir un paper rellevant en les negociacions per investir el president Puigdemont i per fer Govern quan la llavor de la divisió interna de l'independentisme fa temps que s'ha estat covant.

Afrontem una etapa de tres mesos —fins al nostre reingrés a la presó el 23 de març— lletja. La por ho amara pràcticament tot i és especialment perceptible al Parlament de Catalunya. El poder judicial entrarà fins a la cuina del legislatiu català i condicionarà decisions impensables.

Abans del Ple de constitució —quan s'escull la Mesa— suggerim a la Secretaria General del Parlament que es permeti que els diputats empresonats puguin delegar el vot atesa la impossibilitat per causa major d'assistir-hi. Els drets a representar i a ser representat corren el risc de ser greument afectats.

«És simplement impossible, el Reglament no ho preveu.» —La resposta és categòrica.

Al cap d'una setmana, Llarena dicta una interlocutòria que nega la possibilitat que Junqueras i Forn assisteixin al Ple, però ordena al Parlament que puguin delegar el vot. Allò que era «simplement impossible, el Reglament no ho preveu», ara és possible perquè hi ha un jutge que, amb l'únic propòsit de rentar-se la cara després d'emmordassar arbitràriament dos diputats, posa ferms els serveis jurídics del Parlament.

Més endavant, quan ens apliquen l'article 384 bis de la Llei d'enjudiciament criminal i ens suspenen com a diputats a Jordi Sànchez, Oriol Junqueras, Jordi Turull, Raül Romeva i a mi, l'ínclit Llarena torna a l'atac: potineja a fons el Reglament del Parlament i s'inventa —s'inventa!— la figura del «diputat substitut». I no passa res. És inaudit. Aquí el Tribunal Suprem ja no entra a la cuina del Parlament, entra directament a l'habitació dels nens.

Hi ha por. Molta por.

El Tribunal Constitucional, per la seva banda, també desplega tot el seu potencial intimidatori.

S'impedirà la investidura de fins a tres candidats a la presidència de la Generalitat. El gran 155 no el perpetra el Govern de Rajoy directament, sinó el Poder Judicial i el Tribunal Constitucional, abocats a «salvar Espanya» a qualsevol preu, retallant drets i llibertats, desmantellant el mateix estat de dret, volatilitzant la separació de poders.

Transcendeix que en plena deliberació del Tribunal sobre la investidura del president Puigdemont, la vicepresidenta Saéz de Santamaría truca a magistrats per orientar-los sobre allò que han de decidir. I el Tribunal Constitucional, evidentment, acata.

En aquest context d'assetjament, el 30 de gener suposa un punt de tensió màxima. Tots els negociadors —de JxCat i d'ERC— som conscients que ens estem movent en un camp de mines. I, tanmateix, per un mínim sentit de respecte democràtic i de dignitat de les institucions catalanes decidim afrontar la investidura de Carles Puigdemont.

Vaig en cotxe pel passeig Picasso a punt d'arribar al Parlament per participar en el debat d'investidura. Estic escoltant la ràdio que dona pas a una declaració institucional del president Torrent que anuncia que el Ple es posposa. No m'ho puc creure: feia tot just quinze minuts que amb la resta de negociadors de JxCat confirmàvem que tot anava segons el plans previstos. Ningú no en sabia res.

El problema d'aquell dia no va ser només suspendre la investidura pactada, sinó, sobretot, prendre una decisió tan transcendent sense ni tan sols explicar-ho abans als socis de legislatura. Malauradament, aquella ferida —innecessària— trigarà molt a cicatritzar-se.

Els mesos de febrer i de març ens aboquem a una negociació extenuant amb Esquerra per pactar l'estructura de Govern. Per part de JxCat, som Jordi Turull, Elsa Artadi i jo. Per part d'Esquerra, Pere Aragonès, Jordi Bacardit i, ocasionalment, Josep Maria Jové. Ens trobem tres o quatre cops per setmana, discretament, a l'Hotel Ámister, prop de la seu d'ERC al carrer de Calàbria. Entrem en un nivell de detall exasperant en què fins i tot arribem a parlar de la presidència del Patronat de la Muntanya de Montserrat. Per fi tanquem el pacte a principis de març.

No en quedo content. No tant pel contingut —en una negociació tothom ha de cedir—, sinó perquè ha costat massa i això és simptomàtic de la fragilitat de la cohesió interna de l'independentisme en uns moments tan complicats i amb un 155 encara vigent.

Amb Govern pactat, afrontem, finalment, la investidura de Jordi Turull el dia 22 març. La CUP decideix no atorgar-li la confiança.

L'endemà, a mitja sessió d'investidura, en un dels actes més execrables d'ignomínia democràtica que hagi viscut aquest país, un jutge venjatiu decretarà l'ingrés a presó de l'Honorable Jordi Turull i Negre.

VII

LA VIDA ÉS ALLÒ QUE PASSA MENTRE SOC A LA PRESÓ

Tornem-hi

El dia anterior ja havíem llegit a la premsa afecta al Tribunal Suprem tots els detalls sobre el nostre retorn a Estremera. Quan entrem a la seu del Tribunal Suprem està tot decidit. Ens lliuren la interlocutòria per la qual Llarena —seguint fil per randa el guió avançat pel ministre de Justícia, Catalá— ens processa per rebel·lió i demana que es revisin les nostres «circumstàncies personals», és a dir, que se'ns torni a empresonar. D'aquesta manera, es compliran les dues condicions per poder-nos aplicar l'article 384 bis de la Llei d'enjudiciament criminal i suspendre'ns com a diputats del Parlament de Catalunya.

Allò que han estat incapaços de guanyar a les urnes ara ho imposen a través dels tribunals.

Compareixem al matí davant de Llarena —em costa referir-m'hi com a jutge. Per fer veure que aquell acte processal té alguna mena de sentit en termes deliberatius, ens permet sortir a dinar. Però sabem que tot és mentida. La decisió està presa des de fa setmanes. La segona interlocutòria —en aquest cas, la que decreta l'ingrés a presó— és ofensivament breu. Cap esforç. Cap vergonya.

Arriben els mateixos policies —vestits de paisà— que van coordinar els tràmits del nostre primer empresonament. Aquest cop ens deixen més temps per acomiadar-nos dels nostres advocats i, sobretot, de Dolors Bassa i Carme Forcadell. Estan desencaixades. El dia abans havien renunciat a la seva condició de diputades. Algú els havia explicat que això podia ser un bon tallafocs. Però és massa tard. Llarena, Marchena i Lesmes només volen venjança i no estan per subtileses.

Com que ja conec què ens espera —escorcolls, manilles, furgoneta, Estremera—, assumeixo amb una certa confortabilitat emocional aquest nou trasllat. Tot està perfectament cartografiat. Fins i tot sabem quant durarà el desplaçament i quants controls hi haurà dins de la presó. El retorn al mòdul d'ingressos i els tràmits a l'interior em són familiars en tot. Retrobem funcionaris i presos de confiança, els «*ordenanzas*» en terminologia carceràira. Els colors i les olors, impertorbables.

De tot aquest procés d'entrada des del Suprem fins a la presó m'impressiona l'enteresa de Jordi Turull. D'intervenir en el debat d'investidura per esdevenir president de la Generalitat a ser captiu del Regne d'Espanya. Es manté ferm en tot moment i desprèn una força i una dignitat que sorprèn els mateixos funcionaris que el tracten amb un respecte afegit.

Però Rajoy i el seu Govern no en tenen prou, d'haver instruït Llarena per empresonar Jordi Turull a mig debat d'investidura. Ara, a través del Ministeri de l'Interior —titular dels Serveis Penitenciaris— decideixen separar-lo de la resta. En efecte, Raül Romeva i jo estarem junts al mòdul 3, Oriol Junqueras i Quim Forn continuaran al mòdul 7. Jordi Turull haurà d'estar-se tot sol al mòdul 4. És d'un acarnissament sense matisos. De seguida demanem —via advocats— a la direcció de la presó i a la Secretaría General de Servicios Penitenciarios que el Raül vagi al mòdul 7 i jo torni al 4 —ja hi havíem estat junts— amb el Jordi. Trigaran setmanes a donar senyals de vida.

Mentrestant, doncs, compartiré cel·la amb Raül Romeva al mòdul 3. Ell hi va ser amb Quim Forn, a la primera etapa, i encara hi ha molts dels seus antics companys. És un mòdul bàsicament de preventius primaris —persones que ingressen per primer cop a presó i que estan pendents de judici. També hi ha algun penat per delictes lleus, però en són l'excepció. No té res a veure amb el mòdul 4. Aquí tothom, a totes hores, és dins del mòdul: els preventius no poden treballar i tenen molt limitada la participació en activitats externes. No hi ha ni biblioteca, ni aules, ni tallers. Res. Només una petita sala d'estudi amb set o vuit taules individuals, la perruqueria i un petit gimnàs. Tota la vida es concentra al pati i, sobretot, a la sala de dia que sempre es veu amuntegada.

Els preventius a Estremera són una mena de zombis en terra de ningú, simplement aparcats.

Una de les claus que ajuda a comprendre l'alt nombre de reclusos a Espanya és la importància que té la presó preventiva i la seva durada anormalment llarga. La legislació actual estableix un període màxim de dos anys, prorrogables a quatre. A la majoria de països de la Unió Europea esdevé excepcional superar l'any i es tendeix a restringir la privació de llibertat abans de judici a casos molt greus i taxats, i se cerquen mesures cautelars alternatives menys lesives. L'escàndol dels dos anys com a preventius de l'expresident del Barça Sandro Rossell i del seu soci Joan Besolí —finalment declarats innocents— és inconcebible a l'Europa civilitzada. Per bé que la llei estableix la possibilitat d'acordar presó preventiva només en tres supòsits —risc de fugida, risc de reiteració delictiva i risc de destrucció de proves—, la veritat és que a l'Estat espanyol s'utilitza amb massa freqüència com un avançament del càstig final o com un mecanisme de pressió per forçar el reu a arribar a acords de condemna amb la Fiscalia.

Al mòdul 3 coneixeré un grup de mariners ucraïnesos —una desena— que fa tres anys i mig que són a la presó sense ni una data remota per al judici. M'explicaran que fa més d'un any que esperen que el seu advocat d'ofici els vingui a veure. La presó preventiva és una de les expressions més sagnants del funcionament deficient de la justícia espanyola. Formalment, tots els preventius són innocents. Però, en els aspectes més durs de la presó, penats i preventius són exactament el mateix.

Definitivament, aquell mòdul no té res a veure amb el que jo coneixia. Mentalment, confronto l'ordre del mòdul 4 —com a mòdul de respecte— amb l'aparent caos del mòdul 3. La nostra cel·la tampoc no s'assembla gaire a les del mòdul 4. Està impregnada de verdet —els anteriors inquilins eren els dos mariners ucraïnesos septuagenaris que mai no la ventilaven. Ens hi posem de seguida i freguem totes les parets amb una mena de producte que aconseguim gràcies als antics contactes del Raül. Vint-i-quatre hores més tard la cel·la ja té un aspecte presentable.

—*No os quejéis. Es la celda 1, la de los VIPs. Aquí estuvo Granados durante mucho tiempo* —ens ho explica el Rume, un jove búlgar que ho sap tot de tots.

Devia ser en la prehistòria...

El Raül, com Jordi Turull, és un molt bon company de cel·la. Ell, a més, és l'odre i l'endreça personalitzats.

—A veure si n'aprens una mica! —És la primera reacció de la Meritxell quan l'hi explico.

Fins al cap de dues setmanes no ens arriba la televisió. Amb la ràdio fem. Radio Tarancón-Cadena SER una altra vegada —ara, però, menys durs que al novembre. Llegiré com feia temps que no llegia. Devoro novel·les. Començo amb *La sombra del viento*, de Carlos Ruiz Zafón, i amb *Jo confesso*, la gran obra magna del terrassenc Jaume Cabré.

El Raül i jo procedim de dos mons polítics molt diferents. Això ens permet endinsar-nos en una dinàmica d'enriquiment mutu, sovint des de visions contraposades. Però coincidim en un element nuclear: és imprescindible fer una diagnosi honesta i solvent de tot plegat i elaborar un nou full de ruta basat en fets que hem constatat i no només en hipòtesis voluntaristes. Si ho fem bé, allò que representem serà més fort. Sempre recordem un missatge que li va adreçar un antic militant del sindicat polonès Solidarność en què li explicava que ells van fracassar molts cops i que van patir molt abans de tombar el mur el 1989. Que persistir és la clau d'un èxit que es confegeix des de l'aprenentatge dels fracassos.

Però d'aquesta nova etapa a Estremera, el més valuós és retrobar-nos amb l'Oriol i el Quim. Ens podem veure poc. Ho fem a missa o quan venen els advocats. Quan els veig per primer cop tinc una sensació incomprensible d'alleugeriment: deixo de sentir-me culpable perquè ja torno a ser a la presó amb ells. Una autèntica bogeria. Mesos després, el Quim ens explicarà —consternat— que la nostra arribada va ser una immensa alenada d'aire nou per a ell.

En aquest procés de presó i exili només trobarem l'estabilitat emocional quan tots siguem en llibertat i a casa.

Dues estones de cel

Al cap d'una setmana de tornar a ser empresonat, em deixen —contra tot pronòstic— fer el vis-a-vis de convivència de quatre hores a què tenim dret els interns pares de fills menors de deu anys. És el corresponent al primer trimestre i el faig el penúltim dia de març. Estremera és la millor presó per a aquest tipus de trobades. L'espai físic que hi destinen és immens. Hi ha una gran sala coberta i també un pati amb arbres i gronxadors. Són quatre hores d'una intensitat absoluta amb els nens. Una estona de cel. Puc posar el comptador a zero —en condicions— d'aquesta nova etapa. La sortida precipitada de Terrassa m'havia deixat mal gust de boca. D'ara endavant, a la cel·la sempre hi tindré penjats els dibuixos que fan aquest dia i que seran un testimoni cruel del pas dels anys i de la injustícia de la presó.

És impossible pair amb calma el nostre empresonament. La detenció del president Puigdemont a Alemanya ens deixa absolutament abatuts. Amb el Raül en podem parlar. Però Jordi Turull ho ha de viure sol.

Molts presos se solidaritzen amb nosaltres.

—Las cárceles alemanas son muy duras. Os lo digo por experiencia. Penas más cortas pero condiciones más estrictas. Una hora de patio. Incluso les obligan a llevar uniforme de presidiario...

I alguns funcionaris exulten:

—Dentro de poco lo tendréis con vosotros. Ya tiene lugar reservado con «Turul» en el módulo 4. Los fugados siempre acaban mal.

Nosaltres estem massa contaminats pel que hem viscut al Tribunal Suprem espanyol i ens pensem que el recorregut de l'euroordre serà fulminant i implacable. Però no. Els tribunals d'Alemanya responen només a paràmetres d'equitat i de legalitat. I fan allò que és previsible que es faci d'acord amb el dret. Allí la separació de poders és una realitat. Una justícia justa. Per a nosaltres és inaudit. Dotze dies i el president surt en llibertat.

Les tornes es tomben i l'eufòria es desborda. Serà la primera de moltes victòries obtingudes des de l'exili. Llarena iniciarà un periple inacabable de fracassos que desemmascararan la insolvència i la politització de la cúpula del Poder Judicial espanyol. Un escarni per als centenars de bons professionals que hi ha a Espanya en el món de la judicatura.

Amics

Al mòdul 3 sempre hi ha una vida intensa. A mi m'agrada parlar amb la gent, accedir als diversos grups que hi ha configurats, tafanejar-hi i integrar-m'hi si és possible. Els tipus de delicte investigats són relativament lleus i és molt fàcil relacionar-se amb tothom.

L'únic grup hermètic és el dels taiwanesos, una dotzena de xicots molt joves, la majoria dels quals no parlen ni espanyol ni anglès. N'hi ha un, però, que fa de traductor amb un castellà molt precari. Estan pendents d'un procés d'extradició a la Xina per un delicte econòmic. Saben que, si se'ls concedeix, les seves vides faran un gir copernicà cap a l'abisme. Per això «escuren» cada hora, cada dia allí, junts. Sempre s'estan a un extrem del mòdul jugant compulsivament a tota mena de jocs de taula, alguns dels quals són propis del seu país. També s'endinsen en el món de les cartes, del pòquer —allí prohibit—, que esdevé el nexe d'unió amb d'altres interns. Posen a tot drap la seva pròpia música, que fa de fil musical de tot el mòdul. És important tenir bons contactes amb els taiwanesos: són els únics que tenen pilotes de ping-pong. Tanmateix, hi juguem relativament poc perquè la taula està molt deteriorada.

També descobreixo els inseparables «Joses». El Jose —sense accent— de Getafe és una de les persones més increïbles que he conegut a la presó. És dels pocs penats que hi ha al mòdul. Està pagant per un delicte comès fa molts anys, però va haver d'entrar a la presó un cop ja havia refet i endreçat la seva vida —això és terriblement habitual. És un home de mitjana edat, pintor, artista, monitor d'esports, abocat a ajudar els altres i a generar, sempre, bones vibracions. Ha tret l'altre Jose, murcià, del pou de la depressió. Li ha ensenyat unes pautes al gimnàs, li ha ensenyat, amb encert, dibuix artístic, l'ha canviat de dalt a baix. Ara és un home que té esperança i que ha recuperat l'autoestima. El Raül Romeva, que l'havia conegut de l'etapa anterior, no s'ho pot creure.

És molt habitual que els presos no expliquin als seus fills que són a la presó. El Jose de Múrcia me'n parla. Té un fill de vuit anys, com el meu gran. Ell li diu que està treballant a l'estranger. Però el nen li fa preguntes incòmodes.

—*¿Papá, por qué siempre nos llamas desde un bar y por qué las llamadas siempre se cortan?* —El soroll de fons del mòdul el delata i les trucades només són de cinc minuts.

Em colpeix molt. I penso que jo, malgrat tot, tinc la sorprenent fortuna que el Bernat no només sap on soc, sinó que té un entorn immens que l'acompanya i li dona suport. Cada tarda vaig al gimnàs amb els «Joses», amb dos romanesos i amb un serbi —per les dimensions reduïdes que té, a cada torn d'una hora només s'hi poden apuntar sis persones. Allò que hi aprenc em servirà durant tots els anys de captiveri. Al mòdul 3 —el mòdul de preventius, el mòdul que no té ni taller, ni aules, ni activitats programades— és impossible parar de fer coses. La mateixa gent que hi habita el fa singular i excepcional. I tinc la sensació que els dies em passen molt ràpid.

Ara que he viscut en els dos mòduls m'adono que el mòdul 3 és el bo.

Al mòdul 4, tal com s'exclama Turull, quasi tothom treballa i la major part del temps queda mig buit. Només hi resten els presos més depauperats. Però, tal com havíem demanat, al cap de quaranta-dos dies, ens traslladen. A mi al 4 i al Raül al 7. Ens ho comuniquen havent dinat, quan ja hem pujat a la cel·la. No podem ni acomiadar-nos dels companys.

Arribo al mòdul 4. Tornaré a estar amb el Jordi. Això és una immensa notícia. Però em costa molt adaptar-me a la nova realitat. Hi mantinc bons amics del primer mes, sí. Però les rutines i la potència relacional no tenen res a veure amb el mòdul del costat. Jordi Turull ho explica molt bé:

—L'únic que pots fer aquí és contestar cartes.

Més enllà d'aquest lloc d'ira i llàgrimes

L'endemà d'haver-hi arribat m'ensorro.

Aquí soc dramàticament conscient de ser a la presó. Ara m'està sortint, per fi, tot el patiment acumulat. Em tanco al lavabo i em poso a plorar. Penso en la Meritxell, en els nens, en la mare. En la merda d'aquesta injustícia. M'hi passo dues hores. Quedo extenuat. Paradoxalment, racionalitzo com mai la meva condició de pres polític. Estic tancat per haver defensat unes idees legítimes pacíficament. Aquesta és la meva força.

Però a poc a poc em vaig refent. Guanyo la batalla de les emocions, dia rere dia. Miro de reinventar-me a la presó. Ell no en serà mai prou conscient —perquè tot m'ho he guardat ben endins, amb clau i forrellat—, però Jordi Turull serà fonamental per superar aquest sotrac.

En els àpats m'asseuré amb el Vlad, un bon amic del primer cop a Estremera. Ell farà de nexe de connexió amb l'anterior etapa. De fet, ha compartit cel·la amb el Jordi fins a la meva arribada. Afortunadament, els caps de setmana el mòdul és ple. Els que treballen entre setmana tenen festa. Puc recuperar els vincles amb vells coneguts i fer-ne de nous. Constatarem que hi ha molta gent que ha espetegat a la presó per un determinisme social implacable —famílies desestructurades, nul·la formació, pobresa i manca absoluta d'oportunitats. I també veurem fit a fit la maldat, en crims absolutament execrables perpetrats amb una absència absoluta de compassió. I ens serà molt difícil no pensar en el dolor de les famílies que hi ha al darrere.

Refaig rutines pel que fa a l'esport: al gimnàs, corrent pel pati, jugant a ping-pong. I em continuo abocant a respondre centenars de cartes que no paren d'arribar-nos.

Amb el Jordi ens apropàrem encara més políticament. I veurem, junts, com Quim Torra és investit president. En la primera proposta que farà de Govern, tots dos hi apareixem com a consellers, fins que el veto del Govern

Rajoy ho fa impossible. Donarem el relleu a Elsa Artadi i a Damià Calvet, respectivament. I veurem, emocionats des de la cel·la, l'acte en què el nou Govern pren possessió i com les nostres dones llegeixen les cartes que hem preparat per solemnitzar el relleu. Formalment, amb aquest acte de constitució d'un nou govern, hem pogut liquidar el 155.

Comença una etapa que des de JxCat es descriu com de bifurcació: un «govern interior», que ha de gestionar l'autonomia i que lògicament no ha de deixar passar cap oportunitat per pensar i desenvolupar, amb tota l'ambició, una agenda modernitzadora per al país, i un «govern exterior», en què l'exili, la societat civil i, amb molts més condicionants, la presó, sense la cotilla de la gestió de l'autonomia, puguin continuar marcant la pauta política del procés i confrontant-se a l'Estat de totes les maneres possibles.

I, precisament, en aquesta complexa arrencada de legislatura, ens trobem gairebé sense esperar-ho amb una opció que ens obliga a debatre i decidir sobre la governabilitat a Espanya: el PSOE activa una moció de censura a Rajoy. Hi ha un primer anunci temptatiu, una mena d'exploració del terreny, però de seguida notem que estem al davant d'una possibilitat real, que va agafant forma amb múltiples contactes entre els partits i els espais polítics que podrien sumar una majoria. Els tres presos de JxCat participem, en la mesura de les nostres possibilitats, al debat intern sobre si hem de donar-hi suport o no i, finalment, analitzada la informació que tenim, creiem que és una oportunitat que cal aprofitar, i avalem el nostre vot favorable a la moció de censura.

Sabem que és una decisió que té molts riscos: el PSOE ha votat el 155, de fet alguns dels seus líders i barons territorials l'han aplaudit amb entusiasme, i per tant un vot favorable a la moció es podria arribar a considerar un blanqueig que no mereixen i que s'hauria de combatre. Però, alhora, considerem que si sabem jugar bé les nostres cartes, podem aconseguir un escenari nou. La moció pot ser una pàgina en blanc sobre la qual, amb exigència, es pugui reescriure la relació política entre Catalunya i Espanya, sense renunciar a res. També ens fa l'efecte que pot arribar a ser un millor escenari per a nosaltres, tot i que a aquesta part li posem molt poques esperances: hi ha una justícia espanyola que no té cap ganes de ser despolititzada i ho demostra cada dia. Això no canviarà, ni amb el PSOE ni amb el nostre suport al PSOE.

Però sí que hi ha un factor de la moció que ens satisfà profundament: enviem Mariano Rajoy i el seu Govern, que ha trepitjat drets i llibertats fonamentals de manera infame, cap a casa. Comença una nova etapa. Espanya la sabrà aprofitar?

El ping-pong com a teràpia

Mentrestant, la nostra vida a Estremera transcorre com un badall, només sacsejat per les visites de la família, dels amics i dels advocats. I l'esperança de ser traslladats a Catalunya. Penso en com de dur devia haver estat per a Jordi Sànchez el trasllat de mòdul a Soto —com a càstig— sense ningú al seu costat. I l'admiro més. Canviar de mòdul és com començar de zero.

Veig que el meu amic vietnamita Houan està immers en una profundíssima depressió, des que li van comunicar que se li havia mort el pare. Es passa el dia sol, assegut al pati. De vegades penso que ni tan sols em reconeix, tot i les hores que hem passat jugant a ping-pong. Quan entro a Estremera per primera vegada, no en sé gaire —tinc nocions de tennis i quan era petit el ping-pong era l'esport dels nens del meu carrer a Matadepera. Però conec el Houan, que no sap dir ni una paraula en espanyol ni en francès ni en anglès que em fa de mestre. El ping-pong és el nostre llenguatge. Ens hi passem hores i hores. Sobre aquella base, sobre aquell espai, començo a conèixer altra gent. I així, a totes les presons. Amb desenes de companys. Evadint-me de la captivitat cada vegada que agafo una pala.

Ping-pong diplomacy, de Nicholas Griffin, és un llibre excepcional. S'inspira en l'acostament que es va produir entre Mao Tse-tung i Richard Nixon —entre la Xina Popular de la Revolució Cultural i els Estats Units de la Guerra Freda— a través d'estratègies diplomàtiques de diversa índole, la més sorprenent de les quals va ser la utilització del tennis de taula com a ariet per trencar murs i construir complicitats impossibles.

Me'l regala Jordi Ballesteros, advocat, president de l'Òmnium al Barcelonès Nord i amic de molts anys de militància a Convergència, arran d'una conversa que tenim en els locutoris a Lledoners on li explico com d'important ha estat el ping-pong en la meva reclusió.

Per mitjà del tennis de taula he fet alguns dels meus millors amics a la presó. La taula de ping-pong és un element innegociable en el paisatge de qualsevol presó. A cada mòdul, a l'interior o a l'exterior, amb xarxa metàl·lica o de niló, és un element de socialització fonamental. En alguns centres penitenciaris, com Mas d'Enric, al voltant de la taula fins i tot hi ha grades. Jugo molts partits i m'adono que perdo, simplement, perquè no sé guanyar. Per un factor sobretot psicològic: no sé aguantar la pressió. I em començo a aproximar al ping-pong com una mena de teràpia d'autocontrol. Els resultats comencen a ser sorprenents. Ara guanyo, no per tècnica —que no en tinc—, sinó per fortalesa mental.

A Lledoners, la Federació Catalana de Tennis de Taula ens organitzarà un torneig. Instal·la deu taules al poliesportiu. Ens inscrivim quaranta-quatre interns. Grups, quarts, semis i final. Guanyo el campionat, patint però el guanyo. En soc el primer sorprès. El premi és poder pilotejar amb el campió del món per equips amb la Xina, Li Qi, que viu a Catalunya. Un luxe. També ve el subcampió d'Europa, Pep Palés, i l'empresari Fede Sardà, que fan un partit d'exhibició. Al·lucino. I m'adono que jo no sé agafar la pala. Cada dimarts tenim taller d'informàtica i podem accedir a un Internet molt capat i sota molts filtres. Entro a Youtube. «Com s'agafa una pala de ping-pong.» M'hi apareixen desenes de tutorials. Me'ls miro amb delit. La pala s'ha d'agafar com una pinça, amb els dits polze i índex a banda i banda. Començo a practicar. I fracasso. Costa molt. La meva pseudotècnica és més confortable — i més ineficaç. Però a poc a poc, amb molta disciplina, m'adapto al nou sistema. El salt qualitatiu és espectacular.

A Lledoners, en la segona etapa, entra al mòdul el Gonzalo. Som de la mateixa edat i d'un nivell similar. Ens avenim molt. N'anem aprenent junts i aconseguim fer coses increïbles —a anys llum dels que en saben de veritat, però el nostre joc es fa mirar.

Toco la felicitat amb els dits. Autocontrol. Tècnica. Disciplina. Capacitat de superació. I un plaer incommensurable.

Al mòdul també hi ha un romanès, gitano romanès, el Ionutz. És jove, impulsiu i indòmit. Sempre ens demana de jugar. No en sap gaire. Però ell hi insisteix. És la tenacitat personificada. No es rendeix mai. Es deixa ensenyar. I cada cop n'aprèn més. Se socialitza. No crida. Es conté. Comença a guanyar-nos. A través de l'esport, del ping-pong, creix com a persona en uns termes, amb una velocitat i en una intensitat que sorprèn els mateixos funcionaris. I ens explica la seva vida. I nosaltres, la nostra.

—*Quiero tener hijos como vosotros para que ellos puedan tener la mamá que yo no he podido tener.*

«La diplomàcia del ping-pong» ens ha permès endinsar-nos en una biografia que ens deixa una petja perenne que ens farà ser millors.

El blau intens del cel de Castella

Començo aquell dia de maig ingènuament feliç a Estremera. Vaig vestit amb indumentària carceràespecialment. Xandall i vambes. Comoditat en estat pur. He fet la trucada diària a la Meritxell. Fa un sol bonic de primavera. El cel de la Castella històrica és d'un blau intensíssim.

A les deu ens criden a comunicacions per veure Ana Bernaola, la nostra advocada. L'Ana té la virtut de mantenir sempre la calma, ens ofereix sempre una espatlla sobre la qual podem plorar. No només ens trasllada la literalitat de les resolucions adoptades pel Suprem, el text, sinó que ens il·lumina sobre el context, allò que es comenta en l'entorn, «*los mentideros*» y «*los chascarrillos*», dues expressions que aniran indefectiblement vinculades a la jove lletrada navarresa que ens ha suportat durant tants mesos.

Quan estem tornant al mòdul 4, després d'aquella sessió jurídica i periodística, m'intercepta un funcionari. Està molt esverat.

—¡*Vaya al módulo de ingresos. Es muy urgente!*

Nervis.

Quan hi arribo, em trobo la metgessa del nostre mòdul —una dona bastant sorruda— i el seu infermer inseparable. Tenen un posat greu.
M'inquieto més.

—¿*Se acuerda de la placa que le hicimos para la tuberculosis?*

I tant que me'n recordo. Una de les primeres proves mèdiques a què et sotmeten quan ingresses és la de la tuberculina. Et fan una petita punxada al braç i automàticament hom veu si al seu voltant apareix una pigmentació anormal. Aquest test de resultat immediat determina si has tingut alguna mena de contacte amb el bacil de la tuberculosi. Al Quim i a mi ens havia sortit positiu. En el meu cas, el següent pas va ser fer-me una radiografia. La metgessa es referia a això.

—*Pues han salido unos nódulos en los pulmones que nos preocupan.*

Passo de la inquietud a l'espant.

—*¿Y ahora qué?* —Un fil de veu.

—*Le vamos a mandar urgentemente al Gregorio Marañón para salir de dudas. Ya está preparado el furgón de la Guardia Civil que lo va a trasladar.*

Sort que a la presó no hi ha telèfons mòbils ni accés a Internet. Com a bon hipocondríac hauria fet allò que els metges diuen que no s'ha de fer i que tothom fa: posar les paraules clau, «nòduls als pulmons», al cercador del Google perquè immediatament després aparegui una llista interminable d'hipòtesis, algunes de les quals apocalíptiques.

—*¿Puedo avisar a la familia o algo?*

—*Es muy urgente y no hay margen.* —La dona és tranquil·litzadora per pebrots.— *Cuando regrese pida venir a enfermería y hablamos.* —Amb el panorama que em pinta, el «*cuando regrese*» sona a música celestial...

M'adreço al taulell d'Ingressos i ja hi veig la parella de la Guàrdia Civil que m'ha d'acompanyar. Crec que el cap és un caporal primer —no vaig fer la mili i em costa de determinar els comandaments. Deu tenir uns cinquanta-cinc anys. És amable. Molt cordial. M'escorcolla i em posa les manilles per davant. Entro a la furgoneta que és totalment opaca, amb la qual cosa la marejada està garantida. Però aquell caporal em diu que obriran una finestreta minúscula que em permetrà de veure l'horitzó i tenir un punt de referència. Li ho agraeixo immensament.

El trajecte fins a l'hospital s'allarga una hora. Al cap només hi tinc quatre paraules «*nódulos en los pulmones*». Faig un repàs de la meva vida, d'allò que he fet i, sobretot, d'allò que no em vull perdre. Em submergeixo en un pensament circular.

Ja arribem a lloc. Em penso, erròniament, que el Gregorio Marañón deu tenir un mòdul penitenciari com el de l'Hospital de Terrassa. Una cosa discreta, per entendre'ns. El caporal és un tipus simplement encantador que m'explica tots els detalls de l'operació de desembarcament. No para de preguntar-me si el trasllat ha estat correcte, si m'he marejat, si em trobo bé. De les seves explicacions dedueixo que el lloc on anirem no és cap mòdul penitenciari segregat, que em porten directament a Urgències. Entrem a l'hospital i veig que aquelles Urgències són immenses, no tenen res a veure amb l'única sala d'espera que hi ha a l'Hospital de la Mútua de Terrassa. Caminem a través d'un passadís inacabable amb un eixam de sales i passadissos que hi conflueixen. Hi ha moltíssima gent. Passem pel mig. La imatge d'una parella de guàrdies civils que custodien un paio emmanillat i amb xandall «taleguer» sempre impressiona. Els usuaris d'Urgències ens observen amb una combinació entre morbo i desassossec. No hi ha indiferència. Afortunadament, però, no veig ningú que em reconegui, ni sento cap crit de «*golpista*».

Ens aturem en una darrera sala d'espera, o més aviat un vestíbul on hi ha la recepció i alguns bancs. Ens hi asseiem i, com en una mena d'acte reflex, les dones que hi ha al costat nostre s'aixequen i canvien de lloc.

De seguida, apareix una infermera d'aquelles que van per feina, que no estan per punyetes. Es llegeix amb atenció els papers dels serveis mèdics d'Estremera i, com una exhalació, s'adreça al caporal cridant.

—*¿Y las máscaras?*

—*¿Qué máscaras?* —pregunta, perplex.

—*Este hombre puede tener tuberculosis y ¿ustedes van sin máscaras?* —El to reflecteix incredulitat.

—*Nadie nos ha advertido de ello...* —El caporal, implorant comprensió.

A aquella parella de la Guàrdia Civil els deu passar la vida per davant amb un colofó lamentable. Per culpa d'un català sediciós poden enganxar aquesta merda. I, malgrat tot, el caporal primer manté el seu to positiu i cordial. La imatge de tots tres asseguts en aquell banc amb una màscara que ens tapa el nas i la boca ratlla el surrealisme. Per a mi, però, té un avantatge evident: ara ja no hi ha cap risc que em reconeguin.

No passa ni un quart d'hora que l'equip mèdic decideix de confinar-me en una petita estança que devia haver estat un espai de consulta i que ara és més aviat un quarto dels mals endreços. Aquí em treuen les manilles i un infermer em col·loca una via per poder-me fer les anàlisis de sang i, si escau, preparar-me per ingressar. M'hi estic quatre hores eternes. No hi ha res per distreure'm ni ningú amb qui poder parlar. Sol amb els meus pensaments. Amb el meu neguit. Aconsegueixo deixar la ment en blanc practicant alguna cosa que s'assembla a la meditació que anys enrere m'havien ensenyat en un centre de teràpies alternatives de Vallvidrera que enyoro cada dia.

Cada cop que vull anar al lavabo s'ha de desplegar un protocol feixuc, tots amb màscara i els dos guàrdies civils a una distància prudencial. Per si de cas.

Al cap de tres hores, el caporal obre discretament la porta del quarto i m'explica que hi ha canvi de torn, que se'n va, que tot anirà bé. La nova guàrdia és correcta. No em puc queixar.

Finalment, arriba la metgessa. És d'una fredor àrtica. Sap qui soc. Crec que m'atén perquè en el seu moment va subscriure un jurament deontològic. Ras i curt. Atendre un pretès colpista, algú que ha volgut trencar Espanya i que és presentat per la majoria de mitjans com un ésser quasi sense ànima ha de ser dur. I, tanmateix, ho fa. És una professional. Cap paraula més enllà d'allò que s'ha de dir amb relació al cas que ens ocupa. Al principi he intentat obrir algun viarany escadusser de context vital, que tinc dos fills petits, que m'he passat aquelles quatre hores fent càbales, que... Res. Un bloc de gel. He entès el missatge i hi he desistit immediatament.

Em dona, això no obstant, bones notícies. Les taques de la radiografia són cicatrius antigues que no comporten cap risc. No hi ha cap tumor. No hi ha tuberculosi. Falsa alarma. L'hauria abraçat o, si més no, hauria compartit amb ella la meva felicitat. Però el mur que ha construït és infranquejable i la meva retirada anterior, irreversible. Se'n va i em quedo sol, assaborint la sensació d'haver tornat a néixer, com a mínim en el pla espiritual. El patiment ha estat esgotador. Vint minuts més tard ve una infermera als antípodes de la metgessa, és un doll de positivitat i empatia. Riem. Em treu la via i em dona l'informe. I cometo un error que després tindrà conseqüències: quan entra la nova parella de guàrdies civils per preguntar-me si ja estic a punt per marxar, em vull fer el valent i no em subjecto prou estona l'esparadrap que impedeix que em surti sang del braç. Els dic que sí, que endavant, que marxem. M'emmanillen i, altre cop sense màscares, desfem el trajecte anterior per aquell passadís etern. Ara sí que m'adono que en una sala un petit grup xiuxiueja al nostre pas.

—*Sale por la tele...* —Com a concepte.

No sé, però, si són gaire conscients de la raó exacta per la qual m'han vist per la tele.

Pugem a la furgoneta. Aquest cop no hi ha l'oferiment d'obrir cap finestreta. I s'inicia un dels viatges més agònics de la meva vida carceràra. Ja havia experimentat què volia dir marejar-se en una d'aquelles gàbies el dia que vam anar a declarar davant del jutge Llarena, el novembre del 2018. Però allò només n'havia estat un petit tastet. No sé si per l'eufòria de sentir-me salvat, si perquè ja eren les cinc i no havia dinat, si per l'esgotament acumulat, vaig començar a percebre els primers símptomes de mareig a la manera Rull —això ve de família, els meus germans i jo ho hem heretat del pare i el pare de la iaia i la iaia de.... Primer, formigueig intens a les mans, que es van cargolant progressivament. Segon, sensació que els llavis se t'inflen i la llengua es paralitza. Tercer, suor freda i intensa. Quart, desaparició absoluta de tota pigmentació facial —jo només la intuïa però sabia que hi era, com quan de petit la mare em veia en el cotxe, blanc com un cul, i em deia «Que et mareges, fill? No *rojis*, eh?» *Rojar*, barbarisme lingüístic propi, entre d'altres, de Terrassa provinent del verb castellà *arrojar*.

I tot aquest panorama amb dos agreujants. D'una banda, les manilles que m'impedien de treure'm la part superior del xandall tipus jersei. Tanmateix, en una mena de contorsió sorprenent aconsegueixo moure'l fins a dipositar-lo —sí, dipositar-lo— a l'altura dels canells, tapant-me les mans. De l'altra, la punxada de la via que m'havien col·locat a l'hospital no estava prou estabilitzada i la sang comença a brollar de manera considerable. Molt considerable, de fet. Em moro. Compto cada minut i, prenent com a referència els peatges de l'autopista radial —eternament buida de cotxes—, intento imaginar-me quant queda fins a arribar a la presó.

Que llarg, Mare de Déu, que llarg... Faig esforços titànics per no vomitar i me'n surto.

Per fi hi arribem. El cap de la parella de la Guàrdia Civil obre la porta corredissa lateral i veu l'espectacle. Un individu pàl·lid, suat com un poll, despentinat, amb el xandall amuntegat damunt de les manilles i ple de sang. Soc, tècnicament, un eccehomo.

S'espanta.

—*¿Por qué no nos ha dicho nada? ¿Por qué no nos ha avisado?*

Emeto un so indesxifrable. I ell entén que no estic en condicions de donar gaires explicacions. Suposo que el factor sang era l'element diferencial respecte de centenars dels presos que es maregen i pateixen a la part posterior d'alguna d'aquelles furgonetes en la indiferència més absoluta. Jo, de fet, no havia pensat que allò de la sang fos tan greu.

La recuperació és ràpida. I el cel de Castella continua sent d'un blau intensíssim.

VIII

OLORS, LLUM I LA BANDA SONORA DE LES PRESONS

Les olors

Des que tinc vint anys que porto colònia.

A la presó aquesta mena de productes estan absolutament prohibits. Porten alcohol i se'n podria fer un mal ús. I els mals usos a la presó respecte de l'alcohol poden arribar a exhaurir els límits més recargolats de la imaginació. Quan els teus familiars, amics o advocats et visiten per primera vegada després d'haver ingressat en un centre penitenciari ho fan per locutori, amb un vidre al mig que aïlla hermèticament l'interior i l'exterior. Asèpsia pura, també des d'un punt de vista olfactiu. Però, en el primer vis-a-vis amb la família, ja no hi ha barreres físiques i va ser el petit Roger que, quan em va abraçar i em va fer un petó, es va adonar d'una manera innocentment espontània d'aquella absència.

—Pare, no fas olor de pare! —Sorprès.

És difícil dir-ho d'una manera més precisa.

El Bernat s'hi va afegir de seguida:

—Ostres, és veritat!

Ells sempre m'han identificat amb una olor concreta, la meva corporal en combinació amb la colònia de sempre. Cada perfum té un matís concret en funció de qui la porti.

A totes les presons on m'he estat —més aviat als mòduls— hi ha una cura molt intensa per part dels responsables del centre per garantir la higiene personal dels interns. S'estableix una obligació de dutxar-se amb una freqüència quasi diària, especialment durant l'estiu. Als mòduls de respecte és, fins i tot, un imperatiu, l'incompliment del qual en suposa l'expulsió. Per això, durant aquests anys no he copsat gaires problemes d'olors corporals desagradables que dificultessin la convivència. Per contra, sí que molts interns miren de trobar en l'economat succedanis de perfums en forma de cremes corporals.

Però les colònies i els perfums irrompen amb una força extraordinària quan els interns tornen de permís després d'haver acaronat la normalitat, d'haver pogut tornar a ser ells mateixos durant els dies que han estat al carrer. I, evidentment, cadascú recupera la seva olor, la seva colònia. És un senyal d'haver reconquerit un minúscul bocí de la seva personalitat, de la seva dignitat. I es percep de seguida.

—¿Cómo ha ido el permiso?

—Lo hueles, ¿eh?

L'olor de la llibertat.

Per la seva banda, tinc la percepció que, amb caràcter molt general, els funcionaris i les funcionàries —no sé si hi ha una norma concreta que ho reguli, ho trobaria molt normal— miren de situar-se en el mateix nivell d'asèpsia olfactiva que els interns.

Però les olors més característiques de la presó són les del lleixiu o dels productes de neteja dels espais comuns, especialment dels terres del menjador o de la sala de dia. Es freguen dos o tres cops diaris. Hospitals a banda, dubto que hi hagi espais més nets, lavabos inclosos —malgrat l'actitud feréstega de més d'un que ens obsequia amb regals tangibles i expansius, per entendre'ns.

I cada centre penitenciari té els seus propis productes de neteja i, per tant, les seves pròpies olors. Podria tancar els ulls i saber si soc a Soto, a Estremera o a Lledoners, fins i tot mòdul per mòdul. Però, a l'hora dels àpats, els menjadors de les presons, invariablement, flairen a menjador de casa de colònies. Si hi ha macarrons o fideus això s'intensifica i et permet emprendre un viatge als racons més pregons de la teva infantesa o de la teva adolescència. Paradoxes sorprenents.

Respecte de l'exterior, és fàcil de reconèixer les estacions de l'any i l'evolució dels conreus de la zona. Els adobs en són els més característics. Tanmateix, fins i tot en una presó, la primavera és un esclat de vida en tots els sentits. Els arbres fruiters —els tarongers a Estremera— o els arbustos autòctons aromàtics —els del «carrer major» de Lledoners— ens fan sentir normals malgrat el nostre captiveri. La natura sempre és tossuda i s'imposa i s'endinsa en els indrets més inaudits.

La llum

Quan vam reingressar a Lledoners vam comprovar que a les presons catalanes s'ha incorporat una novetat que crida l'atenció. Des de fa poc temps, durant la primera visita mèdica preceptiva, se't fa un «test de prevenció dels suïcidis». Segur que deu ser una molt bona iniciativa. Per evitar tragèdies tots els esforços són pocs.

—Ha pensat vostè a suïcidar-se?

Mentre la doctora, acompanyada per una infermera, em feia el test, els vaig exposar la meva tesi de la llum.

—Volen evitar suïcidis? Pintin les cel·les de color blanc i posin-hi més llum.

D'entrada, a les nostres cel·les de Lledoners hi entra molt poca llum natural. Sí, les cel·les a Lledoners són grises. Un «gris-verd». Això, acompanyat d'un llum «groc-tènue» o «blanc-nevera-antiga» i de la poca llum natural que hi entra, genera una atmosfera molt —molt és molt— depriment. Vaig preguntar el perquè d'aquesta mena de gris tètric. La resposta té una certa lògica amb una visió merament funcional que ignora el benestar dels interns.

—El gris és un color més sofert —m'agrada el concepte, *sofert*, el deia la meva iaia— i les parets s'embruten menys.

Tot està molt pensat.

—Ah.

A les presons espanyoles on hem estat captius les cel·les són pintades de color blanc. Si després d'una llarga estada d'un pres s'embruten, les pinten. El blanc absorbeix la llum i genera una atmosfera agradosa. Val a dir, però, que la lluminària interior —tant a Estremera com a Soto— és similar a la de Lledoners.

A Estremera, al mòdul de respecte, hi havia un taller en què es podia emprar un ampli ventall d'eines per construir estris de tota mena. Un bon amic romanès, el Vlad, ens va fer una làmpada de taula amb una bombeta càlida. A Jordi Turull i a mi ens va canviar la vida. El primer que fèiem quan entràvem a la cel·la era engegar la làmpada. La seva calidesa ens conferia una energia intangible i, tanmateix, poderosa. Quan, finalment, ens van autoritzar a viure en cel·les individuals, la làmpada va ser un dels béns més preuats en aquella mena de conveni de separació. Me la vaig quedar jo, però el Vlad, generosament i ràpidament, en va construir una altra per al Jordi. Quan ens van traslladar a Lledoners, la làmpada i la bombeta eren uns dels elements més valuosos del meu equipatge.

A diferència de les presons espanyoles, on l'escorcoll de l'equipatge el fan davant teu —és més garantista—, a les catalanes te'l fan apart mentre a tu et donen la benvinguda per mitjà d'un educador, a banda del capítol metges, tràmit d'empremtes, escorcoll personal, primera trucada...

Quan arribes a la cel·la t'hi trobes l'equipatge. I... la làmpada no hi era. L'havien requisada. A Catalunya s'és molt més estricte amb aquest tipus d'estris. Cel·la grisa, fosca, llum groc-tènue. Em vaig desesperar. No frivolitzo, ni exagero. Aquestes petites coses esdevenen immenses a la presó. En el cas de la llum, m'atreviria a dir que vitals. Vaig moure cel i terra. La resposta rotunda: no. La làmpada estava feta amb llistons de fusta que, desmuntats, podien ser armes letals.

—No, no hi ha làmpada.

—Però a Estremera... —Jo, desesperat.

—No. —Inapel·lable.

L'argument de millorar el meu estat emocional era irrellevant en aquell debat estrictament reglamentari. Res a fer. Vaig obrir la via de la lectura i les dificultats que tenia per fer-ho amb la lluminària de la cel·la. «Els metges d'Estremera m'ho van aconsellar.» I m'ho van acceptar. Compassió? No ho sé. El fet és que em van deixar en préstec un *flexo* d'aquells típics, amb el tronc flexible que hi dona nom, els de tota la vida. I vaig afrontar la tardor i l'hivern, vaga de fam inclosa, en condicions. Per a mi, aquelles hores llargues, eternes, de vespre, nit i matinada era impossible de gestionar-les sense la llum càlida. Ho vaig provar un dia. M'hauria deprimit.

Des d'aleshores aquella llum càlida m'ha acompanyat a totes les presons i cel·les i ha esdevingut una de les meves possessions més valuoses.

Un reflex de la nostra petitesa emocional a la presó, impossible de comprendre en tota la seva magnitud des de la llibertat.

La banda sonora de la presó

Hi ha dos sons que són propis i intransferibles del món carcerari. D'una banda, la fressa de les portes de les cel·les i, de l'altra, la megafonia a través de la qual se'ns ordena —en el doble sentit del concepte, rebre ordres i endreçar— la vida.

A Estremera fas moltes hores a la cel·la, quasi setze diàries. Al vespre t'hi fan pujar molt d'hora, a dos quarts de vuit del vespre. La primera nit que amb Jordi Turull vam sentir el soroll mecànic de les portes corredisses que es tancaven vaig tenir el sentiment descarnat que érem captius. La porta es mou lentament i el moviment es clou amb un tancament hermètic. El soroll mecànic de les portes de les cel·les que es tanquen es configura com una mena de progressió. De cascada, d'uns «clocs» que s'estenen per tot el passadís, fins a desembocar a les darreres cel·les. Tot just cinc segons. El darrer «cloc» és sec, inapel·lable.

—Som a la presó, Jordi.

Tancats, hores i hores, en aquell espai reduït que acabarà esdevenint la nostra llar, el nostre racó d'intimitat compartida, respecte de tot el brogit del mòdul.

Aquell so metàl·lic, esgarrifós, d'Estremera —similar al de Soto del Real— em pensava que fixava un llistó difícilment superable. Però no. Lledoners és molt pitjor. Les portes no són corredisses. Són portes tipus caixa forta que s'obren cap a enfora respecte de la cel·la. Hi ha un mecanisme centralitzat que les desbloqueja, amb un mecanisme hidràulic per obrir-les. Però es tanquen manualment. El soroll del tancament és un cop, fort. La intensitat depèn de l'estat d'ànim del funcionari o funcionària que les tanqui —de vegades també ho podem fer els presos. La majoria miren de fer-ho amb cura, d'altres, afortunadament molt pocs, les tanquen amb força, i transmeten en aquest acte tota la miscel·lània de sentiments negatius o frustracions del dia o de la setmana.

A cada mòdul hi ha seixanta-cinc cel·les, per tant seixanta-cinc portes que, en els tres recomptes diaris, s'obren i es tanquen. També en cascada. Se sent la remor llunyana, i gradualment va acostant-se a la teva cel·la cada cop de manera més estrident. L'operació és feixuga. Jo m'estic a la cel·la 61, de les darreres. Tinc cronometrat que el recompte dura uns tres minuts i mig. Tres minuts i mig de cops. Si la sensació de quedar-se tancat a Estremera ens va impactar, el tancament individualitzat de la porta de la cel·la a Lledoners és més contundent.

Al nostre mòdul hi ha el «Maravillas», un «gitano-català» —com s'autodenomina, en aquest ordre, primer gitano i després català— que té una dilatada experiència carcerària: ha conegut trenta-tres presons de tot l'Estat. És un manual d'instruccions vivent i un músic molt notable.

—Aquest soroll, nen, em deixa estabornit. No el puc suportar. Se't fica al cervell. Tants protocols i tantes hòsties perquè no ens estressem i això et va minant. La gota malaia. Fes números: només amb els recomptes, més de 70.000 cops de porta a l'any —ho diu amb una convicció que em sorprèn. I m'hi sento reflectit.

El «Maravillas» continua amb les seves càbales.

—Que s'hi tanquin ells i que ho experimentin! —«Ells» són tots els que no som presos.

Ho he suggerit algun cop als responsables de la presó o del departament de Justícia: que ho provin una nit. Percebre de primera mà les sensacions, com és entrar un vespre d'hivern en una cel·la grisa i fosca o escoltar i sentir l'impacte dels cops de porta. Estic convençut que hi hauria canvis.

L'altre so genuïnament carcerari és la megafonia. La gestió de la nostra vida a través dels altaveus. «*Atención: recuento.*» «*Recuento: permanezcan visibles y con la luz encendida.*» «*Desalojen sala de día.*» «*Destinos a comedor.*» «*Bajada y revisión de celdas.*» «*Entrada al comedor: dieta, musulmán, general.*» «*Rull, a cabina.*» Hi ha poques subtileses. A Lledoners també es donen instruccions en català: «Recompte!», per bé que el castellà és més freqüent.

És una mena de litúrgia carceràunder amb poques variacions entre Madrid i Catalunya. Una litúrgia inalterable, dia rere dia, amb les mateixes instruccions a la mateixa hora. Les rutines invariables són una de les columnes bàsiques amb què es basteixen els sistemes penitenciaris. Aquí i arreu. Entre els presos ja coneixem quins funcionaris «locuten» millor, amb més cordialitat o amb un to més respectuós i quins altres criden. Dir *bon dia* o *buenos días*, *bona nit* o *buenas noches* pot ser excepcionalment bonic...

A Estremera tendeixen a referir-se als interns pels dos cognoms. Acaben formant part de la teva quotidianitat, te'ls aprens i acostumes a adreçar-te als teus companys d'aquesta manera pomposa. A Lledoners, abans de cada missatge, sona una petita sintonia, tipus gran superfície comercial. En sentir-la es produeix el silenci, estem ensinistrats per callar i escoltar. Una mena d'automatisme a través del qual estàs alerta de les instruccions, ordres o informació que pugui venir. Sempre m'he preguntat què passaria si el dia de demà, ja en llibertat, escoltés aquesta sintonia de quatre notes a qualsevol indret, quina seria la meva reacció, què d'innat romandrà en el meu cervell després d'anys sotmès als mateixos codis de comportament.

Però, a banda dels sorolls, hi ha la música. La banda sonora de la presó. Cançons que vincularé per sempre i indefectiblement a la meva captivitat, però des d'un sentiment de nostàlgia, amb un regust paradoxalment tendre. Cançons que responen a un moment o a una circumstància.

Els primers dies a Estremera van ser especialment durs i tristos. En recordo el fred i la foscor. I un intens sentiment d'enyorança i de fragilitat. Tot era sorprenent, cada racó, cada intern amb qui intercanviaves per primer cop una salutació o unes paraules, cada activitat, cada rutina. Ens van suggerir que ens apuntéssim a enquadernació. Hi havia un intern gallec que feia de mestre, un home gran amb cabells i barba blancs i llargs que el convertien en memorable. Era una autèntica institució carceràia que s'havia apoderat absolutament d'aquell petit taller, aquell era el seu món, allí n'era l'amo i no estava disposat a negociar aquest estatus. Acollia els seus nous alumnes pacientment i mirava de transferir-nos tots els seus coneixements, sovint amb poca fortuna. El primer cop que hi vaig entrar, en un aparell de ràdio rònec sonava «*Derroche*», d'Ana Belén. «*Besos, ternura, qué derroche de amor cuánta locura...*» No me la vaig poder treure del cap durant dies. Al cap d'una setmana, sonava altra vegada a la mateixa emissora i a la mateixa hora. Em va generar una sensació de confort difícilment explicable.

En el període entre presó i presó, un dia era a casa amb la Meritxell i els nens i la vaig buscar a Youtube. La vaig posar i la vaig cantar. Es va generar una atmosfera sorprenentment bonica. Vaig explicar-los què suposava aquella cançó per a mi i en quines circumstàncies concretes l'havia escoltada. Va acabar esdevenint un petit himne carcerari per a la nostra família i sovint els nens, que se la van aprendre, em deien:

—Pare, posa'ns la cançó dels «*besos*», la cançó de la presó! —La meva banda sonora d'Estremera.

Com he explicat, molts dels bons amics que tinc de la presó —a qualsevol de les tres on m'hi he estat— els he fet jugant a tennis de taula. A Lledoners vaig jugar hores i hores amb el Jonatan, de Ca n'Anglada, de Terrassa, el meu «poble». La taula de ping-pong és exterior i està situada al costat mateix del gimnàs del mòdul. Allí hi ha l'inefable aparell de ràdio que pot reproduir música desada en *podcasts*, perfectament legals a la presó. El «Jonan» tenia la seva pròpia selecció musical força allunyada dels meus gustos. Hi havia una cançó que ell s'escoltava fins a l'extenuació, «*La isla del amor*», de Demarco Flamenco. I me la vaig fer meva, simplement. Fins a l'extrem que era jo qui l'hi demanava. Més endavant, vaig descobrir que el «Jonan» la sabia tocar —i cantar— amb la guitarra que tenim al mòdul i amb un talent admirable. Sobre aquella mateixa base musical, ell i un altre intern, l'Erik, van incorporar-hi una nova lletra dedicada als presos polítics.

A Soto del Real passava força hores al petitíssim gimnàs del mòdul. Els gimnasos de les presons són uns indrets fonamentals per començar a relacionar-te amb altres interns. La ràdio/reproductor era d'un jove colombià, obsessionat, com molts, amb la musculació. Quan hi era ell, només *bachata* i *reguetón*, a tot drap. Però quan ens apoderàvem del gimnàs els «grans», l'emissora oficial esdevenia los 40 Classic, amb música dels setanta, vuitanta i noranta —exactament la mateixa emissora oficial que a Lledoners però, des del Bages, amb molt rock català de la meva època. Recordo un dia que allí, en els 20 metres quadrats que devia tenir aquell espai, estàvem amuntegats una miscel·lània de presos i va sonar una música diferent de l'habitual, en castellà, de molta qualitat, però no era *reguetón* ni *bachata* ni música espanyola dels anys vuitanta.

—*¡Es bueno, esto!* —Em va sortir espontàniament.

—*¡Es mi hijo!* —va exclamar, amb un somriure immens de satisfacció Luis Bárcenas—. *¡Son Taburete!* —A partir d'aquí, Bárcenas ens va explicar tot el currículum musical del seu fill, amb una passió que només un pare pot tenir.

IX

CONSELLERS, BENVINGUTS A CATALUNYA

El trasllat

Fa cinc dies que Raül Romeva, Oriol Junqueras i els Jordis han sortit d'Estremera en direcció a Lledoners. Ho han fet en una «*cunda*» —en terminologia carceràlia és el trasllat entre presons— ordinària. Això vol dir que faran tres aturades intermèdies: a Valdemoro (Madrid), a Zuera (Saragossa) i a Brians 2. Valdemoro i Brians 2 són dos intercanviadors on arriben furgonetes petites per emplenar autocars de llarga distància, com els *hubs* aeroportuaris.

Ens arriba poca informació, però el resum és que allò és dur. Molt dur.

L'acabat d'arribar Govern socialista creu que ja té prou pressió autoritzant el nostre trasllat a Catalunya i no s'atreveix a organitzar un transport directe, de presó a presó, com sí farà quan anem al judici, el febrer del 2018.

Quim Forn, Jordi Turull i jo estem a l'espera. Ningú no ens diu res. No sabem quan sortirem. Per raons de seguretat ens avisaran tres hores abans. L'espera es fa llarga, amb una combinació de sensacions contraposades. Volem tornar a Catalunya, sobretot per les nostres famílies: les visites a Estremera són extenuants, 1.300 quilòmetres, cada vegada, per veure'ns 40 minuts —si es fa un locutori— o dues hores —si es fa un vis-a-vis. Però el comiat d'Estremera serà difícil. Amb molta d'aquella gent hi hem teixit una relació que, en molts casos, és amistat. Per procedències territorials, per entorn, per dispersió, per seguretat serà altament improbable que ens tornem a veure mai més. És un final abrupte. Des que vaig ingressar per primer cop a Estremera, tinc una llibreta amb el nom o la descripció de tots els presos amb qui he compartit mòdul. La llibreta s'anirà actualitzant amb dades de Lledoners i de Soto del Real. La memòria sovint és molt fràgil i no vull que s'esvaeixin uns records que, personalment, considero extraordinàriament valuosos.

Quan ens avisen que marxem a la tarda, estem dinant al mòdul. Demanem permís per poder-nos adreçar a tots els presos del mòdul 4 allí, al menjador mateix. El silenci és intensament respectuós. En les nostres intervencions, el Jordi i jo posem en valor les tones d'humanitat que hem trobat —malgrat que a algú li pugui semblar una paradoxa— a la presó. L'aplaudiment amb què ens obsequien ens deixa tocats. Després venen les abraçades i els comiats individualitzats. Amb alguns ens intercanviem les dades postals, els correus electrònics i, fins i tot, els telèfons. I malgrat el pas del temps, ens anirem escrivint.

Hi ha dos comiats singulars. El d'un home gran, un «*castellano viejo*», molt poc parlador. Me'l va presentar la mateixa setmana que vam arribar un amic romanès, el qual no hauria prosperat gaire en el món de la diplomàcia:

—*Josep, ven, este viejo fascista te quiere comentar algo.*

Ai, ai, ai.

—*Yo no soy fascista, soy franquista, que es muy diferente...*

La resposta em va deixar perplex. A partir d'aquell moment vam començar a tenir converses, primer amb comptagotes, però després amb força freqüència. Parlàvem de tot menys de política. El seu periple vital era una autèntica novel·la. La frase del comiat és austera com ho havia estat la nostra relació.

—*Pues no sois tan mala gente.*

L'altre comiat memorable —els dels amics a banda— és el del Raúl, factòtum de la «Cañada Real», un dels assentaments més caòtics en termes urbanístics de tot Espanya.

—«*¡Ayotabé!*» —M'explica que és una lloança en la llengua dels gitanos, a Catalunya es fa servir més «*undibel*».— *Si volvéis a hacer cosas raras y os persigue la policía veniros a la cañada, allí no os pillarán jamás.*

Una proposta tan sorprenent com el seu autor.

Per fi sortim d'Estremera. Ho fem en la típica furgoneta de la Guàrdia Civil amb dos bancs paral·lels i sense cinturó de seguretat. Anem emmanillats. Ens dirigim a Valdemoro. El Jordi ja hi ha estat —el primer dia. En té mal record. Ens descriu una presó fosca, antiga, decadent. Jo m'imagino que deu ser com Navalcarnero. Valdemoro, però, és d'una generació posterior.

Hi arribem al cap d'una hora llarga. Ens deixen en una mena d'hangar. El concepte d'*intercanviador* li és totalment escaient. Grans autocars de la Guàrdia Civil que esperen a ser emplenats per furgonetes de cinc places, com la nostra. Hi ha molt moviment gestionat amb destresa pels funcionaris. Veiem cartells que anuncien transports a tots els extrems de l'Estat amb sortides en cascada des de les set del matí. Després de deixar l'equipatge i sotmetre'ns a l'enèsim escorcoll, ens porten al mòdul de trànsit en el moment precís en què una seixantena de reclusos fan cua per agafar les safates amb el sopar i pujar a la cel·la per menjar, tancats. No ens hi deixen entrar. Ens mantenen davant d'una de les portes corredisses esperant fins que no finalitza l'operació. No sé si es pren aquesta decisió per comoditat o per seguretat. Pel que ens diuen, en aquella cua hi és tot barrejat pel que fa a tipologies de delictes i, sobretot, a escales de comportament molt allunyades dels nostres mòduls de respecte d'Estremera. O sigui: poden ser perillosos.

Finalment, accedim a aquell indret que no es pot qualificar de menjador. Les úniques taules que hi ha són per als interns que gestionen aquell servei. Sopem allí. El menjar és bo: la cuina de Valdemoro té una fama guanyada merescudament.

Com que som tres, un de nosaltres haurà de dormir amb un pres de confiança. El Quim s'hi ofereix. El Jordi i jo callem, en un acte de poca o nul·la generositat. El seu company de cel·la se l'emporta per ensenyar-l'hi. Torna esporuguit.

—Mare de Déu! Es tanca amb forrellat, com a les pel·lícules antigues!

En efecte, les portes es tanquen manualment, amb una balda. Les cel·les presenten un aspecte deplorable. No tenen dutxa. Ni «mur de la dignitat». El mur de la dignitat és una petita paret d'un metre i mig d'altura que hi ha a la majoria de cel·les per dissimular el vàter i garantir un mínim espai d'intimitat. Com a màxim, es veu el caparró del company que es mou rítmicament en acabar. Allí no. És a pèl.

—Això és un vàter amb llitera! —exclama el Jordi.

És difícil descriure-ho de manera més simple i precisa. Veient el panorama, el gest del Quim adquireix un valor incalculable.

L'endemà al matí ni tan sols se'ns dona l'opció de dutxar-nos als lavabos col·lectius, per bé que som a finals de juny i a la nit hàgim suat generosament.

Tots els nostres companys d'Estremera ens havien advertit que el pitjor de l'experiència carceràවria —llarg amb diferència— són els autocars de la Guàrdia Civil. I no es quedaven curts. Hi entrem tots tres per la porta del darrere ben preparats: una hora abans ens hem pres la

Biodramina contra el mareig. Allò és l'inframon. Hi ha un passadís estretíssim amb set cel·les per banda. A cada cel·la hi ha dos seients col·locats en un espai de dimensions molt reduïdes, delimitat per quatre parets metàl·liques. La que fa de porta té una finestra diminuta. La paret de l'exterior, un escletxa des d'on pots arribar a intuir què hi ha a fora. Com que els autocars són vells, no tenen cinturons de seguretat, la qual cosa ens permet tenir una mica més de llibertat i alçar-nos —mig ajupits perquè el sostre és baix— de tant en tant. La part inferior té una obertura d'uns cinc dits per comunicar les diverses cel·les. Els veterans d'Estremera ens n'havien explicat la utilitat.

—Cuando la gente vomita o se mea, esto permite que los vómitos o los meados no se queden estancados en una sola celda y no huela tan mal.

Podríem dir-ne «solidaritat dels fluxos corporals». És surrealista, però n'acreditarem la veracitat. El segon dia de trajecte, el Quim i jo compartim cel·la, concretament l'última de la dreta, paret per paret amb el lavabo. Al Jordi l'han ubicat, sol, en una de les cel·les de l'altra banda del passadís. Tan bon punt ens asseiem i ens tanquen, notem una fortor terrible. Com que l'autocar no va ple del tot, el Quim avisa un guàrdia civil que en aquell moment passa pel passadís.

—Por favor, antes de arrancar, ¿nos podríamos cambiar de compartimiento? Aquí huele muy mal...

—¿Cómo va a oler? ¡Pues a mierda! Están al lado del lavabo.

Més clar, l'aigua.

Ens resignem.

Al cap de mitja hora d'haver començat el trajecte, sentim que algú surt de la seva cel·la i entra al vàter. Tres segons i un crit.

—¡*Guardia, guardia!* ¡*Está rebosando de mierda!*

—*Me sabe mal, chaval. Haz lo que puedas...*

Amb el Quim ens mirem amb cara de pànic:

—Si hi ha un revolt pronunciat ja hem llepat —dic, alterat. Però no, només sortim de l'autopista una vegada i ho fem de manera suau. Qui no té tanta sort és el Jordi. Com que el lavabo està inutilitzat i el trajecte es fa massa llarg, algú darrere seu decideix alliberar la bufeta a terra mateix.

—Em pensava que m'havia vessat l'ampolla d'aigua que ens havien donat... —ens explicarà després Jordi Turull.

La segona aturada és la presó de Zuera, a Saragossa. En comparació de Valdemoro és un luxe. Està pintada amb colors taronja i blau, la qual cosa li confereix una certa calidesa. Ens «confinen» unes divuit hores en una cel·la del mòdul d'ingressos, clonada de les d'Estremera. Aquest cop quedo emparellat amb el Quim. El Jordi se salvarà de tenir cap acompanyant adduint que usa una màquina per les apnees molt sorollosa. La calor és intensa, però ens podem dutxar tants cops com vulguem. El més singular és la manera com ens lliuren el dinar i el sopar: ho fan a través d'una petita finestreta horitzontal que hi ha a la porta —aquí sí, mecanitzada. Em recorda la de les cel·les d'alguns dels àlbums del Tintín. No hi ha televisió, però he pogut entrar un petit aparell de ràdio que ens permetrà saber què s'explica a l'exterior de la nostra «*cunda*». Llegim, escrivim i parlem molt, aprofitant el temps perdut a Estremera, on amb el Quim només ens vèiem a missa i en els locutoris amb els advocats.

Emprenem la darrera etapa fins a Brians 2. Hi arribem a la una, aproximadament. L'autocar s'atura en un primer hangar —molt més gran que el de Valdemoro—, hi baixem els tres presos polítics. Allí ens espera un nombre considerable d'efectius dels Mossos d'Esquadra i els responsables de la presó. L'acte de «lliurament» de la Guàrdia Civil a la Policia de Catalunya es produeix amb una tensió ambiental màxima. Els dos cossos es comuniquen via monosíl·labs. Quan finalitza l'operació, l'autocar s'adreça a un altre hangar per distribuir la resta de presos cap a altres destinacions.

Un comandament dels Mossos, emocionat, s'adreça a nosaltres:

—Consellers, benvinguts a Catalunya.

Se'm fa difícil no plorar. El trajecte ha estat llarg i esgotador i els sentiments són a flor de pell. El primer que penso és en la meva família, en els nens, en la Meritxell, en la mare que fa quatre mesos que no veig, en els meus germans. Si els passés res, ara soc molt a prop seu.

Intercanviem impressions ràpidament amb els allí presents i se'ns ubica en una furgoneta no logotipada amb finestres tintades d'una amplitud visual inaudita per a nosaltres. Sortim cap a Lledoners via B-224, AP-7, B-30, C-16, C-25 i C-55 —mentalment, encara tinc la pulsió de conseller de Territori i Sostenibilitat. Això vol dir que passem per Terrassa. En veig l'*skyline*: els dotze apòstols de Can Jofresa, la Mútua, la catedral del Sant Esperit, la Bòbila Almirall i, sobretot, la Mola, que, des de petit, ha estat el nord físic de la meva brúixola interna. Allí, immerses en la seva quotidianitat, hi ha les persones que més m'estimo. Tan a prop, però tan lluny...

Cinquanta anys en una presó presó

A l'arribada a Lledoners veiem molta gent concentrada a la porta amb símbols grocs, pancartes i banderes estelades. Els saludem, però ells no ens poden veure. Tossudament alçats, sempre al costat nostre, malgrat el pas implacable del temps.

El protocol d'ingrés a Lledoners és similar al d'Estremera. Escorcoll físic —«*cacheo*»— de cara a la paret en una petita sala, empremtes, fotografia, lliurament del carnet amb un número d'intern propi de Catalunya —12004227—, exercici del dret a la primera trucada, revisió mèdica... Hi ha, però, dues diferències significatives. L'escorcoll de l'equipatge no es fa davant nostre —Madrid, en això, és més garantista— i el gran abisme: aquí la trobada amb l'educador no és un mer tràmit, és llarga, exhaustiva, solvent. Se'ns explica tot, se'ns desplega un ventall de normes, d'activitats, de rutines. La relació de drets i de deures. Queda clar que Lledoners no és un aparcament de persones, sinó que hi ha un projecte penitenciari que va molt més enllà de la mera privació de llibertat.

Al mòdul d'ingressos fem el primer dinar. En plats! Una altra millora respecte de la safata metàl·lica «taleguera» d'Estremera. El menjar és objectivament millor.

Per fi, arriba el moment d'anar al mòdul 2. Des d'Ingressos no hi ha més de 100 metres. La primera impressió que tinc d'aquell espai no és gens bona. El pati és petit, amb molta gent i poca llum. És angoixant. Un doll de percepcions que es configuren constantment des de la comparació amb Estremera.

—Nois, això es veu presó presó. —El Quim descriu perfectament allò que jo estic sentint.

De seguida ens venen a trobar l'Oriol, el Raül i els dos Jordis. Estan exultants. Ens abracem en una mena de follia col·lectiva. Per fi, estem tots set junts. Ara només falten la Dolors i la Carme.

Amb Jordi Sànchez i Jordi Cuixart —a qui fa quatre mesos que no veig— ens expliquem, en quinze minuts i amb una intensitat indescriptible, tot el que ens ha passat, tot el que hem viscut i el que volem viure plegats. Junts ens sentim forts. Ells quatre ja s'hi han integrat, en els cinc dies que ens porten d'avantatge. Són uns veterans que ens guien en les primeres passes. Ens expliquen com s'organitza tot allò, ens presenten el Francesc —un intern que fa de responsable de neteja, de caporal del mòdul i que és com una mena de Senyor Llop de *Pulp Fiction* en versió carceràra—, ens diuen quins funcionaris són més amables i quins altres més durs i ens descriuen les rutines, que no tenen gaire a veure amb les de Madrid.

—Aquí es fa cua per tot i hi ha molta disciplina en tot —ens explica el Raül—. Quan acabem de sopar, o de dinar, no ens podem aixecar de la taula fins que tothom hagi acabat i el funcionari ens hi autoritzi. Quan pugem a les cel·les ens hi tanquen de seguida. Quan sortim o entrem al mòdul sempre hem de passar sota l'arc de detecció de metalls...

A Madrid, aquests elements eren sensiblement diferents. L'arc del mòdul no es feia servir mai, quan acabàvem els àpats ens aixecàvem lliurement i ens esperàvem a la sala de dia o al pati abans de la pujada a la cel·la que era molt flexible, sempre ens quedava un quart d'hora o vint minuts per fer-la petar al passadís i entrar i sortir de les cel·les dels companys.

A mesura que passaran els mesos i les setmanes, entendrem que a Lledoners la prioritat és que els interns s'estiguin el mínim temps possible a la cel·la o badant pel pati. L'oferta d'activitats educatives, culturals, esportives és inacabable. Els tallers funcionen a ple rendiment. Fer tasques voluntàries de neteja i manteniment del mòdul es retribueix amb més trucades a la setmana o amb un vis-a-vis addicional al mes. I el més important: els educadors i la resta d'equip tècnic ho incentiven activament. Si a Estremera t'estaves obligatòriament setze hores diàries a la cel·la tancat, a Lledoners, en funció de les activitats que facis, les pots reduir a onze o dotze. Fer coses i socialitzar-se. Definitivament, això no és un aparcament de persones.

—Podeu obtenir un vis-a-vis més si feu un «destí» —ens explica el Francesc—. Val la pena. Els vostres quatre companys ja s'han apuntat a fer tasques de neteja. Encara queden llocs disponibles, per exemple al menjador. Si voleu, ho comento a la cap del mòdul. Jordi Turull i jo ens hi precipitem, fruit de l'entusiasme del moment.

—Apunta'ns-hi!

I ens equivoquem. El destí de menjador és el més complet —eufemisme— de tots. A Lledoners, com que el menjador, per seguretat, es desallotja de cop després de cada àpat, abans algú —nosaltres— haurà de recollir totes les safates amb els plats de cadascuna de les taules, buidar-les i netejar-les. Després, s'ha d'escombrar i fregar. Ens acabarem coneixent cada racó, cada rajola. Sabrem quins són els millors detergents. Coneixerem els hàbits de cada «client». I ens inventarem nous circuits per ser més eficaços. Fins i tot incorporarem la recollida selectiva d'envasos en el sistema.

Dues hores diàries.

D'altres destins es fan en una hora setmanal...

Però treballar al menjador té elements positius. En l'equip som vuit persones que esmorzem, dinem i sopem junts —sempre mitja hora abans que la resta d'interns per poder-los servir. A mesura que anem agafant confiança, hi posem dosis afegides d'alegria i ens acabem avenint molt. Un dels membres de l'equip és el José Luis, un dominicà expansiu que ens obsequia cantant cançons caribenyes i boleros mentre freguem. El mític

«*Perfidia. Mujer si puedes tú con Dios hablar*» esdevé l'himne oficial de l'equip de neteja i l'acabem bramant tots junts. D'altra banda, donar el pa o recollir les safates et permet familiaritzar-te amb la gent del mòdul, aprendre'n els noms i començar a teixir-hi complicitats. És un bon punt de partida per a les relacions humanes.

Hi ha més coses, però, que distingeixen Lledoners d'Estremera o Soto. Aquí els funcionaris de seguretat —els uniformats— no estan permanentment tancats en una cabina. Surten al pati i es barregen amb els interns. No és gens estrany veure algun funcionari agafar una pala de ping-pong o una pilota de bàsquet. Aquesta proximitat aporta molt valor afegit a la seva tasca.

A Lledoners les visites amb la família tenen una estructura més racional. Més curtes, però més freqüents. Per exemple, si a Madrid hi ha un vis-a-vis extraordinari de quatre hores cada trimestre per als que tenim fills menors de deu anys, a Lledoners es transforma en una trobada mensual d'una hora i mitja. Per a mi és molt millor. La resta de vis-a-vis —el familiar i l'íntim— aquí són d'una hora i mitja, a diferència de les dues hores de Madrid, amb l'incentiu, però, del vis-a-vis extraordinari per destí.

Els set presos fem molta política, amb reunions quasi setmanals. En aquesta primera etapa a Lledoners l'ambient és bo. Jordi Cuixart les modera i les prepara amb cura. Reflexionem sobre el que hem viscut i, des de l'autocrítica, mirem de posar en valor allò que hem après. Preparem la nostra defensa al procés. Elaborarem documents conjunts. I fem el possible per ser útils a l'hora de matisar les tensions que es viuen a l'exterior, amb un èxit, pel que s'ha pogut veure, més que descriptible.

I, junts, celebrem dates assenyalades. El 2 de setembre faig cinquanta anys a la presó. Ells sis m'han preparat una festa sorpresa en una de les aules del mòdul. Espurnes d'una felicitat inesborrable. Aquell mateix diumenge —l'atzar ha volgut que el meu 50è aniversari s'escaigui en diumenge—, a Terrassa, Emili Alberich, Núria Nin, Àlex Mañé, Toni Fusté, Roc Aguilera i Magda Marcé han organitzat un acte en una plaça Vella que queda absolutament desbordada de gent. El condueix el periodista i amic de fa molts anys, Pere Mas. Quan la Meritxell m'ensenyarà les fotografies em tornaré a sentir immensament honorat de ser terrassenc i de tenir uns amics excepcionals.

Però en el dia a dia, els set —aquí i després a Soto— no anem sempre junts, de manera gregària. Cadascú té els seus entorns, les seves afinitats i una agenda pròpia d'activitats. Som uns més al mòdul i la presó. Això sí, sempre fem la xerradeta caminant pel pati després d'esmorzar i abans que comencin totes les activitats.

Teatre

Quan entro a la presó de Lledoners per primera vegada, l'educador social que ens acull em trasllada tot un seguit d'activitats a fer —impensables a Estremera. Ceràmica, lectura, fotografia, informàtica, coral o teatre, a banda dels ensenyaments reglats. En la majoria dels casos, els responsables de les classes o tallers són treballadors —funcionaris o laborals— del centre penitenciari. Els tallers no són accessoris, sinó elements nuclears del sistema penitenciari, peça clau per a la socialització i per a la reinserció dels interns.

Teatre... Immediatament em crida l'atenció. D'adolescent, a l'escola, havia fet «teiatru» —un concepte sensiblement diferent del teatre. *Els Pastorets o l'adveniment de l'infant Jesús*, de Josep Maria Folch i Torres, *Gente Bien*, de Santiago Rusiñol, i *El Casament dels Petits Burgesos*, de Bertold Brecht. Tot plegat, voluntariós i extraordinàriament precari. Però des d'aleshores, en el meu interior el ble de l'art dramàtic havia romàs encès.

—M'apunto a teatre!

—Fan coses molt potents, ja ho veuràs. No és teatre «*taleguero*», és teatre «de veritat». —La definició del Jordi, l'educador, la trobo sorprenent.

Ningú més dels set s'hi ha apuntat. Però el Francesc, el caporal de neteja del mòdul, forma part de la companyia i m'hi introdueix. Allí hi ha un grup d'uns deu o dotze reclusos —el nombre és oscil·lant— liderats pel Quim, el monitor. Acostumats a Estremera, que no donava marge a activitats intermodulars, aquí s'hi barreja tothom, interns de fins a sis mòduls diferents. Un autèntic gresol de tot el que hom pugui imaginar. I al capdavant, el Quim, llicenciat en Art Dramàtic i amb una personalitat expansiva i encisadora. En el grup s'hi respira un ambient increïble. Només fa mitja hora que hi soc i m'oblido del tot que soc a la presó.

Els tallers es fan els dissabtes i els diumenges al matí, la qual cosa els dona un caràcter més excepcional. A mesura que avancin els mesos, desitjaré que arribi el cap de setmana per anar a teatre. M'incorporo al grup a principis de juliol. A iniciativa del Quim, des de fa anys a Lledoners, s'hi duu a terme una mostra de teatre els mesos de setembre i octubre amb la presència d'una dotzena de companyies de l'exterior, algunes de les quals professionals. I sempre obre la mostra la Companyia de Teatre del Centre Penitenciari. Enguany el grup està treballant un musical. De fet, és una miscel·lània de cinc escenes de diverses obres: «*Do you hear the people sing*» i «*Master of the House*», d'*Els Miserables*; «*I'm all alone*», de *Spamalot*; «*Anything you do I can do it better*», d'*Annie get your gun!*, i «*Mr. Celophane*», de *Chicago*.

És el segon dia i ja tinc tres petits papers. Tots cantats.

—No ho sabré fer. El cant i jo no ens estimem gaire.

—I tant que ho faràs! Aquí tot és possible! —respon el Quim amb un entusiasme contagiós.

En només tres setmanes tot allò ja comença a tenir cos. L'Emanuel, l'Ildefons, el Jordi i el Francesc en són els protagonistes. I ho fan increïblement bé. Quedo al·lucinat. La resta, després d'anar assajant les nostres respectives parts, no desentonem del tot. Allò fa molt bona pinta.

I rullem el rull. En la darrera de les escenes hi incorporem coreografia.

—No, ballar a l'escenari no!

Però sí. Ballem a l'escenari. «Aquí tot és possible!» La Laura, l'educadora de caps de setmana de l'àrea educativa, que està feta de la mateixa pasta que el Quim, ens prepara una coreografia. I amb disciplina —una disciplina amable i pacient— allò surt. En el meu cas, fins i tot, arriba a tenir una aparença de ball.

Abans de començar a assajar, sempre fem mitja hora llarga de tertúlia. Parlem de tot. I ens anem coneixent. La clau de tot és la cultura d'equip que és capaç de crear el Quim i que després acaba reflectint-se a l'escenari.

Representem l'obra amb públic dos cops. A la primera funció estem tan nerviosos que en la coral de «*Do you hear the people sing*» ens desboquem i quedem descompassats respecte de la música. Quant a la coreografia, no cal ni que en parlem. Tanmateix, els protagonistes no fallen. La segona vegada —ja més tranquils— ho clavem.

Arriba el parèntesi de Soto, que coincideix amb una excedència del Quim per anar a estudiar a Nova York. No em perdré res.

Serà, però, en el retorn a Lledoners quan el teatre em narcotitza definitivament. Del grup anterior, gairebé tothom ja ha sortit en tercer grau i en llibertat. Dels antics, només en quedem cinc. Però hi ha noves incorporacions. I acabem sent vuit actors de manera estable. Els caps de setmana sempre coincideixen amb vis-a-vis, la qual cosa fa molt difícil per als assajos de plantejar una obra de teatre en què apareguem tots. Per això, optem per fer microteatre —15 minuts, en 15 metres quadrats d'escenari i 15 persones de públic— amb dues obres de l'autora terrassenca Rosa Molina. Una comèdia, *Tequila*, i un drama, *Café Hippodrome*. Dos personatges a cada obra.

El Quim em proposa participar a *Tequila* juntament amb el Raúl, un colombià amb moltes hores d'escenari i una vis còmica impressionant. Interpretaré el paper del padrí d'una boda segrestat per un mexicà —el Raúl— enamorat de la núvia i convençut que, així, podrà evitar el casament. L'obra té diàlegs molt curts i «picats». No hi ha marge per a l'error o la improvisació. Per a mi és un repte immens. D'una banda, memoritzar tot el text. A mesura que et vas fent gran, vas perdent capacitat memorística. Amb el teatre, la memòria s'exercita fins a límits insospitats. De l'altra, interpretar, és a dir, fer creïble el personatge que representes. I només hi ha un itinerari: entendre'l i fer-te'l teu. El Quim ens fa assajar com si fóssim professionals. Ens aturem a cada frase, n'analitzem el sentit, la posem en escena, compassem el llenguatge verbal i el corporal i la repetim fins a l'extenuació.

—El teatre és l'art de la repetició. —Lapidari.

Però, sobretot, ens ajuda a trobar els codis per entendre cada personatge, el perquè de cada situació, de cada diàleg. Anem construint l'obra com un trencaclosques. A poc a poc la tècnica ens permet deixar-nos anar. I anem traient capes i més capes dels personatges. Ens oblidem del text —perquè surt mecànicament— i comencem a gaudir sobre l'escenari.

El *Tequila* que representem amb públic el primer dia a Lledoners —davant de Rosa Molina, que ve expressament de Noruega, on viu— no té res a veure amb el que representarem a Wad-Ras quatre mesos després. A cada funció passen coses noves i hi ha més matisos. El Jordi i l'Ildefons —que ja són veterans— ens emocionen amb el seu *Café Hippodrome*, unes cartes creuades impossibles entre Carles Casagemas i Pablo Picasso. I els quatre més joves —el Miguel, l'Álex, el Dani i el Jordi— comencen a assajar *El Florido Pensil*, una sàtira enginyosa de l'escola franquista. A la tercera sessió, el Quim em demana que la dirigeixi jo. Iniciem una altra aventura de final desconegut. Però, evidentment, ell farà de xarxa. Des d'aquesta confortabilitat, anem arriscant i avançant molt lentament. Per fer dues escenes de quinze minuts triguem dos mesos. El resultat cada cop ens agrada més. I el més important: ens ho passem molt bé. Els quatre actors, amb poca experiència als escenaris, deixaran tothom bocabadat. Per la seva banda, l'Orlando, el Jorge i Jordi Cuixart s'encarreguen de la il·luminació, el so i l'escenografia.

Tenim dues peces de microteatre i dues escenes d'*El Florido Pensil* ben consolidades. Quaranta-cinc minuts de teatre. Però no tenim públic nou...

—*Cuando estaba en Cuatro Caminos hicimos una «tourné» por otras cárceles catalanas...* —recorda l'Ildefons sense ser conscient que havia encès una guspira imparable.

—No una gira, no. Una *tourné*. Si juguem, juguem fort. A més, d'ara endavant ja no ens direm Companyia de Teatre del Centre Penitenciari de Lledoners, ens direm Elenc Artístic de Lledoners, que vesteix més.

Enfollim.

En parlem amb la directora de la presó, que s'entusiasma. El Quim ven el producte amb destresa a tres presons: Puig de les Basses, Mas d'Enric i Wad-Ras. Farem un intercanvi amb els grups que fan una feina homologable a la nostra a cadascun d'aquests centres. Hi passarem tot el dia perquè ells ens ensenyin què fan al matí i nosaltres farem la nostra funció —amb les tres obres— a la tarda. La majoria de l'«Elenc» —els set que encara no hem disposat de cap permís ni de cap «visita programada»— ens desplacem amb força pública, és a dir, en furgonetes de Mossos d'Esquadra. Formalment, i per unes hores, passarem de ser interns de Lledoners a ser interns de cadascuna de les presons que visitarem. Els trasllats en dues furgonetes —similars a les de la Guàrdia Civil que ja coneixia— fan que reforcem encara més el sentit de grup. La resta van amb el Quim en un vehicle del centre penitenciari.

A Figueres ens retrobem amb la Dolors, i al Catllar, amb la Carme. Fa nou mesos que no ens veiem. Ens fem unes abraçades difícils d'oblidar. Durant sis hores entrem a les seves presons, ens endinsem en les seves vides i quedem encara més estabornits davant de la seva fortalesa. Soles i en entorns molt més complicats que els nostres. I, tanmateix, amb unes conviccions i una humanitat invictes.

Jordi Cuixart i jo quedem molt impactats. La petja que la Dolors i la Carme deixen a Puig de les Basses i a Mas d'Enric abocant-se a ajudar la resta d'internes és indeleble.

Acabem la gira —la *tourné*— a Wad-Ras. I ens adonem com mai que el llenguatge del teatre trenca totes les barreres i, per uns instants, aquells que som a l'escenari i aquells que estan asseguts a la platea del teatre vivim dins les vides d'uns altres i ens podem evadir de la nostra captivitat.

El taller de teatre de Lledoners —des de fa deu anys— organitza cada setembre una mostra de teatre molt potent, amb una dotzena d'actuacions, algunes de companyies professionals. Hi col·labora l'Associació d'Actors i Directors. Aquesta és la punta de llança per fer de la presó del Bages un espai molt permeable on acaben actuant tot tipus de grups musicals, orquestres, cantautors, corals, contadors de contes per als fills dels interns, companyies de teatre o dansa, les quals, gratuïtament, omplen de talent la Sala Montserrat Carulla, el petit teatre del centre penitenciari. L'art té una capacitat il·limitada de sacsejar l'interior de les persones.

El dia que ve Dagoll Dagom a interpretar *Maremar*, el teatre és ple de gom a gom, per bé que la majoria dels assistents no en sap res, de l'obra, ni de la companyia, ni que es tracta d'un musical. Molts interns ni tan sols entenen el català. Però allò que veiem damunt de l'escenari, amb el llenguatge universal del teatre i la música, interpel·la tothom: la por, la incomprensió, el rebuig al que és diferent i, finalment, la força de l'amor que ho desborda tot i venç. És la història èpica de persones que es veuen forçades a deixar la seva terra per guanyar-se un futur per als seus fills. I una Mediterrània que per a molta gent —encara avui i de manera vergonyant— és un mur cruel que separa el sud i el nord, la pobresa i la riquesa. Per a molts dels allí presents allò que veuen és la història de les seves pròpies vides.

El final de l'obra és impressionant. Ploro —i jo m'acuso de fer-ho mig avergonyit. Estic assegut a primera fila, en un extrem. Sento somicar de manera estrident darrere meu. Susceptible, em penso que hi ha un punt de sornegueria en aquell gest. Em giro. Tothom —tothom és tothom— plora. Aquella imatge m'impressiona. Els aparentment més durs i hieràtics de la presó també s'han desmuntat.

És impossible no retenir perennement aquesta imatge.

Quan sortim i tornem al mòdul, el Demba, un intern de Mali, quasi un germà per mi, ens explica la seva experiència. Amb catorze anys, surt de casa seva, a Bamako, en direcció al somni europeu. Deixa enrere els seus quaranta-dos germans de pare —onze dels quals són de pare i mare. Passa per Algèria i pel Marroc. Treballa a Algèria. Coneix i pateix les màfies. Per fi, un tres anys després, arriba a Al-Aaiun, al Sàhara, des d'on surt amb un *cayuco* cap a les Canàries.

—*Salimos dos cayucos con unas treinta personas en cada uno. Van demasiado llenos. Por la noche, una patrullera marroquí nos persigue. Hay pánico. El cayuco de detrás choca contra el nuestro y empieza a hundirse. Nuestro patrón se asusta y huimos. Los de detrás se ahogan todos. Entre ellos mi mejor amigo, le oigo gritar, pero su voz se pierde al cabo de medio minuto, tragado por el mar. Es muy bestia. A Tenerife llegamos destrozados, solo la mitad de los que habíamos salido.*

El Demba, com pocs, és la metàfora tangible de l'esperança. Persones com ell ens donen, cada dia, lliçons increïbles d'humanitat i de vida. Això també és la presó.

X

LA VAGA DE FAM

Comencem

L'equip de Jordi Pina és absolutament escrupolós a l'hora de presentar recursos sobre tot el que es pugui recórrer. No deixen mai ni un mil·límetre impune. El Suprem és una autèntica piconadora de drets i llibertats fonamentals. Ens veiem abocats, doncs, a presentar un nombre exagerat de recursos d'empara al Tribunal Constitucional. I sempre ens els accepten a tràmit. El 100%. Sistemàticament. Hi diguem el que hi diguem. És un automatisme sorprenent si es té en compte que, amb caràcter general, l'Alt Tribunal només tramita entre l'1 i l'1,5% dels recursos presentats.

En una de les visites institucionals que tenim a Lledoners, algú molt rellevant ens explica que, en converses pretesament privades, membres del Tribunal Constitucional es vanten d'acceptar-nos a tràmit tots els recursos que presentem amb l'únic propòsit de deixar-los oblidats en un calaix i, així, dilatar el màxim temps possible el nostre accés al Tribunal Europeu de Drets Humans. A Estrasburg només s'hi pot accedir quan s'exhaureix la via interna, és a dir, si el Tribunal Constitucional no ha acceptat a tràmit els recursos o bé els ha desestimat.

Hi donem versemblança. Els fets avalen la sospita: de manera conscient i premeditada el Tribunal Constitucional esdevé la punta de llança de la vulneració dels drets i llibertats que ell mateix té —sarcàsticament— encomanats de protegir. Passat més d'un any encara no ha resolt cap dels recursos admesos a tràmit.

Ens indignem. Novament. És un escàndol impropi d'un estat de dret que es fa dir europeu. La unitat d'Espanya a qualsevol preu. Hem de dir prou. Però és un tema massa transcendent per limitar-nos a comunicats públics o articles d'opinió. Cal trobar un instrument de denúncia la contundència del qual sigui directament proporcional a la gravetat d'allò que estem denunciant.

Jordi Sànchez pren la iniciativa. Fa temps que treballa amb la possibilitat de fer una vaga de fam com una de les eines més poderoses de protesta des de la no-violència. Ja l'havia explorat a Soto del Real on havia estat sotmès a un nivell de càstig i repressió no comparable a res que hàgim patit els altres.

Ens reuneix a tots set i ens trasllada la seva proposta. Coneix bé el tema. L'ha treballat a fons. També en termes mèdics.

Fer una vaga de fam és una decisió greu, indelegable, personalíssima. No es pot afrontar de manera gregària. Qui decideixi fer-la n'ha d'estar absolutament convençut, mentalment molt fort i amb una complicitat familiar imprescindible. Els riscos per a la salut d'un mateix són molt alts. I la família pateix molt.

Ens donem un marge de temps per prendre la decisió. Abans, però, volem assessorament mèdic. El doctor Jordi Vilarassau, amic personal de Jordi Sànchez, ens fa una primera aproximació científica. Amb molt rigor. Sense dramatismes, però sense ocultar-nos-en els perills.

Som conscients que si no la fem tots això pot tenir lectures polítiques que furguin en una eventual divisió interna. Mirem de gestionar-ho amb tota la cura de què som capaços. Però és difícil. Internament i públicament. Els debats entre els set tenen moments de tensió.

Jordi Sànchez i Jordi Turull —ambdós candidats a investidures frustrades a la presidència de la Generalitat per decisions judicials de naturalesa política— són els que fan el primer pas i comencen l'1 de desembre. Acordem que de manera gradual s'hi anirà afegint qui ho consideri oportú.

Perquè la vaga tingui impacte en l'opinió pública i sacsegi consciències —aquest és l'objectiu— cal dissenyar una bona estratègia de comunicació. Explicar el perquè i el com. Combinar arguments de naturalesa jurídica, centrats en la vulneració objectiva de drets i llibertats —l'arbitrarietat del Tribunal Constitucional ha d'interpel·lar qualsevol demòcrata, pensi el que pensi—, i mèdica —ser molt rigorosos a l'hora d'explicar, asèpticament, tota l'evolució i els controls. I fixar un sistema de monitoratge periòdic i transparent de l'evolució d'aquells que facin la vaga de fam.

El dia que es comunica públicament la iniciativa, l'advocat Jordi Pina i el doctor Jaume Padrós —president del Col·legi de Metges de Barcelona— fan un exercici impecable de pedagogia que permetrà situar perfectament els dos vectors. A partir d'aquí, la periodista Pilar Calvo assumeix el paper de portaveu.

El primer impacte de la iniciativa és potentíssim.

El Quim i jo tenim previst d'incorporar-nos a la vaga de fam el 4 de desembre. Quaranta-vuit hores abans m'hi despenjo. La meva mare està feble. I jo pateixo. Els meus dos germans, que en tenen cura, també estan neguitosos. Per ella i per mi. Considero fonamental el seu criteri. Tots tres estem molt units —aquesta era l'obsessió del nostre pare. Ells sempre m'han fet costat en tot i per tot, sovint sense acabar d'entendre la meva contundència a l'hora de defensar uns ideals.

Damià Calvet i el meu cunyat Ander —que és metge— s'ofereixen a anar-hi a parlar: amb la mare, els meus germans i els meus nebots. Els expliquen que estarem sotmesos a controls diaris, que tot estarà permanent supervisat i els traslladen el darrer sentit polític d'aquesta decisió que està molt meditada. La trobada és balsàmica.

Per la seva banda, la Meritxell —que des del primer moment ho té molt clar i m'encoratja— fa de coixí amb els nens. Ens veiem tots quatre a la presó i en parlo directament amb el Bernat.

—De vegades, has de plantar cara a allò que penses que és molt, molt, molt injust i assumir-ne la incomoditat.

—Conscientment, no uso el mot *sacrifici.*— Però vull que estiguis tranquil: al pare no li passarà res dolent.

Em fa moltes preguntes que miro de respondre de la millor manera que puc i que sé. I prego perquè ningú no li ensenyi o li expliqui allò que apareix a Internet sobre les vagues de fam. Els mestres de l'escola també hi estaran molt a sobre.

A les 00.00 hores del 4 de de desembre començo la vaga de fam. Els primers tres dies són fonamentals. Una batalla, essencialment mental, amb tu mateix per controlar la gana. Me'n surto més bé del que em pensava. Jaume Padrós ens ha donat la clau per afrontar-ho.

—Penseu a curt. A dia vista. Si aneu més enllà, us podeu esfondrar.

Ho compleixo fil per randa.

A partir del quart dia et sents com si flotessis i apareix el mal de cap. Després d'una setmana, t'estabilitzes —i deixes d'anar al lavabo... Hi ha moments de molta lucidesa. Passats deu dies, l'impacte físic de la pèrdua de pes —una mitjana de mig quilo diari— es fa molt evident i vas experimentant un afebliment progressiu. Tens molta sensació de fred, especialment a les extremitats. També irromp l'insomni.

Bec molta aigua, de dos a tres litres diaris. Hi hem de posar aquell sèrum de color carbassa que es recomana per a casos de gastroenteritis. Té un gust horrible. Em produeix arcades. Cada ampolla beguda és una epopeia.

Alguns diuen que de seguida es perd la gana. No és el meu cas. Jo la mantindré fins al darrer dia. M'ho menjaria tot.

Els dies se'm fan plans, monòtons, eterns. M'adono que els àpats són —sense que ens n'adonem— grans incentius per afrontar la nostra quotidianitat, com una mena de «metes volants» d'una prova ciclista que permeten fer parèntesis mentals, més enllà de l'acte físic d'alimentar-se. D'altra banda, tampoc no podem fer esport ni cap esforç important per gestionar bé la progressiva mancança d'energia.

Malgrat tot, decideixo no abandonar el «destí» de menjador per no perdre el vis-a-vis extraordinari. A l'equip de neteja s'hi ha acabat d'incorporar el Txeng, un xinès que treballa per quatre. Un autèntic regal que se suma a la solidaritat que hi ha entre els companys. Per a mi, el pitjor és recollir les safates dels altres interns mentre estan menjant. I, tanmateix, resisteixo. Els nivells d'autocontrol i de fortalesa interior que acabem desenvolupant —en això hi coincidim tots quatre— són increïbles.

Cada dia passem per un estricte control mèdic: pes, tensió arterial, oxigen a la sang i nivell de sucre. Cada setmana, anàlisis de sang i d'orina. Les infermeres de Lledoners són els nostres àngels. El protocol mèdic de presons per a casos de vaga de fam funciona impecablement. A més, des del Col·legi de Metges de Barcelona es crea una comissió de seguiment presidida pel doctor Josep Terés, president de la Comissió de Deontologia del Col·legi.

Des del primer dia decideixo afaitar-me cada dia, posar-me crema hidratant a la cara i prendre el sol. Amb el Quim fem «banys» de sol, com llangardaixos, a qualsevol racó del pati. Vitamina D directa a la vena. Tinc molt clar que no vull donar una imatge de decrepitud física, ni fer pena.

El dia catorzè em venen a veure els nens. Estic una mica moreno i faig bona cara. Em poso un jersei folgat perquè no s'adonin que començo a estar anormalment prim. Faig tot el que puc per mantenir-me animós. I aconsegueixo que durant aquella hora i mitja els mots *vaga de fam* no apareguin en cap moment. Prova superada...

L'Oriol, el Raül i el Jordi Cuixart estan constantment pendents de nosaltres. I ens cuiden. Rebem més cartes que mai i veiem com els actes de suport es multipliquen arreu del país, inclosos dejunis. L'alcalde de Montblanc, Josep Andreu, se suma a la vaga de fam.

A la tercera setmana, Jordi Pina ens explica que a Madrid comencen a moure's coses.

—Estan veient que això que feu va de veritat. Hem aconseguit treure el Constitucional del seu espai de confortabilitat. El nostre argumentari és sòlid, creïble, i comença a fer forat a escala internacional. A més, tenen por que la vostra vaga alteri l'inici del procés.

Quan es fa públic que Jordi Turull ingressa a la infermeria, el Tribunal Suprem filtra als mitjans l'amenaça de traslladar-nos a presons de Madrid per poder-nos controlar directament. Definitivament, estem tocant os.

En paral·lel, el Tribunal Constitucional comença a posar en els ordres del dia de les seves sessions la substanciació d'alguns dels nostres recursos d'empara. La fera comença a moure's. La nostra acció comença, molt lentament, a donar fruits.

El dia 19, a iniciativa del síndic de greuges, Rafael Ribó, els expresidents de la Generalitat Jordi Pujol, Pasqual Maragall, José Montilla, Artur Mas i Carles Puigdemont, i els expresidents del Parlament Joan Rigol, Ernest Benach, Núria de Gispert i Carme Forcadell, signen un escrit en el qual se'ns demana que considerem d'abandonar la vaga de fam i expressen que la iniciativa ha donat visibilitat a la nostra situació processal i ha sacsejat consciències a escala nacional i internacional. Subratllen, així mateix, que el Tribunal Constitucional ja ha establert calendari per a la resolució d'alguns dels recursos d'empara interposats.

Aquell mateix vespre decidim que a les 00.00 hores del 20 de desembre posarem fi a la vaga de fam: Jordi Turull i Jordi Sànchez, després de vint dies, i Quim Forn i jo mateix, després de disset.

Pilar Calvo ho fa públic. Ella ha gestionat amb destresa tota la comunicació exterior i ha hagut de respondre amb contundència les insídies i els escarnis d'una part de la premsa editada a Madrid que ens acusa de consumir batuts energètics i afartar-nos de menjar a les cel·les. El *Manual para el huelguista de hambre* —publicat a Euskadi i que ha estat una eina molt útil per a nosaltres— ja ens advertia d'aquesta estratègia de ridiculització i menyspreu cap als vaguistes.

M'he aprimat nou quilos. I, ara sí, començo a fer molt mala cara, amb símptomes importants de debilitat. Miro enrere i penso que no sé com he estat capaç de resistir-ho.

Nit de Nadal

Tot l'equip mèdic que ens ha seguit —tant de la presó com del Col·legi de Metges— suggereix que fem el procés de realimentació gradualment i amb totes les cauteles possibles. Ens adverteixen que aquest és el moment més complex de qualsevol vaga de fam, quan es poden produir danys de conseqüències imprevisibles i irreversibles.

No ens ho prenem gens bé. Nosaltres ja ens havíem imaginat un plat d'arròs bullit, de pasta sense condiments, de caldo o de qualsevol tipus de «menjar per a malalts», sobretot si és calent.

Preguem a Jaume Padrós —fa més de trenta anys que som amics— estalviar-nos el tràngol de l'hospital. La resposta és d'una contundència poc habitual en ell.

—No. Esteu bojos. Aquesta és la nostra responsabilitat i l'assumirem amb totes les conseqüències. Jo, personalment, responc davant de les vostres famílies.

—Però Jaume...

—No. I punt. No em feu emprenyar.

Sempre haurem d'estar agraïts a tots els metges per la seva professionalitat i fermesa. Perquè, en efecte, el procés de tornar a ingerir aliments és molt delicat i complex.

Arribem al mòdul penitenciari de l'Hospital de Terrassa, que funciona, a efectes de seguretat, com una presó més: empremtes, funcionaris uniformats, controls, règim de visites molt restringit. Ens posen uns pijames verds. Semblem quatre carquinyolis, ens veiem els uns als altres inquietantment prims.

Només desitgem menjar, el que sigui, però sòlid.

—Avui no. Començarem amb un gota a gota. Demà potser, potser, algun batut. —Categòric, el director mèdic de l'hospital, Ernest Raguer, una persona concebuda per traslladar confiança i serenitat.

Fins al tercer dia no comencem a menjar una mica d'arròs bullit. I malgrat tot, jo no m'estalvio una fortíssima diarrea l'endemà. El tracte a l'hospital és simplement extraordinari. Metges i metgesses, infermers i infermeres, l'altre personal d'atenció i de serveis ens fan sentir lliures durant quatre dies de les nostres vides. Un parèntesi inesperat però inesborrable. A Terrassa, al meu poble.

El dia 24 arribem al mòdul 2 de Lledoners per trobar la nostra altra família —la carceràia—, que ja ens està esperant.

L'endemà es produeix una concentració massiva de milers de persones que abandonen la confortabilitat de les seves llars i s'acosten als murs de la presó per desitjar-nos Bon Nadal en un acte de generositat i de tendresa sense límits.

XI

L'ÚNIC COP QUE HE TINGUT POR

El dia 5 de gener del 2019, la nit de Reis, el Roger pateix un accident a Lledoners mentre estem fent un vis-a-vis familiar. Em cau del coll mentre juguem amb el seu germà. Queda semiinconscient. L'impacte al cap és molt fort. Em costarà molt d'oblidar aquell soroll: un cop sec, rotund.

Avisem immediatament els funcionaris. El protocol mèdic no està preparat per a accidents en què els interns no en siguin les víctimes, i més quan els protagonistes són infants. Tanmateix, de seguida venen els serveis mèdics. Li fan la primera atenció.

—Si vomita o s'adorm, malament —diu la metgessa que l'atén en primera instància.

I el nen vomita. Es troba immers en un estat de somnolència cada cop més intens. Se l'emporten de seguida a l'Hospital de Sant Joan de Manresa.

—El vull acompanyar.

La petició experimenta un itinerari turmentat, que ratlla el surrealisme.

El primer plantejament és que l'acompanyi en la mateixa ambulància on van el Roger i la Meritxell, des del mòdul d'ingressos. La Mireia, la germana de la Meritxell, s'emporta el Bernat.

Al cap de cinc minuts, m'expliquen que ho farem diferent. Cal que jo surti des del mòdul d'infermeria amb una ambulància que seguirà la medicalitzada. «Bé.» M'hi porten.

Quinze minuts més tard, em diuen que haig de tornar a ingressos, que l'ambulància amb el nen ja és en direcció a Manresa i que jo sortiré d'aquell mòdul custodiat per una parella de mossos d'esquadra amb un cotxe ordinari de trasllat de presos —amb seient rígid i mampara.

Però quan arribo a ingressos, amb els nervis desfets, sento per l'aparell de comunicació interna (un *walkie-talkie*): «*El Rull no sale*». Així. Sense matisos. El món em cau a sobre.

La decisió sobre una eventual sortida, d'acord amb els casos taxats que estableix la normativa vigent quan encara ets un pres preventiu no depèn del centre penitenciari, sinó del tribunal instructor, en aquest cas del Suprem. Però com que el Tribunal Suprem no acostuma a instruir mai, en una vigília de Reis no té —ni per remota casualitat— servei de guàrdia.

Des de la direcció de la presó, la Secretaria de Mesures Penals i la Conselleria mouen cel i terra per aconseguir alguna autorització judicial que em permeti sortir per estar amb el meu fill. El fiscal de vigilància penitenciària no s'hi oposa i sobre la base del Jutjat de Vigilància Penitenciària s'obté un punt de suport per concretar la visita.

Mentrestant, jo romanc a la cel·la, tancat, sense saber res. No desitjo a ningú del món passar unes hores tan dures com aquelles.

Em deixen baixar a dos quarts de quatre per trucar. La trucada em tranquil·litza. El nen està estabilitzat.

Però no puc sortir fins a dos quarts de sis —l'accident havia estat a la una de la tarda. Com sempre, la conducció dels mossos és impecable. Dos efectius seriosos, solvents i amb molta humanitat.

Arribo a l'hospital mitja hora més tard. Els metges, després, m'explicaran que quan el Roger em veu reviscola, com si hagués renascut. El veig tan petit en aquell llit que em sembla immens! I li faig més petons que mai: l'acarono i li faig les pessigolles de les «formigues i l'elefant». Fa un any que no puc jugar amb ell al llit. El veig bé, la seva rialla sempre és balsàmica. La Meritxell, el Roger, el Bernat i jo, estem tots quatre junts i abraçats.

Són dos germans que s'estimen molt, tot i que tenen caràcters molt diferents. Quan hi va haver l'accident, a la presó, el Bernat va plorar amb una passió indescriptible.

M'estic a l'hospital no més d'una hora. Els dos mossos tenen una actitud més que respectuosa a la nostra intimitat. També hi ha els meus sogres. A l'Eduard l'haurien de fer el cap de la nostra diplomàcia. Sempre aconsegueix que tothom —en aquell cas el personal mèdic i la policia— se senti bé, còmode i segur. I la Magda cobreix impecablement bé la rereguarda.

Aquella mateixa nit ja li donen l'alta. Però no pot anar a veure els Reis al Casal de l'Antic Poble de Sant Pere, com cada any, al costat de casa.

Al cap d'una setmana, soc a l'Hospital Penitenciari de Terrassa, fent-me una revisió, després de la vaga de fam. Em deixen fer la trucada preceptiva a casa. La Meritxell em diu perplexa: «Ha sortit en un digital que el Roger va tenir un accident i que et van deixar sortir sense permís del Suprem». La filtració —que no informació— ve del Suprem mateix. La majoria de diaris i digitals de l'Estat parlen de privilegis i denuncien una actuació irregular de la Generalitat. Els adjectius que empren són indescriptibles. Cap mena de compassió. Ni una espurna de la tendresa o de la humanitat que hauria de produir un accident d'un infant de quatre anys. Res. Van obrir una investigació a la directora de la presó. Afortunadament, va quedar en no-res.

És l'únic cop que he tingut por en aquest procés polític. Aquesta gent no tenen cap límit. Ens han deshumanitzat. Els «*golpistas*» som éssers sense ànima. Jordi Pina em recomana que no llegeixi res del que diuen. Ens protegeix, però queda immensament afectat. En moments així és quan veig que no només és un excel·lent advocat, sinó una gran persona.

XII

NOSALTRES DECIDIM LA NOSTRA VIDA

Soto del Real

I, finalment, arriba el judici. Sortim ben d'hora de Brians 2 cap a Madrid. Abans el Govern en ple, encapçalat pel president Torra, ens ha acomiadat en un acte breu però amarat d'una gran dignitat institucional.

L'autocar de la Guàrdia Civil és acabat d'estrenar. Encara fa olor de nou. Ens esperen vuit hores de trajecte. Només fem una aturada de trenta minuts a Saragossa per al descans dels que ens custodien. Ens podem alliberar mitja hora dels cinturons de seguretat que ens subjecten —més aviat ens empresonen— al seient de la petita cel·la que ens confina. Nosaltres ja coneixíem els autocars per dins, però la Carme i la Dolors no. A Brians, la Dolors expressava —amb innocència— la seva satisfacció per anar junts a l'autocar. Es pensa que l'interior és normal amb l'únic inconvenient de tenir les finestres petites.

—A dins podrem estar junts, podrem parlar i recuperar el temps perdut —diu.

Quan entra i s'adona del panorama —jo ja soc a dins de la meva cel·la lligat—, sento que crida amb el seu accent empordanès melòdic i inconfusible.

—Però què coi és això?

Definitivament, veure el passadís estretíssim és impactant. Durant el llarg trajecte ens anem cridant des de la cel·la per confirmar que tot va bé. Jordi Cuixart sempre té la capacitat d'arrencar-nos un somriure amb les seves eloqüències. Ens cuidem, verbalment, els uns als altres.

Primer, ens aturem a la presó d'Alcalá Meco. Els veterans en diuen directament Meco. És Madrid I, la presó més vella de la comunitat. L'aparença exterior en confirma l'antiguitat. Però tant la Dolors com la Meritxell Borràs —que hi van ser al novembre— ens n'han parlat molt bé. Hi ha moltes internes amb registres i nivells molt diferents, la qual cosa els permet interactuar permanentment. El dia a dia interior es caracteritza perquè és flexible, amb cel·les obertes i permeabilitat entre mòduls.

Ens acomiadem d'elles cridant des de les cel·les mentre baixen.

Cinquanta minuts més tard, ja som a Soto. La conec per fora com a advocat. Ara la podré descobrir per dins.

Comença a fer-se fosc. Hi fa molt fred. Soto del Real és a 900 metres d'altura, al peu de la Sierra de Guadarrama.

És com si hi hagués una presó al Berguedà o a la Cerdanya. L'entorn és molt bonic. En ple hivern encara s'hi veuen les muntanyes nevades.

Els dos Jordis s'hi senten com a casa. Coneixen tothom. I es nota que tant funcionaris com presos se'ls aprecien. A cada pas que fem al mòdul d'ingressos ens aniran explicant com el van viure ells la primera vegada que hi van entrar. Com ja he explicat, la principal diferència amb Lledoners —i entenc que amb totes les presons catalanes— és que aquí l'escorcoll de l'equipatge es fa davant teu. Un parell de funcionaris —un home i una dona joves—, acompanyats d'un pres de confiança, t'aboquen tot el contingut sobre un taulell. Allò autoritzat t'ho retornen en una bossa negra d'escombraries. Allò «prohibit» t'ho confisquen i ho dipositen en un magatzem. Estic a punt de descobrir que el concepte *prohibit* és atzarós i amb fortes connotacions polítiques.

T'ho regiren tot i a fons.

A mitja operació, comencen els problemes. Un origami groc, no. Una bufanda groga, no. Un tap de suro amb una barretina groga, no. Una samarreta amb una foto de persones amb llaços grocs, no... Quan surt un segon origami, el pres que els ajuda s'arrisca i s'atreveix a preguntar.

—*¿Esta otra pajarita tampoco? Si no pone nada...*

—*Pero es amarilla. Es un símbolo político* —respon la noia amb una naturalitat estrident.

Després, a Raül Romeva també li confisquen una edició de la revista satírica *El Jueves*, amb els mateixos arguments. *Es política.*

Dubto que els dos funcionaris tinguessin instruccions explícites per retirar-nos aquest material. El que és inquietant és que ho fan espontàniament, sense ni adonar-se de la gravetat. Assumeixen la retallada de la llibertat d'expressió amb una normalitat esgarrifosa. Són la metàfora viva de l'èxit de la pluja fina de massa mitjans de comunicació i dels poders públics de l'Estat que blasma tot allò que suggereixi discrepància. En aquest cas, quelcom tan subversiu com un color.

Continuem l'operació de buidatge i descobrim que la pantalla de la televisió està esquerdada i ha quedat inservible. S'ha malmès durant el viatge: estava mal empaquetada. Aquesta circumstància —que inicialment interpreto com una autèntica catàstrofe— suposarà una de les revolucions més importants en la meva vida carcerària.

Ens condueixen a una cel·la de transició, la típica sala d'espera que he conegut en totes les seves possibles expressions, dimensions, barrots i colors. Un per un anirem a deixar les pertinences autoritzades a la cel·la del mòdul assignat —el 10— i tornarem a Ingressos a sopar. Els primers «exploradors» arriben desolats. M'impressiona molt Oriol Junqueras. Habitualment, és poc expressiu i poc parlador, molt gelós a l'hora de gestionar les seves emocions. El veig consternat.

—És molt fort, nois.

Ens explica que les cel·les són humides, brutes, força deteriorades. I insisteix en el tema del fred. S'esplaia explicant-nos-en els detalls. I ho fa amb precisió didàctica. En el meu interior penso que «no n'hi deu haver per a tant». I sí, «n'hi ha per a tant». Oriol Junqueras s'ha quedat curt. Quan hi entro em cau l'ànima als peus. Jo tinc assignada la número 12 del primer pis.

«Mare de Déu, que bruta!»

L'entorn del lavabo és infecte, amb unes taques d'origen desconegut i color imprecís. Sobretot veig que hi ha pèls pertot arreu. Després m'explicaran que l'anterior inquilí era un home gran amb problemes greus de visió.

—*Meaba por intuición.* —M'ho aclarirà l'Ángelo, un jove equatorià amb qui faré molta amistat.

—*¡Pues poca intuición debía tener el hombre!*

Quan finalment rac a la cel·la, havent sopat, em passo dues hores ben bones netejant amb els migrats productes de neteja que ens han deixat. El pas següent és personalitzar la cel·la, fer-me-la meva. En el plafó hi enganxo amb pasta de dents desenes fotos del Bernat i del Roger —sols o amb tots quatre—, els dibuixos que el Bernat em va fer a Estremera i les primeres paraules en lletra de pal escrites pel Roger: «PARE, T'ESTIMO». N'escruto cada detall, cada gest, cada somriure. I això em dona força.

—De dia aquesta presó guanya molt. —El Jordi Cuixart, des del seu optimisme desbordant, ens havia encoratjat la nit anterior.

En efecte, l'endemà, hi entra una claror espectacular i fa que aquella cel·la s'il·lumini i adquireixi una atmosfera agradable. Té una distribució interna molt pràctica: hi ha dues taules de treball immenses que sembla que et convidin a llegir, a escriure, a estudiar.

Hi fa, però, un fred que pela. La calefacció és d'aire i només l'engeguen dues hores al dia, de deu a dotze de la nit. La finestra no em tanca del tot i l'haig de segellar amb una tovallola, la qual cosa confereix a tot plegat una aparença exòtica. Dormo amb dos jerseis i un buf dels «Gegants de Masllorenç» per tapar-me les orelles. Els veterans ens expliquen com s'ho fan per combatre el fred: omplen ampolles de plàstic amb l'aigua calenta que brolla generosament d'un safareig que hi ha a cada planta i les posen dins del llit. Cada vespre, quan pugem del menjador, durant els vint minuts de marge abans de tancar les cel·les, es forma una cua disciplinada per accedir a l'aigua. Jo amb quatre ampolles sobrevisc. Afortunadament, al cap de quinze dies terribles, una primavera agradable i generosa irromp la tercera setmana de febrer i, amb algun petit parèntesi, ens acompanyarà fins al mes de juny, quan retornarem a Catalunya.

Els funcionaris de seguretat sempre estan tancats a la cabina. El tracte és correcte. Amb alguns, fins i tot, ens intercanviarem lectures, especialment amb un apassionat de l'escriptor austríac Stefan Zweig. A Soto, si més no al nostre mòdul, els educadors, els treballadors socials, els psicòlegs o els juristes són com les sirenes, els dracs o les fades, éssers mitològics. Alguns diuen que existeixen i tot...

No tinc televisor. El nou aparell trigarà un parell de setmanes a arribar-me. M'acostumo a viure sense. Endreço els meus horaris, els racionalitzo, i en trec molt més rendiment. Vaig a dormir d'hora i em llevo a dos quarts de set, hi hagi judici o no. Llegeixo i estudio. Responc moltes cartes. Puc pensar i retrobar-me amb mi mateix. Hi ha un altre impacte positiu: em blindo dels informatius de les cadenes espanyoles, que —amb alguna excepció molt puntual— ens esbudellaran durant tot el judici.

El mòdul 10 és un mòdul de respecte molt més flexible que el 4 d'Estremera. Les nou hores que no ens estem tancats, les cel·les romanen obertes: pots pujar-hi lliurement i estar-t'hi l'estona que vulguis. Això és perfecte, per exemple, per dutxar-te després de fer esport o per escriure a l'ordinador. A fi de mantenir la intimitat, la majoria s'instal·la unes cortines a la porta. Els búlgars del mòdul en són els grans proveïdors.

El pati és molt més gran que el de Lledoners i més lluminós. Hi fem grans caminades en cercles. Quan baixem de les cel·les a la tarda dels dies que no hi ha judici, ens asseiem tots set als bancs de davant del gimnàs i xuclem un temorec sol d'hivern que anirà guanyant espai —minut rere minut— fins a l'esclat definitiu del canvi horari de març. Cadascú hi va amb el seu cafè, tallat, te o camamilla, que hem adquirit fent cua a l'economat. La cua de l'economat —no hi ha màquina de cafè com a Lledoners— és un dels principals espais de socialització de la presó, s'hi parla, s'hi desplega la solidaritat entre interns, s'hi negocia. És la gran àgora del nostre mòdul.

Com és costum, cadascú de nosaltres ha anat teixint vincles amb altres interns. Aquí l'espectre és molt ampli quant a orígens —fins a onze nacionalitats—, delictes —econòmics, narcotràfic, robatoris, algun homicidi— i nivells acadèmics —el mòdul 10 va ser concebut inicialment per estudiar a la UNED amb una biblioteca molt completa. Hi ha un fort sentiment de comunitat de mòdul que agraeixo perquè és molt integrador.

Tiets

A Soto, tots set tenim una relació més intensa que a cap altre lloc. No només parlem de política, sinó que ens acabem explicant les nostres vides, ens coneixem i ens reconeixem humanament. Ens fem amics —o més amics. Hi ha dos moments absolutament memorables.

Jordi Cuixart ens ve a trobar al pati.

—Us haig d'explicar una cosa important. Molt important.

Tot i que el Jordi no perd mai el somriure, ens inquietem.

—Sereu tiets!

Al primer moment ens costa d'entendre el concepte. Tres segons de silenci i després una immensa explosió de joia. Ens abracem, li fem petons. L'esperança irromp amb una força imparable, allí, a Soto, a l'indret que ens té físicament captius. La Txell —la «Txellet»— i el Jordi han concebut un fill a la presó i probablement naixerà amb el pare a la presó.

—Nosaltres decidim la nostra vida. No deixarem que ens la imposin.

Se'n diu dignitat. I ens n'explica les dates aproximades.

—Sortim de comptes la setmana del 20 de setembre...

—No fotis! —Jordi Turull.— Això és clavar-ho!

Ho celebrem amb un piscolabis generós al menjador. A diferència de Lledoners, aquí al menjador s'hi pot entrar tot el dia, menjar-hi, trobar-s'hi, fer-la petar. I després ho celebrarem amb la Dolors i la Carme al Suprem. Tiets i tietes! I ens tornarem a abraçar —ara tots nou— davant de la mirada perplexa dels policies que ens custodien.

L'altre moment bonic es produeix a la cel·la de Jordi Cuixart. És el seu aniversari. Un pres que treballa a la cuina li ha fet un pastís. Ens trobem tots set, enxubats, darrere la cortina blava que protegeix el seu «*chabolo*». Ens sentim bé.

—Quan sortim ens hem de trobar cada any per retrobar-nos i celebrar-ho— diu Oriol Junqueras.

Ens ho imaginem i ens agrada. Tots nou hem viscut —junts, juntes— coses increïbles. I Soto i el Suprem ens han cohesionat humanament.

Encara no sabem, però, que a Lledoners —en la segona etapa— aquest clima s'anirà refredant: serem massa vulnerables a les tensions entre grups polítics viscudes de tan a prop... I el fet que la Carme i la Dolors —amb la seva potència cohesionadora inapel·lable— siguin a Mas d'Enric i a Puig de les Basses tampoc hi ajudarà.

A Soto les comunicacions amb la família i els amics són més complicades. En locutori —a través del vidre— només podem autoritzar deu persones per a un període de sis mesos, a banda de familiars directes, fins a cosins. Res a veure amb Lledoners i Estremera, on cada setmana poden venir quatre persones diferents. Jo autoritzo quatre amics de la meva colla de Terrassa de tota la vida —la «Colla Clàssica»— decidits entre ells mateixos per sorteig, i quatre molt bons amics vinculats a la política —Núria Nin, Emili Alberich, Joan Pere Gómez i, la meva ànima bessona, el meu germà Pere Saló. Deixo dos llocs buits per si hi ha cap contingència. Ells vuit, els meus cosins que faran mil peripècies per aconseguir documents del Registre Civil a fi d'acreditar el seu parentiu amb mi i, sobretot, la meva germana i els meus nebots Elisabet i Nacho, faran milers de quilòmetres durant cinc mesos per veure'm només quaranta minuts cada cop. El meu germà em ve a veure com a advocat, sense límit de temps. Tots ells seran vitals per al meu equilibri emocional.

La meva mare està massa feble per afrontar un trajecte d'aquesta magnitud.

Les visites dels nens i la Meritxell són capítol a part. Durant l'estada a Estremera, vam detectar que hi havia el risc que el Bernat i el Roger identifiquessin les visites al pare com una experiència extenuant si anaven i tornaven el mateix dia. En el cas de Soto, això es pot agreujar perquè els vis-a-vis els hem de fer al matí, a les deu. A més els espais per a les trobades amb els infants —a diferència d'Estremera i Lledoners— estan mal concebuts: una sala de 12 metres quadrats en trobades de dues hores o les extra de quatre. Allò pot acabar sent un turment per a uns nens especialment moguts.

Prenem dues decisions. D'una banda, renunciarem a convivències de quatre hores seguides. Les fem de dues hores —menys durada, però més intenses. De l'altra, mirem que arribin a Madrid la tarda abans. S'allotgen a Tres Cantos, poden jugar al parc «amb tobogans increïbles, pare» i el dia següent, quan venen a Soto, estan frescos. A la presó nosaltres vivim en dues hores allò que una família normal viu en un mes. Si els nens estan «girats», tristos, cansats o de mala lluna no ens queda marge per reconduir-ho. Ens ho juguem tot a una carta de dues hores. Per això és tan important crear les millors condicions possibles. Per garantir tota aquesta logística, els meus sogres i els meus cunyats hi tenen un paper determinant.

El comiat amb ells és el més dur. Els presos sempre som els primers a sortir. Deixar la teva família tancada en aquella sala amb una finestra amb barrots és molt angoixant. Quan camino pel passadís evito mirar enrere. I a les galtes, durant uns minuts, encara hi romandrà la calidesa i l'olor dels darrers petons que m'han fet.

Després —quan encara estic tou anímicament— ve l'escorcoll. A Soto s'és molt estricte amb la seguretat. Es va més enllà del «*cacheo*» habitual de cara a la paret. El primer cop quedo sorprès.

—*Desabróchese los pantalones.*

Ho faig.

—*Bájeselos.*

—*¿Perdón?*

—*Que se los baje.*

Me'ls abaixo fins a mitja cuixa.

—*Hasta los tobillos.* —Com a concepte.

Tot seguit em passen una pala detectora de metalls per l'entrecuix.

Amb el pas dels mesos, ja ho acabo fent mecànicament, sense que m'hagin de dir res. A la presó, t'acostumes a tot.

—*No os quejéis que a muchos se les hace el integral.*

Callo.

Les visites institucionals —de càrrecs electes i de Govern— ens permeten mantenir una certa connexió política amb l'exterior. Ens donen quaranta-cinc minuts absolutament estrictes. Les fem en una sala similar a la dels vis-a-vis, però en aquest cas sota la mirada atenta d'un retrat de Felip VI —no fos cas— i amb una bandera espanyola penjada en un pal metàl·lic, l'extrem superior del qual té forma de llança —la qual cosa topa amb totes les mesures de seguretat draconianes que ens imposen. Des de l'ingrés —tant a Soto com a Estremera— la presó fixa una litúrgia precisa per deixar clar qui mana i quina és la posició dels presos.

Un dels elements que sempre m'ha cridat més l'atenció —i més en lògica catalana— és el tractament amb el qual ens hem d'adreçar als funcionaris: de *Don*. «Don Carlos, Don Julián, Don Juan.» Siguin grans o joves. A Madrid això és innegociable. I, evidentment, de *vostè*. Al principi costa d'acostumar-s'hi. A Lledoners el *Don* també hi és present. No és tan categòric com a Soto o Estremera. Aquí té una sonoritat sorprenent, paradoxal. «Don Jordi» o «Don Joan» més aviat xoca. Jo a Catalunya mai no ho faig servir, per un cert sentit de dignitat col·lectiva. Quant a les funcionàries, a les presons catalanes hi ha una expressió amb connotacions severament masclistes: «senyoreta o señorita». Inaudit. «Señorita Mercè o senyoreta Raquel.» Ets dona, senyoreta. Ets home, «Don». Crec que és una terminologia extemporània i vexatòria. S'ha de reconèixer que a Castella això ho tenen molt més ben resolt. «Doña», i punt. Són molts anys a les espatlles d'experiència carceràunder.

Pel que fa a l'uniforme dels funcionaris de seguretat, també hi ha diferències entre l'Estat i la Generalitat. La vestimenta a les presons espanyoles és més civil, més moderna: camisa crema —polo a l'estiu—, jaqueta blava amb les espatlles grises i pantalons foscos, grisos. També hi ha la versió amb americana i corbata. A Catalunya l'uniforme és més policial. La indumentària s'assembla a la dels Mossos d'Esquadra, sense els distintius vermells. M'expliquen que el canvi d'uniforme a les presons de l'Estat —abans també era de tall policial amb gorra de plat inclosa— la va decidir un govern socialista per evitar que «l'hàbit acabés fent el monjo». Penso que va ser una decisió encertada.

Un dissabte plàcid al matí —en aquesta dèria per la seguretat— vivim un «*cacheo sorpresa general*». El mòdul s'omple de funcionaris, una vintena ben bona. Ens fan sortir a tots al pati. Instintivament, ens organitzem en una cua més o menys endreçada. La imatge és impactant. Els setanta-tres interns junts i perfectament visibles, inclosos els més mediàtics —Caja Madrid, targetes *black*, Gurtel, el Procés... I no —desmenteixo la llegenda urbana— ni Rato ni Bárcenas tenen cap tracte de favor, són uns més i es fan amb tothom amb plena normalitat.

A la sala de dia s'habiliten set punts d'escorcoll amb tres funcionaris a cadascun. Ens van cridant de set en set amb la inefable raqueta detectora de metalls, mans enlaire i cara a la paret. Tot allò que hi ha a les butxaques o a les motxilles —una petita part de la teva intimitat— es buida en una taula. L'objectiu: interceptar drogues o armes blanques —punxons, ganivetes d'afaitar desmuntades i soldades al mànec confegint una arma coneguda com a «*diablo*»... També escorcollen testos i papereres, inclosos els múltiples cubells que hi ha al pati. N'aboquen el contingut pertot. No hi troben res.

Jordi Sànchez ens explica que els escorcolls a les cel·les —no ens en faran cap— són despietats a l'hora de regirar-ho tot. Sovint, s'utilitzen gossos.

I un dia —per fi— s'acabarà el judici. Amb poques hores d'antelació en explicaran que marxem a Catalunya en una nova «*cunda*» via Valdemoro i Zuera. I ens tornarem a separar de manera abrupta de persones amb qui ens hem acabat apreciant molt. I ens tornarem a intercanviar adreces i telèfons. I, lentament, amb la majoria ens anirem oblidant i ens acabarem percebent com un record cada cop més vaporós. Però amb quatre o cinc mantindrem una relació que ens agradaria que fos per sempre.

XIII

LES ARMES TORNEN AL CONGRÉS DE DIPUTATS

Diputat pel Camp de Tarragona, les Terres de l'Ebre i el Baix Penedès

El Partit Demòcrata i Junts per Catalunya ens proposen que encapçalem les llistes al Congrés dels Diputats a les eleccions que es convoquen per al mes d'abril. Tot és molt precipitat. A més, nosaltres estem immersos en el judici. Tanmateix, no ho dubtem. La nostra disponibilitat amb relació a aquest espai polític, que —contra tot pronòstic— va vèncer les eleccions del 21 de desembre del 2017, és absoluta. D'altra banda, volem posar de manifest que, malgrat el procés judicial a què se'ns sotmet, no renunciarem a les nostres idees legítimes, a defensar-les, a desplegar els drets democràtics, a representar i a ser representats.

Quim Forn ha decidit encapçalar la candidatura de JxCat a l'Ajuntament de Barcelona. Ara hem de decidir com ens distribuïm a les llistes del Congrés Jordi Sànchez, Jordi

Turull i jo. Primer es pensa a concentrar-nos a tots a la demarcació de Barcelona. Finalment, s'opta per l'opció que encapçalem les llistes de demarcacions territorials, en el meu cas, Tarragona. Hi tinc una certa vinculació familiar: la meva àvia era de Picamoixons, a Valls, i fa molts anys que passo els estius a Porrera. Però més enllà d'això, com a conseller, m'havia trepitjat a fons les deu comarques del Camp de Tarragona, les Terres de l'Ebre i el Baix Penedès.

Les enquestes internes i les que van sortint als diaris coincideixen a assenyalar que a la demarcació de Tarragona JxCat no tindrà cap diputat.

Amb la gent del PDeCAT del territori, els membres de la llista de JxCat al Congrés i al Senat i amb un Damià Calvet absolutament abocat a la campanya, ens llancem al combat. Els companys de la llista electoral s'hi deixen l'ànima. I jo, més enllà de sortir als cartells —per subratllar el simbolisme que un pres polític encapçali una llista— miro d'omplir de contingut la candidatura. Faig entrevistes per escrit a pràcticament tots els diaris —digitals i en paper— del territori. La Meritxell, que es fa un fart de fer quilòmetres, llegeix els discursos que li vaig lliurant. Des de la presó envio un centenar de cartes escrites a mà, una per una, a persones del territori. Intensifiquem la campanya a la Xarxa des del meu compte de Twitter. L'esforç és ingent, però els resultats —vist allò que insisteixen a predir les darreres enquestes— són insuficients. Fins que s'esdevé un fet inaudit. La Junta Electoral, en cadena, ens va autoritzant a fer rodes de premsa i mítings des de la presó.

Jordi Sànchez és el primer a obrir bretxa amb una entrevista amb l'Agència EFE. Apareix assegut en una taula amb la bandera espanyola i la foto de Felip VI de fons. És mimètica a la del pres polític kurd Selahattin Demirtas. Ambdós són exhibits com a trofeus de guerra per part dels respectius «règims» amb tot l'*atrezzo* simbòlic. El Ministeri de l'Interior s'adona de l'error i amb els següents ja esmena aquesta escenografia poc afortunada.

Amb l'equip de campanya, improvisem en només 48 hores d'anticipació, el míting a què tinc dret. En aquestes circumstàncies, només hi ha un lloc a tota la demarcació on és possible fer-lo amb plenes garanties: Reus. L'alcalde Pellicer i el partit a la capital del Baix Camp tenen una musculatura organitzativa imbatible.

Fa molt temps que no parlo en públic. Estic nerviós. A més, fer un míting a través d'una càmera —veient la sala, plena de gom a gom, en una petita pantalla de mòbil— és complicat. Quan estava en llibertat havia fet «dúplex» amb televisions i vaig aprendre que la clau és mirar directament a l'objectiu de la càmera i no a la pantalla on veus la gent que t'escolta. Decideixo prescindir de la taula i fer el discurs dret —com en un míting de veritat— per poder modular millor el to i poder moure les mans amb més llibertat. A la cel·la he estat assajant quatre idees. Parlo a raig davant de dos funcionaris que em miren perplexos i escolten com denuncio la ignomínia de la presó i defenso la independència de Catalunya, amb una passió que va pujant de to a mesura que passen els minuts.

Crec que aquell breu discurs d'uns vint minuts —que aconsegueix una certa viralització— ens dona una empenta importantíssima en la batalla per l'escó de Tarragona. És la força emotiva de la imatge i la paraula, en un registre d'expressió que no podíem tenir en el judici del Suprem i, a més, podent parlar en català.

A les vuit ens ve a visitar Quico Homs amb les primeres enquestes que mantenen la constant respecte del resultat de JxCat i del nostre escó de Tarragona. L'única notícia positiva és la més que previsible victòria de l'independentisme, a través d'Esquerra, al Congrés i al Senat. En plena repressió, que el PSC quedés primer a Catalunya seria un cop dur. I jo, tanmateix, tinc bones vibracions i estic convençut que els independentistes poden sumar més escons al Congrés dels que ha obtingut mai el catalanisme polític.

Passar la nit de l'escrutini tancat tot sol a la cel·la no és la millor experiència del món, francament. I menys quan tu n'ets candidat. L'imperatiu de no interferir en els electors de les Canàries fa que tot es retardi. A dos quarts de deu comencen a haver-hi dades de l'escrutini oficial. El recompte se'm fa molt lent. Però a partir del 20% de l'escrutini les coses varien molt poc.

El diputat de JxCat de Tarragona s'obté fins i tot davant dels Comuns. La victòria d'ERC a Catalunya és rotunda. Els independentistes superem el llindar dels vint diputats llargs amb gran diferència. El PSOE guanya amb comoditat i es neutralitza el risc d'una victòria de la dreta i l'extrema dreta amb tot allò que podria comportar. I darrer fet, però simbòlicament molt potent: les Corts espanyoles veuran quatre diputats i un senador presos polítics.

El dia que havíem anat a votar per correu a l'espai sociocultural, un funcionari simpatitzant de Vox em xiuxiueja amb sorneguería.

—*Si ganan los míos, Soto va a ser vuestro «hogar» durante muchos años.*

Missatge captat.

Meritxell Batet, al servei de la ignomínia

Sortirem dos cops per anar al Congrés. Primer a complimentar els formularis. El segon dia ja per assistir a la sessió de constitució de les cambres. Els trasllats no tenen res a veure a com els fem ordinàriament per anar al Tribunal Suprem, per bé que sortim a la mateixa hora. Anem en cotxes amb finestres. Per fi, podem veure i reconèixer l'itinerari que fem cada matí, saber per què i on es produeixen les retencions que patim —jo ho tinc perfectament cronometrat— i poder observar el Madrid urbà des de la Castellana. El dispositiu és exageradíssim, amb sis cotxes per custodiar-nos.

Ambdós dies entrem al Congrés per portes laterals i quasi clandestinament. Un cop ja a l'interior, ens esperem, tancats, en sales sota la vigilància d'efectius de la Policia Nacional abans d'anar a signar els papers o d'accedir a l'hemicicle. Ens prohibeixen reunir-nos amb el nostre grup parlamentari, accedir als nostres despatxos o atendre la premsa. El poder judicial mana i retalla el dret de representació política. El legislatiu obeeix des de la genuflexió més vergonyosa.

Per fi, arriba el moment. La nostra entrada al Ple del Congrés —la imatge que l'Estat profund ha volgut evitar a tot preu— està amarada de sentiments intensíssims. Som rebuts amb aplaudiments dels diputats de JxCat, ERC, PNB, Bildu, Compromís i d'alguns membres dels Comuns i de Podemos. El dia de constitució de la Cambra no hi ha llocs reservats per als grups parlamentaris. El primer que arriba, el primer que seu. Míriam Nogueras lidera l'operació, es lleva ben d'hora i ens guarda uns llocs en una posició absolutament preeminent: a segona fila, immediatament darrere dels escons blaus del Govern.

Encara no som conscients del nivell d'animadversió de què serem objecte.

Nosaltres optem per saludar tothom, independentment del partit. Ens retrobem amb antics companys al Parlament. Amb altres diputats hem compartit relacions de govern a govern. Li faig dos petons a Inés Arrimadas, la conec d'abans que fos diputada. Des que vam entrar a la presó, no ha cessat en els seus exabruptes. Després, veuré que aquest gest genera una certa controvèrsia. El problema, en tot cas, el té ella, no nosaltres. Som com hem estat sempre. Mai no retirarem la salutació a ningú. Nosaltres podem mirar als ulls a tothom.

En aquest context, em sap greu que Ana Pastor —amb qui havia coincidit, jo com a conseller i ella com a ministra de Foment— no em doni la mà. Poca categoria, massa por de ser titllada de tova per parlar amb nosaltres. Un símptoma d'una cultura política emmalaltida. Per contra, la relació amb els membres del Govern —puc parlar amb el president Sánchez i amb els ministres de Foment, Justícia, Agricultura i Transició Ecològica— és cordial, educada. També ho és amb la gent del grup de Podemos, amb qui compartim bancada. M'assec al costat d'Alberto Garzón, líder d'Izquierda Unida, que té molt interès en els detalls concrets de la nostra reclusió i en el funcionament del sistema penitenciari per dins.

Però és a l'hora de prometre la Constitució que ens endinsem en un ambient tavernari, al·lucinant, propi d'altres èpoques. L'Espanya autoritària en estat pur. Els diputats de Vox, C's i PP criden, insulten, piquen de peus i mans a terra i a les taules. Malgrat el judici que encara estem afrontant, volem subratllar el nostre compromís amb les idees que ens han portat a la presó. Prometem «amb lleialtat al mandat democràtic de l'1 d'Octubre i al poble de Catalunya». Poc ortodox? Sí. Incòmode vist l'ambient? També. Arriscat en termes penals? Segur. Però no volem desaprofitar l'oportunitat per posar de manifest la situació d'excepció en termes democràtics que viu Espanya.

Quan s'acaba la sessió, ens demanen que ens mantinguem als nostres escons fins que no hagin sortit la resta dels diputats i diputades. Tot seguit, la policia, probablement armada, entra a l'hemicicle —un dels llocs més sagrats en qualsevol democràcia parlamentària— per endur-se quatre representants de la sobirania popular. És impensable que això pugui passar a qualsevol altra democràcia mínimament consolidada. A Westminster, ni la reina Elisabet no pot accedir a la Cambra dels Comuns.

La nostra condició de diputats serà efímera.

Marchena —que ja sap que no ens condemnarà per rebel·lió i que no ens pot aplicar l'article 384 bis de la Llei d'enjudiciament criminal— insta la Mesa del Congrés dels Diputats a suspendre'ns, a fer la feina bruta que ni el mateix Suprem s'atreveix a perpetrar. Malauradament —i això m'entristeix—, Meritxell Batet haurà tingut el singular privilegi de passar a la història per haver desballestat la separació de poders a Espanya, per haver ignorat els drets dels diputats teòricament emparats pel Reglament del Congrés i per la Constitució —aquesta Constitució emprada permanentment com a arma llancívola— i per haver emmordassat la veu de centenars de milers de ciutadans. Es negligeix la nostra immunitat parlamentària. Es vulnera el dret dels 350 diputats a poder votar el nostre suplicatori. Ni tan sols se'ns dona la possibilitat de comparèixer davant de la Comissió de l'Estatut del Diputat per poder-nos expressar.

El problema no el tenim només els independentistes catalans a qui Batet decideix silenciar, el té la democràcia espanyola. Amb la seva renúncia a defensar els drets dels electes des de la seva presidència, estarà donant carta blanca a aquells que en el futur decideixin tornar a deixar sense veu —de manera arbitrària— amplíssims sectors de la societat espanyola.

Avui som nosaltres, demà qualsevol altre que discrepi.

XIV

CINQUANTA-DUES SESSIONS EN CINC MESOS

El primer dia de judici

El primer dia que entrem a la Sala del Suprem quedo impressionat per la grandiloqüència de l'espai, el mateix on vuitanta-cinc anys enrere va tenir lloc el judici al president Lluís Companys i el seu Govern pels fets d'octubre del 1934. Paradoxalment, la sala de vistes està presidida per un immens escut republicà d'Espanya —sense les flors de lis borbòniques. També em crida l'atenció l'absència de la bandera d'Europa: el Poder Judicial és l'únic poder de l'Estat que no l'empra, una metàfora de l'autarquia en què està immers el Tribunal Suprem del Regne d'Espanya.

Per fi, veiem en directe tots els actors. Els set magistrats i els quatre fiscals —dels quals hem llegit a fons les biografies i la literatura jurídica—, les dues advocades de l'Estat, els dos representants de Vox i la lletrada de l'Administració de Justícia. Els advocats de les defenses ens són absolutament familiars.

A mesura que vagi avançant el judici, anirem coneixent actituds, rutines, tics o reaccions dels magistrats. I en farem clixés. El que escolta amb molta atenció i somriu. La que sempre pesa figues. El que s'indigna i gesticula ostentosament quan està en desacord amb les intervencions d'advocats o testimonis. El que mai no pren nota i manté una actitud hieràtica. El que té més aparença de domini tècnic. El que viu absort en el seu món interior, presumptament aliè al que s'esdevé en el judici.

Capítol a part és Manuel Marchena. Té un control excepcional de l'escena. A diferència de Llarena, és un antagonista —en un país normal un jutge mai no hauria de ser antagonista dels processats, perquè en un país normal no hi ha judicis polítics— de moltíssima categoria. Els primers dies som testimonis de la seva exquisidesa en les formes, que s'anirà relaxant a mesura que avanci el judici. Un autèntic «príncep de la paraula». Tanmateix, ja sabem que aquesta pulcritud inicial en les formes és directament proporcional a la contundència de les interlocutòries que ha dictat per negar-nos la llibertat.

Aquell entorn, aquells personatges —magistrats, advocats, fiscals, agents judicials— formaran part de la nostra quotidianitat durant cinquanta-dues sessions.

La nostra vida en un bucle

Les nits abans d'anar a judici dormo malament. Els nervis. Ens llevem d'hora, a les sis. Durant cinc segons se senten els cops a les parets de les nostres cel·les —contigües— que fem per despertar-nos els uns als altres. Per si de cas. És una de les múltiples expressions de solidaritat que hi ha entre nosaltres. A Soto del Real tots set som una pinya. Com mai.

Sortim del mòdul 10 per anar al mòdul d'ingressos. Allí ja ens esperen els efectius de la Guàrdia Civil que ens conduiran a l'Audiència Nacional. Avui la «cel·la de transició», una estança d'uns 25 metres quadrats, és plena de presos de tota mena i condició. Hi esmorzem, amuntegats. Me'ls miro. Desenes de biografies impactants. En algunes ens hi capbussarem, d'altres seran només rostres fugaços. Som els primers a marxar. *Los políticos. Los catalanes.*

Sempre que entrem o sortim de la presó hem de *huellar,* posar les empremtes en un petit giny per acreditar qui som. Jo sempre em poso l'últim: la màquina no em reconeix. M'expliquen que tinc les empremtes «deteriorades». Ho provem quatre, cinc, sis cops. Dec ser una mena d'holograma. Finalment, canviant de mà, surt.

Quedem sota control de la Guàrdia Civil, que ens fa un primer escorcoll. El tracte que ens dispensen sempre és bo. Ja els coneixem, quatre equips, sempre els mateixos, que fan els mateixos torns. Són gent propera, molt més flexibles que la Policia Nacional. N'hem parlat amb altres presos i la majoria té la Guàrdia Civil en bona consideració, millor que el tracte més dur i fred del Cos Nacional de Policia. El dia que vaig al Congrés ho explico a un diputat de Podemos-Izquierda Plural.

—Es lógico. La Guardia Civil existe desde antes de Franco y no le debe su existencia. Durante el golpe de Estado del 36, en muchas plazas permanecieron leales a la República.

Desde siempre sus sindicatos, a pesar de ser un cuerpo militar, han sido más progresistas que los de la Policía. Y, muy importante, el hecho de actuar en el mundo rural, que les confiere más proximidad con la gente.

Una versió que poden trobar inaudita els ciutadans de Catalunya que van viure, veure i patir l'1 d'Octubre. Però que s'ajusta força a la meva experiència carceràvia.

La furgoneta és la part més dura del dia. Pel mareig. El Quim i jo som els que ho passem pitjor. Dependrà del conductor i del trànsit. Entre trenta i quaranta minuts. Eterns. Sempre ens acompanya el so de la sirena, que, paradoxalment, em relaxa. Estem tancats en una mena de gàbia opaca sense cap referència exterior. Amb el pas del temps t'hi vas acostumant.

I arribem a l'Audiència Nacional, on la Guàrdia Civil ens lliura a la Policia Nacional.

Per bé que ho fem cada dia, no ens deixa d'impressionar la visió de vuit policies uniformats, en rengle, que ens esperen en un passadís «blanc-hospital» per escorcollar-nos i transvasar les nostres pertinences de la bossa verda de la Benemèrita a la bossa blanca del CNP. L'atzar decideix quin policia ens fa el *cacheo* —de cara a la paret amb els braços oberts— amb més o menys zel, més o menys cordialitat.

Segona furgoneta. Ara de la Policia Nacional, la que es veu a la televisió entrant de cul en una porta blanca del Tribunal Suprem. És més agraïda. Hi ha finestres tintades que ens permeten veure l'exterior, el Madrid que es va llevant. Fem tres viatges. Sempre en el mateix ordre. Primer, el Raül, l'Oriol, el Quim i jo. Segon, els tres Jordis. Tercer, la Carme i la Dolors.

Entrada al Suprem. Passadissos llarguíssims. A cada porta, a cada cantonada, a cada escala hi ha destacat un policia, generalment de paisà, per evitar que algú ens pugui veure. Cada dia les mateixes cares en els mateixos llocs.

Finalment, entrem a la sala on ens estarem mentre no comenci la vista. Ja són les vuit o un quart de nou. És una sala de juntes presidida per un retrat generós d'Alfons XIII. El rei foragitat per la força de les urnes reviu al Tribunal Suprem, tota una declaració d'intencions. Hi ha sis finestres immenses que romanen tancades per raons de seguretat. No veiem la llum del sol en tot el dia. Hi fa fred. Tanmateix, és un espai que ja ens l'hem fet nostre i on els nou presos i preses vivim moments extraordinaris.

A les deu ens fan pujar a la sala de vistes. Hi ha tot l'*atrezzo* muntat, ja hi són els magistrats, el Ministeri Fiscal, l'Advocacia de l'Estat, Vox i els nostres advocats. El públic hi entra després i intercanviem esguards amb la gent que ens estimem.

Acabem les sessions entre les sis i les vuit del vespre. Haurem de fer aquest mateix periple en ordre invers. Hi ha dies que arribem a la presó passades les nou. És simplement extenuant.

Cada dia el mateix. La nostra vida en un bucle.

La meva declaració

La primera fase del judici correspon als interrogatoris dels acusats. Obren foc Oriol Junqueras, Quim Forn, Jordi Turull i Raül Romeva. Quedo admirat de la serenitat amb què afronten aquell tràngol. A més, Forn i Turull, d'acord amb l'estratègia que hem fixat amb les nostres defenses, contesten a la Fiscalia en interrogatoris inacabables. Despleguen, ambdós, un coneixement molt precís de les seves respectives matèries i entren sense complexos en un cos a cos, més polític que jurídic, amb un ministeri públic que va força desorientat. Les sensacions, després d'aquestes compareixences, són molt bones.

Ja tenim clara la data del meu interrogatori. Una setmana abans, ens tanquem per enèsima vegada amb Jordi Pina i Ana Bernaola —a Lledoners ho hem fet també amb Míriam Company— per preparar l'interrogatori.

—Quan un client ha respost satisfactòriament l'interrogatori del Fiscal, el seu advocat no cal que faci gaires preguntes... —m'explica Pina.

Per tant, ens centrem a preparar un argumentari centrat en les possibles preguntes de l'acusació. Jo, de fet, només tinc dos elements significatius de càrrec: haver signat el full de ruta unitari cap a la independència el març del 2015 i no haver autoritzat, com a conseller, l'amarrament d'un ferri amb policies i guàrdies civils —el dels «Piolins»— al port de Palamós. Res més.

En una de les sales de Soto del Real —la de la foto del rei—, Jordi Pina, amb una fluïdesa conceptual que m'admira, escenifica possibles línies de defensa. Ho fa en veu alta, donant voltes a la sala i gesticulant amb les mans. Rèpliques i contrarèpliques. Interpreta totes les parts en una mena de diàleg virtual i apassionat. Té moltes hores de vol i una memòria prodigiosa.

—I si em pregunta que...

Hi ha respostes per a tot. L'Ana i jo prenem apunts. Ella els sistematitzarà d'una manera impecable i me'ls lliurarà al cap de dos dies. Tanmateix, ja disposem de molt material. Per la meva banda, m'he preparat a fons en dret constitucional i en dret marítim. Full de ruta i vaixell de Palamós. Pere Torres, el meu mestre, m'ajuda, com sempre, a endreçar les idees i em nodreix de continguts i d'arguments.

Ha arribat el dia. Per fi, em podré explicar. Decidim respondre només a la Fiscalia i a l'Advocacia de l'Estat.

—Por respeto a las personas que han sufrido discriminación por su raza, por su orientación sexual, por su origen y a las mujeres víctimas de la violencia de género, no pienso responder a la acusación popular representada aquí por un partido de extrema derecha.

Abans de començar els interrogatoris, denuncio que es vulnera el nostre dret a utilitzar la llengua catalana per mitjà de traducció simultània.

—Quizás algún día, los poderes del Estado entenderán que el catalán, la décima lengua más hablada de la

Unión Europea, no es una amenaza, sino una riqueza con voluntad de ser compartida.

Marchena em talla ràpid. Intueixo que s'emprenya. Comencem malament.

M'interroga l'exfiscal general de l'Estat, Consuelo Madrigal. El to, a diferència d'altres fiscals, no és gens crispat. Però em fa un interrogatori espès, lent, amb preguntes òbvies que m'obliga a respondre amb molts monosíl·labs.

Em desespero.

—Entiendo que la pregunta de la señora fiscal es una pregunta retórica...

Marchena em reprèn. Ara de manera contundent. Em sorprèn que Madrigal confongui els fulls de ruta i els faci dir el que no diuen, que no sàpiga si una autopista és titularitat de l'Estat o de la Generalitat, que desconegui com es nomenen o es destitueixen els consellers de Govern, que no entengui la diferència entre la funció legislativa i la d'impuls en els parlaments. Em desconcerta.

Però el més increïble és la manipulació de les proves acusatòries. És d'una gravetat sense matisos. La Fiscalia juxtaposa retalls de respostes diferents d'una entrevista a *El Nacional*, i confegeix una mena de «Frankenstein» amb l'objectiu de descontextualitzar les meves declaracions i posar en els meus llavis afirmacions absurdes. Una burda manipulació impròpia d'una fiscalia presentable en un estat de dret solvent.

La fiscal em fa un nombre molt considerable de preguntes sobre qüestions que no són del meu àmbit de decisió —moltes d'Economia i d'Afers Exteriors—, però que miro de respondre amb la màxima solvència de què soc capaç.

En el terreny més polític, insisteixo en la idea que, d'acord amb els valors de les democràcies modernes, és imprescindible que un sistema polític posseeixi legitimitat i això exigeix la interacció entre l'imperi de la llei i el principi democràtic. El sistema ha de ser capaç de reflectir les aspiracions del poble. De manera sostinguda en el temps, la immensa majoria de catalans —entre el 70% i el 80%— volem decidir pacíficament i democràticament el nostre futur com a nació votant en un referèndum pactat.

O política o Codi penal. O diàleg o repressió. Els forts pacten i troben sortides democràtiques, els dèbils imposen i retallen drets i llibertats fonamentals. I, avui, l'Estat espanyol, amb el Tribunal Constitucional al capdavant, té un dèficit greu de legitimitat.

Acabo responent a fons les preguntes sobre Palamós. El vaixell amb policies no va utilitzar cap dels dos mecanismes taxats i formals per demanar amarrar al port: ni la plataforma «Due Port», ni l'obtenció de la categoria de «buc d'Estat». D'altra banda, amarrar un ferri de l'eslora del «Piolín» hauria obligat a desactivar tota l'activitat de creuers i mercants durant quaranta dies amb unes pèrdues econòmiques, de reputació i de fiabilitat incalculables per al port de Palamós. Hauria estat una irresponsabilitat permetre-ho.

Quedo esgotat.

Ningú no sap res

En la fase de les proves testificals sentim més de cinc-cents testimonis. Cal subratllar que els testimonis tenen l'obligació de respondre totes les preguntes i de totes les parts. I que ho fan sota jurament o promesa de dir la veritat. S'acaba, així, la confortabilitat de les declaracions mediàtiques en què, massa sovint, el rigor queda volatilitzat.

Se'ns acusa d'haver perpetrat un cop d'estat, una rebel·lió en els termes de la del 23 de febrer del 1981. Una rebel·lió amb diversos moments culminants quant a la utilització de la violència i la intimidació: 20 de setembre, davant de la seu del Departament d'Economia, 1 d'octubre, 10 d'octubre i 27 d'octubre.

Però les compareixences de Rajoy, Santamaría i Zoido són sorprenents per avalar una acusació de rebel·lió. Ningú no en sabia res: s'està perpetrant, presumptament, un cop d'estat i cap dels tres màxims responsables polítics del Govern no té cap mena de coneixement dels operatius que es despleguen.

L'1 d'Octubre n'és la metàfora més descarnada. A primera hora del matí queda fulminat el mecanisme de coordinació entre les forces i els cossos de seguretat de l'Estat i els Mossos d'Esquadra i ningú no sap qui n'és el responsable. Les brutals càrregues policials s'interrompen a primera hora de la tarda i ningú no sap qui en va prendre la decisió. Del ministre de Defensa, en ple cop d'estat, ningú no en parla.

Rajoy. L'home que va liderar la campanya ignominiosa contra l'Estatut del 2006, xopada de catalanofòbia, el partit del qual, el 1978, no va votar a favor de la Constitució, que ara utilitza com a arma llancívola. En el Tribunal Suprem protagonitza un autèntic homenatge a la negació de la política. El testimoni, l'endemà, del lehendakari Urkullu serà inequívoc: el president Puigdemont va intentar bastir totes les vies de diàleg i d'interlocució i va topar amb un mur. L'objectiu era l'escarni, no d'un Govern, sinó d'un país que va protagonitzar una immensa onada de democràcia i civisme l'1 d'Octubre.

Santamaría. La responsable del CNI, que va ser incapaç d'interceptar cap de les 6.421 urnes de l'1 d'Octubre. Dibuixa, a preguntes del Ministeri Fiscal, un escenari quasi apocalíptic en termes de violència generalitzada a partir del 20 de setembre. I, tanmateix, és incapaç de concretar-ne cap episodi: la vicepresidenta del Govern construeix el seu relat a partir de la informació televisiva. En ple cop d'estat s'assabenta dels moviments dels sediciosos a través dels mitjans de comunicació. Explica que prenen la decisió de portar sis mil efectius de la Policia Nacional i la Guàrdia Civil el 22 de setembre, després de l'episodi del Departament d'Economia, però està acreditat que el vaixell dels «piolins» demana d'atracar al port de Palamós el 19 de setembre. Teòricament, l'exvicepresidenta declara sota jurament de dir la veritat.

I Zoido. Aquest home va ser el màxim responsable de la seguretat interior del Regne d'Espanya. L'1 d'Octubre hi era? Existia com a ésser conscient? Desconeix, també, la instrucció que va elaborar la Secretaria d'Estat de Seguretat en el sentit que l'1 d'Octubre s'havien de «prioritzar els criteris de seguretat per sobre dels d'eficàcia»? La història crec que serà d'una severitat rotunda respecte d'un home que va decidir emprar una violència desbocada contra una població pacífica, que, segons la seva pròpia descripció, *«estaban sentados y se cogían de las manos para evitar el acceso de la policía»*. Gran cop d'estat aquell que té com a armes braços alçats i entrelligats de la gent. Aquestes són les muralles humanes que s'abraonaren —amb gent asseguda— contra la Policia?

Però el testimoni més colpidor és el d'Enric Millo. Jo hi havia tingut una molt bona relació. Havia estat el meu portaveu adjunt, de CiU, al Parlament. Recordo que quan el van nomenar delegat del Govern espanyol li vaig trucar per felicitar-lo. Ara és, simplement, irrecognoscible. Sabia que les seves conviccions eren líquides —per ser generós amb l'expressió. Puc arribar a entendre, fins i tot, que hagi decidit de viure regalimant rancúnia —ha de ser esgotador viure així. Però d'això a mentir deliberadament per enfonsar els seus «enemics polítics» em genera una tristesa infinita. Ell és de Terrassa, sap com és la seva gent, com són els seus. Sap que el catalanisme i l'independentisme, de manera immensament majoritària, ha fet de la democràcia, el civisme i la protesta no violenta les seves credencials.

En fi, cadascú sap com dorm.

La part més esgotadora del judici són les desenes de testimonis de guàrdies civils i policies nacionals.

«Nunca en mi trayectoria como guardia civil había visto nada igual.» «Me recuerda a lo que pasaba en el País Vaso en los perores momentos.» «Lo que más me impresionó fueron las caras de odio de la gente.»

Són intervencions clonades i perfectament dirigides. El marc mental de violència per part dels votants que es pretén es nota que és tutelat i construït conjuntament amb el Ministeri Fiscal.

Hi ha un abisme entre allò que vam veure —i viure— l'1 d'Octubre i allò que expliquen que va passar. Guàrdies civils i policies nacionals, emparats en el seus TIP —números d'identificació— i en l'anonimat de les càmeres menteixen sobre fets perfectament constatables en vídeos i fotografies. I, tanmateix, el Tribunal decideix que no es puguin visionar per contradir, objectivament i de manera fefaent, els testimonis de l'acusació. Això suposa una afectació irreparable al nostre dret de defensa. Marchena imposa que hàgim de veure tots els vídeos en la fase documental, al cap de dos mesos, quan hi haurà una acumulació de material audiovisual, hores i hores, sense cap mena de context. La pell de xai del president de la Sala, les formes pretesament exquisides es van esvaint. Bons arguments per anar a Estrasburg amb solidesa.

Val a dir, això no obstant, que també podem escoltar testimonis seriosos, austers i solvents d'alguns efectius dels cossos o forces de seguretat de l'Estat que són condemnats a l'ostracisme i al silenci absolut dels digitals i les televisions més abrandats de Madrid.

Aquelles llargues setmanes de testimonis de les forces de seguretat de l'Estat em blindo mentalment —també a dins de la sala— devorant novel·les policíaques de Jordi Sierra i Fabra, l'escriptor català viu més prolífic i un dels meus herois personals.

Amb Jordi Cuixart desenvolupem una teoria quasi infal·lible: els testimonis que juren menteixen més que els que prometen.

—*¿Jura, o promete decir la verdad?* —Marchena, solemne.

—*Juro.*

Ens mirem en senyal de complicitat: «Ara patirem».

Després de cada jornada, al passadís o a la sala on ens confinen, felicitem i encoratgem els nostres advocats, que són capaços en condicions dificilíssimes de treure petroli. És especialment celebrat l'interrogatori que Xavier Melero fa a Soraya Sáez de Santamaría. L'esventra amb precisió quirúrgica. L'exvicepresidenta, en mans de l'advocat de Quim Forn, se sotmet a una cura d'humilitat que trigarà anys a oblidar.

—Has estat brillant! Quina rebregada! —li dic. Melero parla un castellà ric i amb molts matisos. La seva dialèctica és abassegadora—. Per arribar al 10, Xavier, només has de corregir una petitíssima imprecisió. No es diu *de motu propio*, es diu *motu proprio*, sense la de i amb dues erres. M'ho van ensenyar a l'Institut Cartogràfic i Geològic de Catalunya... —Melero encaixa amb la seva elegància de *gentleman* flegmàtic.

Arriba el torn dels testimonis de la defensa. I es produeix un nou gir sobtat en els criteris que empra la presidència de la sala. Tot allò que s'ha permès als testimonis de la Fiscalia quant a descripcions de context o valoracions subjectives ara és absolutament tallat d'arrel. Durant hores, tanmateix, escoltarem la immensa lliçó de dignitat amb què ens obsequiaran els ciutadans i ciutadanes anònims que van ser els protagonistes de l'1 d'Octubre i que ara compareixen davant del Suprem. Cada cop que acaben de declarar, la inefable Piedad —l'agent judicial— s'interposa físicament davant dels testimonis, en maniobres de contorsionisme inversemblants, per evitar que hi pugui haver contacte físic entre ells i nosaltres, que estem asseguts al banc dels acusats.

I l'última sorpresa. La Fiscalia ha estat incapaç d'aportar ni un sol vídeo que avalés allò que havien explicat els seus testimonis.

Els informes finals

Algun ingenu ens havia assegurat que en les conclusions definitives la Fiscalia trauria el peu de l'accelerador. La Fiscalia manté les peticions de penes de presó, inalterables. Vint-i-cinc anys per a Oriol Junqueras, disset per a Carme Forcadell, Jordi Sànchez i Jordi Cuixart, i setze per a Dolors Bassa, Jordi Turull, Joaquim Forn, Raül Romeva i per a mi.

Per al Ministeri Públic, el judici no ha existit; de fet, tampoc no els calia. N'han tingut prou amb un únic testimoni, el del tinent coronel Baena i la seva tesi de l'ambient insurreccional. Per als fiscals, tot és subversió:

els drets de manifestació, de reunió, de llibertat d'expressió, la desobediència civil pacífica... Tot. Cap prova. Només la criminalització d'idees legítimes.

El to que empren té una contundència extrema. Les acusacions, infames. El fiscal Zaragoza acabarà dient, mesos després, que allò pel qual se'ns ha processat és més greu que el cop d'estat del 23 de febrer del 1981.

Fruit de l'impacte emocional d'aquelles intervencions, dicto una piulada. «Després d'haver escoltat les intervencions dels fiscals, quaranta anys enrere aquesta gent ens hauria demanat la pena capital.» M'agradaria molt haver-me equivocat amb aquella piulada...

La darrera setmana del judici juguem en terreny propi. Hi ha els informes dels nostres advocats. Com peces d'un trencaclosques que encaixen una rere l'altra, els lletrats de la defensa van construint un relat que desmunta el de les acusacions. El positiu respecte del negatiu sobre uns mateixos fets. Tots dotze, els dotze advocats, actuen com un equip. Complementant estratègies, concentrant-se en cadascun dels flancs que havien desplegat el Ministeri Fiscal, l'acció popular de Vox i l'Advocacia de l'Estat des d'acusacions hiperbòliques.

Jordi Pina fa una intervenció que combina solvència tècnica amb passió, amb humanitat. No ha calgut que comentéssim res abans del seu informe. Es coneix amb un nivell de detall absolut els fets que se m'imputen i els desmunta amb tones de sentit comú que travessen la pantalla i connecten amb els centenars de milers d'espectadors que segueixen el judici.

El dret a l'última paraula

Des del dia que entro per primer cop a la Sala, penso en com haig d'afrontar aquest darrer tràmit. Hi dono moltes voltes. A cada sessió, a cada trajecte en la furgoneta. Tots som conscients que aquest és un moment absolutament rellevant en termes polítics d'un judici polític. Allò que volem que quedi del que hem fet i del perquè ho hem fet. Sé el que vull dir, però vull dir massa coses. Em costa molt d'endreçar-les. Escric mil cops el que m'agradaria expressar, però em queden intervencions eternes. I només tenim quinze minuts.

I el desllorigador ve d'allà on ve sempre: la Meritxell.

—Sigues tu. Parla des del cor.

Decideixo comparèixer davant del Tribunal sense papers. Vull mirar constantment els ulls dels set magistrats que m'estan jutjant i que sé del cert que em condemnaran. No perdre ni un instant de contacte visual amb ells.

Aquesta decisió incrementa, fins a nivells indescriptibles, els nervis previs.

Mentalment, m'he fet un esquema. Tres blocs —la justícia, la democràcia, l'esperança. Cinc minuts per a cada bloc. Tinc un cronòmetre davant. Estigui on estigui, arribats els cinc minuts passo al bloc següent. No portar papers et dona aquesta llibertat. Només tu saps allò que et deixes per dir.

La darrera part la faig pensant en els meus fills, perquè quan es facin grans entenguin per què el seu pare i els seus companys van ser a la presó, que val la pena lluitar per uns ideals nobles, que l'esperança sempre venç la por.

«*Hasta ahora, con sus resoluciones, con mi encarcelamiento, ustedes han decidido que yo no pueda ver crecer a mis dos hijos, a Bernat, de 10 años, y a Roger, de 4 años. Pero sea cual sea el sentido de la sentencia que acaben dictando no van a impedir que yo les pueda dejar algo extraordinariamente valioso: la dignidad de haber defendido unas ideas legítimas, unas ideas nobles. No van a impedir que les pueda dar un testimonio, un humilde testimonio de nuestro compromiso, de nuestra lucha democrática, tenaz, incansable, apasionada para conseguir que el día de mañana ellos puedan vivir en un país mejor, en un país libre, en una República Catalana donde sea simplemente imposible que alguien pueda ser encarcelado por haber defendido pacíficamente sus ideales.*

Hacemos nuestro el universal 'We shall overcome', «ens en sortirem». *Porque esta inmensa ola de libertad y de esperanza es imparable. Porque la esperanza es más poderosa que el miedo. Porque después de nosotros siempre vendrán más. No existen suficientes cárceles para encerrar el anhelo de libertad de un pueblo. Así de simple, así de transcendente.*

Acabo con unas palabras de Salvador Espriu en su «Inici de càntic en el temple». *Él hacía una apelación que hoy y aquí vale la pena recordar. Decía:* 'Ara digueu, nosaltres escoltem les veus del vent per l'alta mar d'espigues. Ara digueu —ara diguem— ens mantindrem fidels per sempre al servei d'aquest poble'.

Muchas gracias, señor presidente.»

XV

TOT ESPERANT JUSTÍCIA

La força que ens dona la gent

Com Godot, la justícia tampoc no va arribar mai. Tornem a ser a Lledoners després d'una nova «*cunda*» viscuda amb una normalitat poc sana. Ni l'autocar de la Guàrdia Civil, ni Valdemoro i les seves cel·les decadents, ni tampoc les llarguíssimes hores tancats a Zuera sense poder sortir al pati ens han impactat gaire. En efecte, ens hi hem acostumat amb una normalitat que mai no pot ser normal.

Quan arribem a Lledoners, abans de dinar i sota un sol de justícia, hi ha un grup considerable de persones que ens esperen a l'entrada de la presó. Gent que sempre hi és i a la qual devem una gratitud infinita.

Gent com el Joan BonaNit i la seva colla que cada dia, sovint en condicions climatològiques desagradables, puntualment a les 20.35 ens desitgen bona nit, un per un. La resta de companys del mòdul ja ho esperen i els responem en una litúrgia que va més enllà dels set presos polítics. Després, quan pugem al primer pis on hi ha les cel·les, en el replà de l'escala, de nit veiem —lluny— desenes de llums dels telèfons mòbils que es mouen.

—Demba, vols dir que ens reconeixen?

El Demba —«Diamante»— ha sortit tres o quatre cops de permís i forma part activa del grup del Joan BonaNit. Ha estat en diverses ocasions en aquell turó, més enllà dels murs que delimiten el nostre captiveri, i que per a nosaltres són la metàfora de la llibertat.

—Saben com aneu vestits i com es mou cadascun de vosaltres. Fins i tot allí hi ha gent que va amb «allò serveix per veure de lluny» —em respon en un català esforçat i acabat d'estrenar.

Gent com la que des de l'octubre del 2017 es concentra els set dies de la setmana davant de l'Ajuntament de Terrassa, per interpretar els cants de la llibertat. La Meritxell m'envia fotografies del Raval de Montserrat que fan que senti un immens orgull de ser terrassenc. A la majoria de municipis de Catalunya —i en totes les periodicitats possibles— hi ha concentracions similars, infatigables, autèntics alçaments de llum en la tenebra de la repressió.

Gent com les àvies i els avis de Reus, que van ser uns dels pioners a rebel·lar-se, i que van transformar el groc de la dignitat dels seus mocadors en una protesta tossuda a la plaça del Mercadal. Persones grans que en desenes d'iniciatives de la «Taca d'oli» com aquesta sacsegen consciències per tot el país. I torno a recordar aquella àvia de Terrassa: «Ja n'hem tingut massa durant massa temps, de por. Soc aquí per les meves netes. Perquè no vull que elles en tornin a passar mai més».

Gent que omple els centenars de sopars i dinars grocs i aporta a l'Associació Catalana pels Drets Civils i a la Caixa de Solidaritat uns recursos que han permès que les nostres famílies poguessin ser més a prop nostre quan hem estat a les presons de Madrid. Uns recursos amb els quals podrem fer front a les fiances per sortir en llibertat condicional o afrontarem la ignomínia del Tribunal de Comptes.

Gent que, silent, continua portant llaços grocs a les solapes i, sovint, ha d'escoltar algun retret o algun exabrupte per fer-ho.

Gent com la que ens acarona l'ànima amb milers i milers de cartes des de l'inici del nostre captiveri.

A Estremera, un funcionari amb qui vam establir una molt bona relació, davant de l'allau de cartes que rebíem em va preguntar.

—¿Qué os cuentan? Deben ser cartas con un tono muy crispado...

—Le planteo un reto. Cojamos al azar diez cartas, las que usted elija. Las hay en catalán y en castellano. Las que estén en catalán se las traduciré. En ellas solo encontrará toneladas de humanidad, de esperanza, de ternura

—tendresa, en català, m'agrada més—, *de dignidad. Ni una sombra de odio ni resentimiento.*

Aquests són els valors que ens fan imparables.

Mariona Vigués, historiadora però, sobretot, amiga, té cura d'arxivar totes les cartes que he rebut, amb criteris homologables, per tal d'acabar lliurant-les a l'Arxiu Nacional de Catalunya.

Gent com els membres del col·lectiu Ales i Llum que cada setmana des del primer dia de la presó ens obsequien amb una poesia.

Gent com la que ha impulsat iniciatives tan increïbles com «Cims per la Llibertat» o «Agulles per la Llibertat» a Montserrat i tantes altres que és impossible d'esmentar.

Gent com la que, massivament, s'ha desplaçat a Brussel·les per manifestar-se al costat dels nostres exiliats.

Gent com la que ha desbordat Barcelona les diades de l'Onze de Setembre i ha emplenat les places i carrers del país per demanar la nostra llibertat i el retorn dels exiliats.

Quan entrem novament a Lledoners, però, encara no podem ser ni remotament conscients que el nivell de mobilització que hi haurà després que es faci pública la sentència que ens condemnarà superarà totes les expectatives possibles i que serà, sobretot, gent molt jove qui es posarà altra vegada dempeus per defensar la causa de la llibertat.

És la força de la gent que dona sentit a la nostra captivitat.

Ens tornem a instal·lar a les nostres antigues cel·les. El mòdul 2 està molt més massificat. Vam marxar amb uns setanta interns i ara en som més de noranta. Han marxat molts dels nostres antics companys, però encara en queden força. Ells seran el nostre punt de sosteniment per afrontar la segona etapa a la presó. I reprendrem l'aventura d'endinsar-nos en les biografies d'aquells presos que, per a nosaltres, ara només són rostres.

Tots set, junts, cada cop parlem menys de política. A Soto ens teníem només a nosaltres. Aquí, però, l'impacte del dia a dia exterior és massa intens —faig servir un eufemisme prudent, mil·limetrat i asèptic. Estic convençut que a fora farem allò que ens vam conjurar a fer a Madrid: aplegar-nos periòdicament per dir-nos que ens trobem a faltar, per recordar vivències compartides i per continuar apassionant-nos per la República. Perquè el que hem viscut junts, juntes, és inesborrable. Perquè el que hem de continuar fent plegats per la causa de la llibertat de Catalunya, siguem on siguem, és massa important.

Tornem a les rutines. Tres recomptes al dia. A les 7.30, a les 14.30 i a les 21.30. A Soto era diferent: 8.00, 14.00 i 20.15. Els recomptes són la columna vertebral de les rutines carceràries. Els funcionaris passen cel·la per cel·la a comprovar que hi siguis i que estiguis bé. A Lledoners, cal que ens posem drets, al fons de la cel·la. A Soto, n'hi havia prou a moure el braç i saludar per demostrar que estaves viu. L'anada al poliesportiu de cada matí, de les 9.00 a les 10.30. Combino bicicleta estàtica amb una estona de màquines. Algun dia també jugo a frontennis.

Llegir, respondre cartes, fer el «destí» —ara netejant la sala de treballs manuals—, fer caminades pel pati, parlar —molt— amb els companys.

El canvi més important són les visites. En els locutoris setmanals, ara ja no hi ha el límit de deu visites cada sis mesos.

El meu germà, que és advocat, em ve a veure per locutori cada divendres. Fa anys que no hem parlat tant i tan intensament de tot. És una paradoxa de la presó que jo aprofito a fons. Les converses amb ell són com una mena de bàlsam setmanal. Comentem els locutoris amb la Mariona, la meva neboda, la Lucía, la meva cunyada, i la seva mare sempre sorprenent. El Lluís té un sentit comú que li permet encertar en totes les previsions electorals. Més fiable que les millors enquestes demoscòpiques dels diaris. La clava sempre.

—Què t'ha dit el teu germà? Com ho veu? —em pregunten sovint el Quim i el Jordi Turull.

En el nostre espai polític desendreçat i convuls sempre ens aferrem a totes les esperances...

Les visites institucionals es redueixen de manera significativa respecte de l'etapa anterior. Estan molt taxades. Tanmateix, puc mantenir contactes amb membres del meu equip al Departament de Territori i Sostenibilitat que continuen, ara, al costat de Damià Calvet —que em visita cada setmana. També ens venen a veure el president Torra, el president Torrent, el president Mas, el president Montilla i membres del Govern. Per a nosaltres són molt transcendents les trobades amb els grups parlamentaris de JxCat a les diverses cambres i amb alcaldes de tot el territori que ens injecten optimisme i ens fan de cordó umbilical amb l'exterior.

Les reunions amb els dos alcaldes de Terrassa, Alfredo Vega i Jordi Ballart, i el meu relleu a l'Ajuntament i bon amic Miquel Sàmper, els dos alcaldes de Porrera, Jonàs Macip i Joan Carles Garcia, i els dos alcaldes de Matadepera, Mireia Solsona i Nil López, tenen un especial impacte emocional per a mi per la meva vinculació vital amb aquests tres municipis.

Pertanyo al PDeCAT i, anteriorment a Convergència, partits sense els quals no hauria pogut servir des de les institucions en els nivells i les responsabilitats amb què ho he arribat a fer. Només hi puc tenir paraules de gratitud. En aquesta etapa de privació de llibertat, encara més. Des del primer moment, direcció i associats s'han abocat amb nosaltres, en tot i per a tot.

Malgrat les dificultats, el Quim, el Jordi Turull i jo, mirem de fer tot el que podem per col·laborar en la configuració d'un espai potent, endreçat i estable sobre la base de JxCat. Hi destinem temps i esforços.

Però hi ha dues visites a les quals dono una significació especial. Carles Campuzano i Lluís Recoder. Han vingut sempre a totes les presons on m'he estat. Des de molt jove per a mi són referents polítics i dos dels meus millors amics. Avui tenim visions polítiques allunyades respecte dels fets d'octubre del 2017 i, sobretot, de l'estratègia que ha d'emprendre el sobiranisme d'ara endavant. I, tanmateix, aquesta discrepància no modifica ni un mil·límetre el meu respecte i la meva admiració pels seus bagatges en l'àmbit polític, humà i personal. I el més important, la nostra amistat continua sent granítica.

Urnes a la presó

La vida a la presó transcorre amb elements que trenquen la nostra monotonia.

A Lledoners hi ha assemblees d'interns i eleccions. Les assemblees —que no es poden dir assemblees— es duen a terme periòdicament, dinamitzades per les educadores i la treballadora social, amb ordres del dia extensos i amb una certa capacitat de decidir. Sempre penso que valdria la pena enregistrar-les per constatar que a la presó, sovint, el sentit comú és lleugerament més estès que en el món exterior.

Un cop l'any, es fan eleccions per escollir el president i el secretari del mòdul. Enguany hi ha quatre candidats per a dues places. Fem l'acte de presentació de les candidatures a la sala de dia amb una presència multitudinària de públic. Els discursos són sòlids i algun, fins i tot, apassionat. L'endemà se celebra la contesa electoral. L'urna s'instal·la durant quatre hores en el lloc més preeminent del mòdul. La mesa es constitueix amb el pres més gran i el més jove, assistits per una de les dues educadores. La imatge és una paradoxa en ella mateixa, però amb molta potència plàstica i simbòlica: una urna en una presó on hi ha persones empresonades per haver posat urnes. Arrasa el Carles, amb més del 70 % dels vots. Coneix tothom i mira d'acompanyar tothom en les seves vicissituds diàries, tant vitals com jurídiques. És un home d'una cordialitat que no sembla tenir límits. Farà tàndem amb el nou secretari, José Conrado, un colombià seriós i eloqüent.

La tasca dels voluntaris i voluntàries és ingent. Per a molts interns les converses setmanals amb ells són mitja vida. El voluntariat és una de les expressions més rotundes del nivell de civisme d'una nació.

Al mòdul 2 hi ha molts terrassencs. Ens trobem de seguida i es genera una complicitat immediata. Sempre els pregunto a quin barri viuen. En els meus onze anys de regidor m'havia trepitjat a fons tota la ciutat. Hi ha gent del Centre, de Vallparadís, de Can Palet, de la Maurina, de la Zona Esportiva, de Can Jofresa, de Vilardell, de Ca n'Anglada, de Sant Pere Nord, de Sant Llorenç, de Sant Pere i de Ca n'Aurell. M'agrada poder parlar dels referents físics i humans que compartim. Quan l'Edu de Can Palet, el manetes del mòdul, surt de permís li demano que em faci fotos de la plaça Vella i del Parc de Vallparadís. Ell, quan torna perfumat, me les ensenya de seguida i puc viatjar mentalment per aquells racons de Terrassa que enyoro.

—*Todo ha cambiado mucho. Pero Terrassa es igual de bonita.* —Patriotisme terrassenc.

El Juanra, de la Maurina, està escrivint un llibre. L'anem comentant. Explica la seva vida a fora i a dins de la presó. Recorrem plegats, de manera virtual, espais que formen part de les nostres vides i que havíem compartit —sense saber-ho— abans que ens coneguéssim privats de llibertat.

Jordi Turull i jo compartim taula amb el Demba, el Gonzalo, el Ricard i un altre reclús que ve sovint. Els àpats no duren més de vint minuts, que aprofitem per fer una tertúlia breu però intensa amb el Ricard, un jove de setanta anys, que amb destresa fa de «crupier» de temes polèmics.

El Bernat em fa un meravellós regal de Nadal

Em ve a veure la meva mare, després de cinc mesos eterns. Va en cadira de rodes. La puc abraçar i fer-li tants petons com ella em feia quan jo era petit. Ve amb la meva germana, els meus nebots, el Nacho i l'Elisabet, i el petit Eduard. L'Eduard és el fill de l'Elisabet, el meu nebot net. Va néixer quan jo ja era a la presó. I quasi sempre l'he vist a través d'un vidre a coll de la seva mare.

Les estones amb els meus fills es dignifiquen respecte de Soto i es van normalitzant a mesura que el Roger es va recuperant de l'operació.

Quan fem els vis-a-vis tots quatre, el Bernat i el Roger demanen constantment la meva atenció. El Roger vol jugar. El Bernat vol parlar. I comença a ser difícil compatibilitzar els dos ritmes. Amb la Meritxell decidim un canvi contundent que una vegada em va suggerir Raül Romeva: fer —de tant en tant— vis-a-vis a tres. Un cop només amb el Bernat, un altre només amb el Roger. El canvi és increïble. La intensitat es multiplica exponencialment.

Dues setmanes abans de Nadal, el Bernat m'obsequia amb un dels moments més màgics que viuré a la presó. Ell i jo sols, en el pati del mòdul de comunicacions —la Meritxell és amb el Roger a dins— parlem del festival de Nadal de l'escola que jo em perdré per segon any consecutiu.

—Aquest any l'espectacle va del canvi climàtic, de com protegim el planeta. Fem cançons en català i també en anglès. La coreografia és molt xula!

—Quina llàstima que no us pugui venir a veure.

—Vols que t'ho ensenyi, pare?

Durant deu minuts, en un pati fosc, fred i sòrdid d'una presó, un nen de deu anys es posa a cantar i a ballar davant del seu pare pres, que quasi no pot contenir les llàgrimes i que creu que allò és un dels millors regals de Nadal que tindrà mai.

L'operació del Roger

Sempre que truco per telèfon —en els cinc minuts de les presons espanyoles i en els vuit de les catalanes— el primer que pregunto a la Meritxell és com estan els nens. Durant els cinc mesos la resposta és inalterable. «Bé, et troben molt a faltar.» I a partir d'aquí l'explicació de les anècdotes o vicissituds del dia o de la setmana.

Però des del gener, des de la caiguda del Roger a Lledoners, això no era veritat —si més no, del tot. Arran de l'accident li diagnostiquen una hidrocefàlia. No és conseqüència de l'accident, sinó «gràcies» a l'accident que es descobreix que té aquesta patologia. Quina paradoxa més recargolada.

La Meritxell va prendre la decisió de no dir-m'ho. De fet, encara no hi havia simptomatologia i ens podíem esperar a fer les proves per acreditar si calia, o no, instal·lar-li una vàlvula.

A Soto del Real, no sé si ho hauria resistit. L'isolament de la presó, a 650 quilòmetres de distància i en ple judici que, en si mateix, és com una mena de muntanya russa emocional. S'ha de viure per entendre-ho amb tota la seva magnitud. La Meritxell em va ocultar una informació tan sensible amb l'únic propòsit de protegir-me. Això vol dir que ella suportava tota la tensió. Quines espatlles més amples. Pensant-hi, encara quedo admirat de la seva fortalesa, de la seva temprança. I m'avergonyeixo de les qüestions tan intranscendents amb què la podia incomodar. I malgrat tot, sempre va estintolar els meus sentiments. Sempre.

Un cop retornats a Lledoners, la Meritxell em diu que li faria il·lusió venir-me a visitar com a càrrec públic: havia acabat d'incorporar-se com a regidora a l'Ajuntament de Terrassa. M'incomoda. Però atesa la seva insistència, planifiquem una trobada un dimarts a la tarda, en l'horari fixat pel centre per rebre visites institucionals.

Hi vaig després de la classe d'informàtica. Un sisè sentit em diu que passa alguna cosa estranya. Entro a la sala on es fan els vis-a-vis familiars i les visites amb càrrecs públics. No tinc ni temps de reaccionar.

—Et presento el doctor Raspall, t'ha de parlar del Roger.

—Què li passa? —barbotejo. Sempre t'esperes el pitjor del pitjor.

—Tranquil, potser l'hauran d'operar però no hi ha perill. Recordes el cop al cap? Doncs...

L'explicació del metge és llarga, pedagògica, tranquil·litzadora. Un bàlsam.

En acabar, ens quedem sols amb la Meritxell. Cinc minuts, només cinc minuts. Una abraçada perquè no calia dir-nos res.

A fora hi havia la nova directora, la Susanna. Un àngel —i aquesta és una definició que crec que podria compartir amb la immensa majoria dels interns de Lledoners. Ho havien arranjat tot amb la màxima cura possible.

Primer caldrà fer una petita intervenció a fi que li col·loquin una sonda per tenir dades i valorar si, posteriorment, cal o no instal·lar-li una vàlvula i un catèter permanents per drenar el líquid cefalorraquidi. L'endemà l'han d'ingressar al Vall d'Hebron i dijous l'operen.

La primera petita intervenció la visc des de la presó a l'espera que el Suprem m'atorgui permís per anar-hi. El Suprem em dona la primera autorització per anar a l'hospital. Hi vaig en cotxe no logotipat dels Mossos, però els quatre efectius que em custodien vestits d'uniforme. L'arribada a l'hospital, per la porta de darrere, és impactant: anem pels passadissos i la gent ens mira sorpresa.

Per fi arribem a l'habitació. Com que la intervenció és al cap, l'hi han hagut d'afaitar. Veure el teu fill amb el cap totalment pelat impressiona.

Juguem molt ràpid. No tinc ni temps de veure els veïns —un nen adolescent, el llit del qual estava separat per una cortina. Només em van donar vint minuts. El Tribunal Suprem no ha fixat cap límit. El límit el fixen els comandaments dels Mossos: hi ha por, molta por. Quim Forn va tenir la mateixa sensació quan el dia que va anar a prendre possessió de regidor els mateixos Mossos li van limitar veure la seva mare. A Madrid la Guàrdia Civil i la Policia es nota que manen. Són més flexibles. No tenen por. La decisió de limitar el temps no és dels quatre efectius que em custodien i que tenen un tracte professional i proper. Ho vull subratllar.

M'acomiado del Roger. És dur perquè està lleugerament «creuat», està enfadat perquè no hi soc i m'ho fa pagar. Amb tanta poca estona no tinc temps per revertir-ho.

Pugem, evidentment custodiat d'uniformats, al despatx de la doctora Poca. Amb el seu accent de transició, de la Conca de Barberà, és clara a l'hora de dir que cal operar. Dues opcions: la setmana següent —som a mig juliol— o el 20 d'agost. Depèn de la disponibilitat de quiròfan. Al cap de tres dies ens comuniquen que serà el 20 d'agost.

Demanem permís al Suprem, novament, per ser amb el Roger el dia de l'operació. També presentem un segon escrit per insistir en la meva llibertat. Si soc a la presó per «risc de fugida», és inaudit pensar que pugui fugir amb el meu fill petit a punt de sotmetre's a una operació tan seriosa.

I es torna a filtrar. A través d'*El Confidencial*. El Suprem, ara, apareix com a magnànim. De cop, sense poder-ho gestionar, tota la nostra vida surt als mitjans. El dia de l'operació, l'hora, el lloc, la gravetat. Tot. Sense gaires filtres. Fins i tot és la primera notícia dels brevíssims informatius de Kiss FM: «*El Supremo autorizará al político preso Josep Rull a asistir a la operación de su hijo el veinte de agosto*». Sense context, sense capacitat de dir, de fer, de matisar. D'acceptar si vols explicar el què —com ho faig ara— o no.

Cada dia des d'aleshores és un patiment intens.

El suport dels sis companys fins al dia de l'operació és increïble. I també dels altres presos i funcionaris. I de les desenes de cartes que rebo. Són d'una tendresa i d'una sensibilitat que sembla no tenir límits.

És 20 d'agost. Arriba el dia de la intervenció.

El petit va amb el cap rapat, del tot. La imatge és realment impactant i penses en altres malalties en què la pèrdua dels cabells n'és l'expressió externa més evident i t'adones del patiment dels pares i com de malmesa resta la pròpia autoestima de l'infant o de l'adolescent. Al Roger, amb quatre anys, li va costar de veure's calb i de reconèixer-se a si mateix. Malgrat que entre els dos competeixen per poder estar més estona amb el pare, el Bernat va entendre que aquell dia la preferència l'havia de tenir el Roger. Un Roger esverat i vital com sempre.

L'operació havia de ser a les vuit del matí. L'autorització del Suprem és precisa. Puc ser-hi una estona abans de l'operació, durant i una hora després.

He dormit bé. Els somnífers fan miracles i fins i tot et treuen l'angoixa de no sentir el despertador. Em llevo d'hora. A les 5.30. Escolto la ràdio. Avui excepcionalment escullo la SER, que té les mateixes sintonies i seccions que m'havien acompanyat a Madrid cada dia de judici. Això em tranquil·litza. Les rutines et donen seguretat. Passo per tot el periple de les empremtes i el lliurament, en aquest cas, als Mossos. Em trasllada un equip diferent de l'habitual. No són gaire parladors. Crec que han tornat a rebre instruccions de ser al màxim de zelosos. Tenen por que, com que l'operació s'ha anunciat tant, hi hagi concentracions a fora de la presó o a l'entrada de l'hospital. Res. La gent és extraordinàriament respectuosa amb un tema tan sensible com aquest.

El zel s'accentua en arribar a l'hospital. Ara ja són quatre efectius. Hem de tenir la porta de l'habitació permanentment oberta i jo haig d'estar en un angle que els permeti la meva visió permanentment. Ens adverteixen que res de mòbils ni missatges, ni trucades, ni tuits. Fan identificar tothom que hi entra. Per bé que no van d'uniforme, la seva presència és molt estrident.

Al Roger, ens diuen ara, l'operaran en el segon torn: a les onze en lloc de les vuit.

Tres hores increïbles. De fet, feia divuit mesos que jo no estava sol —amb la Meritxell— amb el meu fill petit fora d'un entorn carcerari. Juguem, li explico contes, riem, pintem. La Meritxell «me li permet regalar» un estoig amb 24 retoladors. Ens «confessem» els nostres colors preferits. Massa mesos sense tenir l'oportunitat de parlar amb ell d'aquestes qüestions menors —i tan normals per a les famílies «normals». Quan ens trobem a la presó tot és massa estressant. Quina paradoxa que hagi pogut fer de pare en plenitud en un hospital, 600 dies després...!

Dic a la Meritxell: «Jo podria fer de pare molt bé». I s'enfada.

Han passat les vacances a Porrera, al Priorat amb els avis i els cosins. El meu sogre m'explica que el Roger li insisteix que no vol que l'operin una altra vegada. «T'han d'operar perquè et puguis fer alt i fort.» La resposta del petit és increïble: «Així podré treure el pare de la presó»...

Arriba l'hora. Ell se n'adona. I li fa por. Malgrat els arguments de l'avi Eduard.

El posen en una llitera que es veu immensa. I baixem al quiròfan. Ell, la Meritxell i jo, amb el zelador i dos mossos d'esquadra baixem per l'ascensor i ens endinsem a la sala on hi ha la «finestra» d'accés al quiròfan. Hi entrem tots. Mossos inclosos. Estem perplexos. Calia? Fins allí?

El Roger plora i el comiat és tan dur com qualsevol es pugui imaginar.

L'espera és llarga. Dues hores. I tots els pensaments del món. Ens deixen estar a l'habitació: és més discret que fer-ho a la sala d'espera de la planta dels quiròfans.

I arriba la infermera.

—El Roger vol veure la mare!

Quines paraules més balsàmiques! S'ha despertat i està conscient. Em feia por l'anestèsia i em feia por la recuperació del ple discerniment. I demana per la mare, «la mare marona». Ella baixa a reanimació i jo soc immensament feliç. Ell està bé. La resta —en majúscules— ara no m'importa: ni el Suprem, ni la condemna, ni els fiscals.

Al cap d'una hora pugen a l'habitació. M'abraço amb la Meritxell. Molt. Molt fort. I em menjo a petons el Roger.

La metgessa, la doctora Poca, ens explica que tot ha anat bé. I com evolucionarà tot plegat. L'atenció que vam rebre de l'equip de professionals al Vall d'Hebron va ser excepcional. Tenim un gran sistema sanitari.

El petit està masegat. Té poques ganes de parlar, diu que li fa mal tot. Arriba un dels pallassos, que fan una feina impagable, i aconsegueix arrencar-li un somriure.

A mi em queda només una hora per ser amb ell. Demano poder quedar-me fins que begui aigua per primer cop. Però una hora és una hora. Puntualment, a les cinc, marxem. El deixo allí i se'm trenca l'ànima. Només tinc ganes d'arribar a la presó per poder trucar i saber si ja ha menjat i que el postoperatori s'ha clos satisfactòriament, si més no en aquesta primera etapa.

La directora de la presó em suggereix que demani un nou permís per a dijous —al cap de dos dies. Si fos condemnat i no preventiu me'l donarien aquell mateix dia. Ho fan amb tothom amb les mateixes circumstàncies. Però com a preventius, tot ha de passar pel Suprem i triga, de mitjana, 24 hores. L'entro de seguida. La Junta de Tractament es reuneix l'endemà a primera hora i trasllada la petició a Madrid. Responen ràpid.

Els companys —els sis presos— i la resta d'interns em traslladen mostres de suport indescriptibles. Som una família.

Després del recompte del matí baixo corrents a trucar. La nit ha anat bé. Ja ha menjat sòlid. Aquell dia gastaré pràcticament totes les trucades de la setmana. Me'n donaran més.

Dijous torno a l'hospital. No transcendeix. No hi ha pressió mediàtica. Els mossos que em custodien —els habituals de Lledoners que fan els trasllats— estan més relaxats. Menys pressió, mateixa eficàcia, més comoditat per als professionals del Vall d'Hebron, per a la meva família i per al nen.

Quan hi arribo és com si li injectessin una dosi potentíssima d'energia. Els metges diuen que en veure'm «reneix». Ja seu. Riu. Al cap d'una estona, arriba la meva cunyada Mireia amb els cosins del Roger —l'Aduna, el Mikel i la Leire. Jo feia un any que no els veia. Estan molt grans, immensos. I són un altre revulsiu per al Roger.

Em donen dues hores. Cada segon el torno a acaronar com el tresor més valuós del món. Al cap de dos dies el donen d'alta. El TAC ha anat bé. Per a mi això és un autèntic dia «D+1» de la meva captivitat.

XVI

LA SENTÈNCIA

La sentència està a punt de sortir. Jordi Pina i Quico Homs venen —com sempre— cada setmana. Ocasionalment, s'hi afegeix Míriam Company. Els nervis són a flor de pell. El més admirable és com els advocats veterans encara creuen en la justícia de la Justícia.

—Com a màxim, vuit anys. Com a màxim, màxim. Tu, Josep, entre quatre i sis.

El Quico és més escèptic. Sap el pa que s'hi dona. Ell ho ha patit en carn pròpia com a condemnat pel 9-N. Fem travesses sobre la rebel·lió atenuada, sobre la sedició impròpia, sobre la incapacitat d'acreditar-se la malversació.

—El que seria lògic seria desobediència i punt. —Entusiasme incaut.

En efecte, el que seria lògic. Perquè en termes objectius el judici ens va anar molt bé: les nostres defenses van «desmuntar» el cas amb un desplegament de destresa tècnica i jurídica. Però en aquests dos anys de presó ja hem vist que la visió jurídica i de legalitat penal, al Suprem i a l'Audiència Nacional, és poc rellevant.

Com és habitual en el Tribunal Suprem espanyol, es filtra la sentència quatre dies abans. Impresentable. Serà sedició i no rebel·lió. Els «*mentideros*» diuen que ens aplicaran un tipus més lleu, però amb penes més altes.

—La sentència sortirà demà. Diuen que a mig matí. Jo seré aquí des de primera hora —s'anticipa Francesc Homs amb qui durant aquests mesos he teixit una amistat extraordinària.

Arriba el Dia.

—Turull, Rull i Forn a cabina! —És la megafonia del mòdul.

Ens diuen que hem d'anar a comunicar. Sortim convençuts que és el Quico. A mig trajecte cap al mòdul de comunicacions ens intercepta un funcionari.

—Es el agente judicial. ¡Mucha suerte!

No estem psicològicament preparats. Ens mirem amb cara de consternació.

Les pulsacions s'acceleren. Caminem més ràpid. El mecanisme de la doble porta —a la presó mai no hi pot haver dues portes corredisses obertes al mateix temps— avui és exasperantment lent.

—Us esperen als locutoris —diu un altre funcionari.

Hi entrem esverats i de seguida veiem l'agent judicial del Suprem acompanyat per l'inspector de la Policia Nacional, adscrit a l'Alt Tribunal. Els coneixem bé.

—*Buenos días, les venimos a comunicar la sentencia.* —La frase és d'una originalitat sense parió.

Pren una capsa de cartró i treu tres exemplars de la sentència. Però són massa gruixuts perquè puguin passar a través de la ranura per la qual advocats i agents judicials ens acostumen a lliurar documents.

—*Vamos a las salas de comunicación para las familias* —suggereix el funcionari de la presó que assisteix a aquella litúrgia macabra.

Allò és un turment. En aquells papers que tenim tot just a dos pams, només separats per un vidre, hi ha escrit el nostre destí i, ara, encara ens haurem d'esperar uns minuts per poder-lo conèixer.

Tinc el cor desbocat.

Com tres anyells, el Quim, el Jordi i jo, recorrem el passadís que ens ha de menar a la sala de comunicacions on, justament, faig els vis-a-vis amb els meus fills.

Se'ns fa llarg.

Quan hi arribem, ells ja hi són. L'agent judicial està assegut i sobre la taula hi té les sentències. L'inspector roman dret, darrere seu, per si de cas.

El Jordi va a barraca.

—*¿Nos lee directamente la condena?*

—*De acuerdo, vamos directamente al fallo si les parece.*

«Si les parece», diu. Estem tots tres drets davant d'ells. El Jordi al mig, jo a la dreta i el Quim a l'esquerra.

—*Empezamos por usted, «Turul». Debemos condenar y condenamos a Don Jordi Turull i Negre a las pena de doce años de prisión y doce años de inhabilitación absoluta...*

Quedo estabornit.

«Com a màxim vuit anys», ens deien...

Jordi Turull torna a fer de Jordi Turull.

—*¿Tenemos que pagar algo?*

L'agent judicial queda sorprès per la primera reacció d'un condemnat a dotze anys de presó.

—*Esto lo va a sustanciar el Tribunal de Cuentas cuando corresponda.*

S'adreça a mi.

—A ver, «Rul». Debemos condenar y condenamos a Don Josep Rull i Andreu a las penas de diez años y seis meses de prisión y a diez...

Estic tan impactat que el sis mesos ja ni els processo...

«Deu anys! Collons, collons, collons».

Miro cap al Quim. Està molt pàl·lid i el seu rictus facial té la inexpressivitat pròpia d'aquell que està immers en el marasme del patiment més absolut. M'imagino què deu estar pensant. «Si al Turull per un anunci li cauen dotze anys i al Rull per un vaixell, deu anys i mig, jo que soc el conseller de la policia, cadena perpètua directament.»

L'agent judicial no troba el seu nom enmig de tot aquell enrenou de papers.

Cinc segons. Deu segons. Quinze segons...

Per al Quim es fan eterns.

Ara està absolutament encarcarat.

Per fi, l'agent judicial reacciona.

—Ya está. Disculpe, Forn. Debemos condenar y condenamos a Don Joaquim Forn i Chiariello a penas de diez años y seis meses de prisión y diez años y seis meses de inhabilitación absoluta.

Després ho comentarem amb ell. Ha tingut una mena de sentiment ambivalent resumit en «quina merda però hauria pogut ser pitjor».

Quan nosaltres ja marxem amb la sentència sota el braç, ens trobem la resta de companys que s'adrecen al patíbul. Però tots ells ja han conegut per la ràdio o per la televisió de la cel·la quina és la seva condemna.

Tot plegat és molt bèstia. Però el més brutal són els dotze anys de la Dolors i els onze anys i mig de la Carme.

A peu dret em llegeixo la part de la sentència que fa referència al meu judici d'autoria per sedició —se m'exonera de malversació. Són tot just vuit pàgines força mal redactades. Per una de les múltiples filtracions a la premsa del mateix Tribunal, sabré que la meva part l'ha feta el magistrat Berdugo Gómez de la Torre, aquell magistrat que no prenia mai cap nota. Em condemnen a deu anys i mig pel vaixell de Palamós i per haver cedit la seu de l'Agència de Residus per al referèndum. Tot plegat amanit per una tirallonga de vaguetats i llocs comuns. Dins meu encara hi ha latent un advocat que em portava a pensar que, sent la màxima instància jurisdiccional de l'Estat, hi hauria més esforç, més imaginació, un relat més sofisticat sobre la meva participació en la sedició de què se'ns acusa. Però no. Només un *barco* i un local.

La lectura de les parts corresponents a la resta de companys es mou en paràmetres similars.

No calia que féssim el judici: ja estàvem condemnats d'entrada. «*Nosotros salvaremos España.*» Venjança pura. Sense matisos. Una autèntica ignomínia. Condemnant-nos a nosaltres s'ha volgut escarnir els dos milions i mig de catalans que van votar l'1 d'Octubre.

Aquí no es jutgen fets il·lícits. Aquí es persegueixen idees legítimes.

La jurisprudència que fixa la sentència 459/2019 és un autèntic avís per a navegats. «Si d'ara endavant les manifestacions són massa massives o massa discrepants, poden ser qualificades com a sedició.»

Nosaltres ja havíem avisat. I ho reiterem: avui som els independentistes, demà qualsevol altre que gosi discrepar.

I, tanmateix, no ens rendirem.

INICI DE CÀNTIC EN EL TEMPLE

Ara digueu: «La ginesta floreix,
arreu als camps hi ha vermell de roselles.
Amb nova falç comencem a segar
el blat madur i, amb ell, les males herbes».
Ah, joves llavis desclosos després
de la foscor, si sabíeu com l'alba
ens ha trigat, com és llarg d'esperar
un alçament de llum en la tenebra!
Però hem viscut per salvar-vos els mots,
per retornar-vos el nom de cada cosa,
perquè seguíssiu el recte camí
d'accés al ple domini de la terra.
Vàrem mirar ben al lluny del desert,
davallàvem al fons del nostre somni.
Cisternes seques esdevenen cims
pujats per esglaons de lentes hores.
Ara digueu: «Nosaltres escoltem
les veus del vent per l'alta mar d'espigues».
Ara digueu: «Ens mantindrem fidels
per sempre més al servei d'aquest poble».

SALVADOR ESPRIU

XVII

EPÍLEG

En una de les visites dels meus amics de la colla de Terrassa va arribar la pregunta que, per òbvia, quasi ningú no et fa.

—Què és el que trobes més a faltar a la presó?

Evidentment, en termes emotius, immediats, la família, els meus fills, la Meritxell, la mare, els meus germans, la gent que m'estimo. Però, en termes estructurals, la resposta és d'una simplicitat quasi ofensiva.

—La llibertat.

No parlo tant de la llibertat en termes morals, transcendents, èpics —que depèn de la força interior d'un mateix i que en aquests anys no han aconseguit arrabassar-nos—, sinó sobretot de la llibertat vinculada a les qüestions aparentment més banals que sovint no valorem, però que constitueixen l'essència mateixa del concepte.

—Ara vosaltres quan sortiu podeu fer tries sobre la vostra vida que us semblen irrellevants. Podeu decidir si us atureu a Sant Joan de Vilatorrada a fer un cafè o no, si quan passegeu per un carrer de Terrassa entreu a aquella botiga o no. Podeu decidir quin itinerari escolliu per anar a casa o què menjareu per dinar o per sopar. Podeu decidir quan quedareu entre vosaltres i on. Podeu decidir si aneu a visitar els vostres pares o baixeu al parc amb els nens i a quina zona del parc aneu. Fins i tot podeu decidir de quedar-vos asseguts en un banc de la plaça Vella i fer-ho l'estona que vulgueu i quan vulgueu. La nostra vida està confegida per una infinitat de petites tries diàries a les quals no els donem cap mena de valor. Però el tenen. I, tanmateix, només te n'adones quan perds aquesta capacitat de decidir sobre les coses aparentment més minúscules i intranscendents.

Se't sotmet a una infantilització massa sovint portada a l'absurd. El sistema, més enllà de criteris de seguretat absolutament lògics per a delictes de naturalesa violenta, té un constant biaix cap a la renúncia gradual del teu discerniment.

Tot plegat, allò que vaig poder viure —quan vaig sortir unes setmanes— i sobretot allò que m'han anat explicant companys de captivitat, em fa recordar les primeres hores de llibertat del personatge interpretat per Morgan Freeman a la pel·lícula *Cadena perpètua*. La seva desesperació inicial en haver de viure, després de dècades de captiveri, en un món obert on l'únic límit era la seva pròpia voluntat. Quan la vaig veure per primer cop creia que allò era una exageració —parlo de la incapacitat de prendre decisions. I no. Realitat i ficció s'assemblen com dues gotes d'aigua.

Moltes hores de solitud a la cel·la, llargues i tedioses sessions de la vista oral del judici, la lectura de tantes i tantes impagables cartes que te'n parlen o la munió d'entrevistes periodístiques que t'ho pregunten... He viscut en un entorn propici a fer-me repetitivament dues preguntes: vam fer bé? Ha valgut la pena?

Qui hagi llegit fins aquí ja sap la resposta: en tots dos casos, un rotund sí. Sí, vam fer bé.

Malgrat alguns errors, en conjunt vam fer bé perquè qualsevol alternativa hauria estat pitjor. La nostra unilateralitat, tan feréstegament criticada, fou una unilateralitat forçada, una resposta a la sistemàtica i unilateral acció de l'Estat profund, amb la complicitat entusiasta o resignada de la classe política espanyola, per anorrear l'autogovern polític i, així, qualsevol pretensió d'identitat nacional.

Perquè, malgrat la nostra permanent voluntat d'acord, a l'altra banda no s'ha volgut dialogar, acordar, negociar; i s'ha fet tot el que s'ha pogut per ignorar-nos, per menystenir-nos, per no voler-nos escoltar ni entendre. Per això vam fer possible l'1 d'Octubre i vam prendre les determinacions necessàries per deixar clar que el seu resultat no era anecdòtic, sinó un mandat democràtic que volíem i havíem de respectar. Ho hem dit sempre i ho tornem a dir: aquest camí va començar a les urnes i només s'acabarà a les urnes.

L'exercici —real, efectiu, imprescindible— del dret d'autodeterminació és la solució, no pas el problema.

Aquesta convicció, però, no lleva la segona pregunta abans esmentada: ha valgut la pena?

I, de nou, la mateixa resposta: rotundament, sí.

En desgranaré tres motius.

El primer, l'èxit de l'1 d'Octubre. Quina societat democràtica no voldria tenir un 1 d'Octubre a la seva història? Quina societat democràtica no se sentiria orgullosa que la meitat de la seva població adulta realitzés un acte de desobediència civil, en actitud sempre pacífica, per tal de defensar l'exercici del dret a votar malgrat tenir al davant unes forces de seguretat disposades a atonyinar qui convingués? L'1 d'Octubre l'Estat espanyol es pensava trobar un poble poruc i es va trobar un poble alçat i determinat.

Un poble digne, un poble hereu de tantes generacions que ens han precedit que han lluitat per la llibertat.

El segon, l'aprenentatge obtingut. Fins als fets d'octubre del 2017, ens movíem sempre en el terreny de les hipòtesis; ara ja tenim una informació precisa del que hi ha darrere del mur. Sabem quins camins són plausibles i quins altres són inviables. La nostra obligació és confegir-ne una cartografia honesta i solvent per a la propera escomesa democràtica.

I el tercer, la garantia del relleu. La joventut catalana actual ha viscut amb una normalitat diferent de la meva. Ha nascut, ha crescut, s'ha format en un estat formalment democràtic, però que retalla drets fonamentals, i amb una Catalunya dotada d'una autonomia, que, tanmateix, és precària i insuficient per construir escenaris d'oportunitats i progrés. El risc d'acceptació resignada d'aquesta aparent normalitat —per manca de contrast amb altres experiències—, era alt, però s'ha desactivat. Aquests últims anys hem pogut constatar com els joves d'aquest país han fet plenament seva —naturalment seva— la causa de la llibertat de Catalunya. Assegurar que, després de la nostra, hi ha unes generacions disposades a assumir aquesta responsabilitat i completar el somni fa que tot plegat també hagi valgut la pena.

Vam fer bé i ha valgut la pena. I, ara, què?

Ara, hem de perseverar.

I ho hem de fer amb intel·ligència i constància, amb determinació i fermesa. Amb unitat i respecte, democràticament, pacíficament. Aquests són els valors i actituds sobre els quals ens hem de conjurar col·lectivament.

I que ningú no ho dubti —tampoc nosaltres mateixos—: ens en sortirem. El repte que tenim davant és immens. Però no ens espanta, al contrari, ens motiva i il·lusiona.

Ens esperona.

Construir una República de ciutadans lliures i honestos pot semblar un desig romàntic i fora del temps que ens ha tocat viure. Res més lluny de la realitat: és un anhel compartit, una ambició noble i un compromís generacional, vital.

Han volgut retenir-nos mitjançant la por, l'amenaça, la coerció... I ens n'han fet, de por —seria absurd negar-ho. Tanmateix, la por no ens ha inhibit, sinó al contrari: com que no volem viure amb por, hem d'emancipar-nos d'aquells que ens la volen imposar.

Contra la por, doncs, l'esperança, que és victoriosa. Potser no a la primera o la segona... però la llavor sembrada de llibertat i d'esperança creixerà imparable fins a vèncer.

Perquè abans que nosaltres molts altres també han patit càstig i ignomínia i, malgrat tot, van ser llavor. I després en vindran més per recollir el nostre testimoni.

Perquè nosaltres només som una baula més en l'anhel de llibertat de Catalunya. Perquè no ens rendirem mai. Mai. Perquè ens mantindrem fidels per sempre més al servei d'aquest poble. Sempre.

Perquè l'esperança és més poderosa que la por.

Agraïments

Als meus editors, Jaume Ciurana i Núria Sales. I a Damià Calvet, Pere Torres i Jordi Rodó. Tots cinc m'han donat l'impuls i la confiança per fer possible aquest projecte que em semblava inabastable.

A Eva Godàs, que amb el seu sentit crític insubornable i amb la seva intuïció i talent m'ha ajudat a confegir l'arquitectura d'aquest llibre.

A tots els membres de l'equip de direcció del Departament de Territori i Sostenibilitat, amb els quals vam somiar una Catalunya lliure i vam treballar, plegats, per construir un país millor: el conseller Damià Calvet, Ferran Falcó, Emili Alberich, Ricard Font, Marta Subirà, Agustí Serra, Albert Alins, Mercè Rius, Ferran Miralles, Xavier Flores, Pere Padrosa, Jordi Agustí, Josep Maria Tost, Pere Torres, Míriam Sort, Pere Saló, Dolors Tella, Trini Castro, Antonio Suárez, Mercè Sanmartí, Oriol Puig, Enric Ticó, Jaume Miranda, Jaume Masó, Dolors

Rodríguez, Joan Pere Gómez, Jordi Candela, Isidre Gavín, Cristina Domènech, Roger Rosich, Joan Foguet, Albert Farré, Carles Rusiñol, Cristina Buesa i Pep Rafús.
A Núria Nin i Àlex Mañé, per tants anys de lluites compartides.

A la meva colla de sempre, l'Aaró, l'Anto, el Bernat, l'Enric, l'Esteve, el Fernando, el Jordi, el Maiol, el Nani, el Pere, el Quim, el Santi, el Xavi i a totes i tots els que l'han engrandit. Aquesta és, també, la vostra història.

A la comunitat educativa de l'escola L'Avet per haver creat immensos espais de felicitat per al Bernat i el Roger durant tot aquest temps.

I, sobretot, gràcies a totes les persones que van fer de l'1 d'Octubre una font insadollable d'esperança.

Índex

Aquest llibre s'acabà d'escriure el dia 29 de febrer de 2020, dia en què milers de catalans del nord i del sud anaren a Perpinyà per retrobar-se amb el Molt Honorable Senyor Carles Puigdemont i Casamajó, president del Govern legítim de Catalunya